AF392874

Edición: Primera. Junio 2021
Lugar de edición: Barcelona / Buenos Aires
ISBN: 978-84-16467-38-9
Depósito legal: M-7595-2021

Código Thema: NHC (Ancient history)
NHD (European history)
QRAX (History of religion)

Código Bisac: ART015060 (History / Ancient & Classical)
HIS002010 (Ancient / Greece)

Código WGS: 113 (Belles-lettres / Historical novels and stories)
522 (Humanities, art, music / Antiquity)

Imagen de cubierta: Ilustración de la Eneida de Virgilio. 33,2 cm de ancho.
En la colección de la Biblioteca Apostolica Vaticana.
MS lat. 3225. Folio 234 verso, siglo Vº. Public Domain,
https://commons.wikimedia.org/w/index.php?curid=449282

Diseño gráfico general: Gerardo Miño
Armado y composición: Laura Bono

La publicación del presente volumen se enmarca en los
proyectos H-853 de la UNLP y PICT 2015-2035 de la ANPCyT.

dirección postal: Tacuarí 540 (C1071AAL)
Ciudad de Buenos Aires, Argentina
tel-fax: (54 11) 4331-1565
e-mail producción: produccion@minoydavila.com
e-mail administración: info@minoydavila.com
web: www.minoydavila.com
redes sociales: @MyDeditores, www.facebook.com/MinoyDavila

MARÍA EMILIA CAIRO

DIOSES Y HOMBRES EN LA *ENEIDA* DE VIRGILIO

Un estudio del discurso profético

Estudios del Mediterráneo Antiguo / **PEFSCEA Nº 20**

PROGRAMA 

Consejo de dirección:

MARCELO CAMPAGNO	(Universidad de Buenos Aires-CONICET);
JULIÁN GALLEGO	(Universidad de Buenos Aires-CONICET);
CARLOS GARCÍA MAC GAW	(Universidad Nacional de La Plata-Universidad de Buenos Aires).

Comité asesor externo:

JEAN ANDREAU	(École des Hautes Études en Sciences Sociales, París);
JOSEP CERVELLÓ AUTUORI	(Universidad Autónoma de Barcelona, España);
CÉSAR FORNIS	(Universidad de Sevilla, España);
ANTONIO GONZALÈS	(Université de Franche-Comté, Francia);
ANA IRIARTE	(Universidad del País Vasco, España);
PEDRO LÓPEZ BARJA	(Universidad de Santiago de Compostela, España);
ANTONIO LOPRIENO	(Universidad de Basilea, Suiza);
FRANCISCO MARSHALL	(Universidade Federal de Rio Grande do Sul, Brasil);
DOMINGO PLÁCIDO	(Universidad Complutense de Madrid, España).

ÍNDICE

Agradecimientos

Este libro es una versión revisada y corregida de la tesis doctoral que realicé bajo la dirección de la Prof. Dra. Lía Galán y que defendí en la Universidad Nacional de La Plata en febrero de 2014 ante el jurado compuesto por la Prof. Dra. Alicia Schniebs (Universidad de Buenos Aires), la Prof. Dra. María Luisa La Fico Guzzo (Universidad Nacional del Sur) y el Prof. Dr. Pablo Martínez Astorino (Universidad Nacional de La Plata-Conicet).

El trabajo de investigación que dio como resultado mi tesis, y luego este libro, comenzó en el marco de las becas de posgrado Tipo I (2009-2012) y Tipo II (2012-2014) otorgadas por el Consejo Nacional de Investigaciones Científicas y Técnicas y dirigidas por Lía Galán. Durante el proceso de redacción de la tesis, en los meses de enero y febrero de 2013, tuve la oportunidad de realizar, gracias a la obtención del Subsidio para Viajes y Estadías 2012 de la Universidad Nacional de La Plata, una estancia de investigación en el Departament de Ciències de l'Antiguitat i de l'Edat Mitjana de la Universidad Autónoma de Barcelona, por invitación de Joan Gómez Pallarès. Con posterioridad a la defensa de la tesis, tanto durante la beca postdoctoral del Consejo Nacional de Investigaciones Científicas y Técnicas (2014-2016) como a partir de mi ingreso como investigadora del organismo (2016), me dediqué al estudio de cuestiones vinculadas con la identidad romana y la religión en textos de Cicerón: el interés por estos problemas me ha hecho regresar a Virgilio y su *Eneida* una y otra vez, para revisar, profundizar y ampliar las conclusiones de la tesis. La estadía realizada en el Department of the Classics de la Universidad de Harvard entre enero y marzo de 2016, gracias a la gentileza de Kathleen Coleman –facilitada por el Subsidio para Viajes y Estadías 2015-2016 de la Universidad Nacional de La Plata y por el Programa de Financiamiento Parcial de Estadías Breves en el Exterior de Conicet– me permitió realizar un importante trabajo de ampliación y actualización bibliográfica y me dio el privilegio de asistir a clases de virgilianistas de la talla de Richard Tarrant y Richard Thomas.

Este libro no hubiera podido concretarse sin algunas personas e instituciones que, de diversas formas, han contribuido a la investigación que le dio origen y a su redacción definitiva. A Lía Galán y a María Delia Buisel debo mi primer acercamiento a Virgilio como alumna de grado: en sus clases no sólo me he beneficiado de sus conocimientos, sino también de su entusiasmo para leer, releer y disfrutar los versos de *Eneida*. El Centro de Estudios Latinos, unidad integrante del Instituto de Investigaciones en Humanidades y Ciencias Sociales (IdIHCS) de la Facultad de Humanidades y Ciencias de la Educación, ha sido el espacio en el que durante todos estos años, en seminarios, jornadas, reuniones y conversaciones informales, tuve la posibilidad de formarme, discutir y compartir mis conclusiones con colegas muy queridos: agradezco a todos ellos su acompañamiento, su apoyo y sus enriquecedoras observaciones. El Dr. Julián Gallego (Universidad de Buenos Aires-Conicet) ha guiado con gran amabilidad el proceso de edición y publicación de este libro en el marco de la colección del Programa de Estudios sobre las Formas de Sociedad y las Configuraciones Estatales de la Antigüedad (PEFSCEA).

La biblioteca del Centro de Estudios Latinos, la Biblioteca "Guillermo Obiols" de la Facultad de Humanidades y Ciencias de la Educación (Universidad Nacional de La Plata), la Biblioteca d'Humanitats (Universidad Autónoma de Barcelona), la Biblioteca de Lletres (Universidad de Barcelona), la Widener Library y la Smyth Classical Library (Universidad de Harvard), la biblioteca del Instituto de Filología Clásica (Universidad de Buenos Aires) y el servicio que presta el Proyecto de Enlace de Bibliotecas (PrEBi) de la Universidad Nacional de La Plata han sido fundamentales para acceder a la bibliografía en que se ha cimentado mi investigación. No olvido aquí los generosos aportes de las bibliotecas particulares de mis profesores y colegas del Centro de Estudios Latinos y de otras universidades del país.

He tenido el honor de que este estudio, en sus distintas etapas, recibiera la lectura atenta de destacados y queridos especialistas. Josep Maria Escolà i Tuset (Universidad Autónoma de Barcelona) leyó y corrigió gran parte del borrador de la tesis, y los tres miembros del jurado que la evaluó realizaron comentarios y sugerencias valiosísimos que me invitaron a reconsiderar aspectos del trabajo. Recientemente, Federico Santangelo (Universidad de Newcastle) y Stephen Wheeler (Universidad Estatal de Pensilvania) leyeron el manuscrito de este libro: sus observaciones minuciosas, que abarcaron desde erratas tipográficas hasta preguntas generales sobre el planteo de la investigación, han contribuido ciertamente a mejorarlo. A todos ellos agradezco la generosidad de brindarme su tiempo para leer y corregir mi trabajo.

Mis padres, mis tres hermanos y mis amigas han sido apoyo constante y refugio seguro en los años de mi investigación doctoral y en los de revisión y redacción final del trabajo. A todos ellos y a la memoria de mis abuelos va dedicado este libro. Y de manera muy especial a mi esposo Federico y a mis hijos Juan Pedro y María Lucía: ningún dios podría haberme profetizado nunca tanta felicidad.

María Emilia Cairo

La Plata, julio de 2020

Introducción

Las lecturas de *Eneida* que se han formulado desde las más diversas líneas hermenéuticas coinciden en señalar que el concepto de *fatum* –"destino", "hado"– es central para la interpretación del poema. Si bien los diferentes estudios críticos varían en la manera de considerar esta noción, existe un acuerdo generalizado respecto de su centralidad para comprender las relaciones entre las esferas divina y humana presentadas por Virgilio.

Cuando comienza la acción del relato épico, el *fatum* ya ha sido determinado, pero es mediante las profecías y los anuncios que se hace conocido a los personajes humanos. En virtud de ello consideramos que el análisis del relato profético en *Eneida* dilucidará cuestiones relativas al modo en que el *fatum* se transmite, a la manera en que los dioses se comunican con los hombres y a las posibilidades que los personajes humanos tienen de comprender los designios del destino.

Entenderemos aquí como profecía todo discurso emitido por un personaje divino o dotado de un conocimiento divino (fantasmas, sacerdotes) y dirigido a otro personaje, divino o humano, para comunicarle algún evento futuro. Característicamente, estos discursos poseen al menos un verbo en futuro del indicativo que expresa el evento profetizado; por lo común, se añade otra forma verbal en modo subjuntivo o imperativo que da al destinatario una orden referida al curso de acción que debe seguir. En particular, las profecías con destinatarios humanos suelen aparecer en el marco de procedimientos rituales específicos vinculados a la adivinación.[1] Como se verá a lo largo del estudio, la comunicación asidua con los dioses es uno de los rasgos con los que Virgilio caracteriza a los enéadas: el vínculo con la esfera divina identifica a los fundadores de la estirpe de los futuros romanos.

En este trabajo, al hablar de la "identidad" de los enéadas y los romanos, lo haremos atendiendo a los aportes recibidos de disciplinas como la arqueología y la antropología que conciben la identidad no como una entidad fija y dada a los individuos y comunidades desde el exterior, sino como un proceso dinámico y socialmente construido: la identidad nunca es estática sino que se modifica y transmite mediante el proceso de identificación, es decir, de la adhesión de los miembros de la comunidad a ese conjunto de rasgos y características que definen a su grupo como tal.[2] De las múltiples perspectivas teóricas sobre este concepto, consideramos adecuada para nuestro trabajo la definición plantea-da por J. Assmann, quien concibe la identidad colectiva como una imagen [*Bild*] con la que sus miembros se identifican y cuya fuerza surge de la capacidad de influir en los pensamientos y acciones de los integrantes del grupo.[3] Esta conciencia de pertenecer a un colectivo se fundamenta en un sistema compartido de símbolos, a los que pertenece en primer lugar la lengua, pero también los rituales religiosos,[4] las danzas, la vestimenta, las comidas.[5] Para

---

1   Esta definición de "profecía" busca, sin pretensión de originalidad, dar cuenta de los rasgos gramaticales de este tipo textual, su propósito comunicativo y el contexto narrativo en el que aparece. Resulta llamativo que en estudios dedicados a los anuncios divinos no aparezca una definición explícita al respecto: por ejemplo, Hershell Moore (1921) señala que el contenido de las profecías es "*the foretelling of events*", sin mayores precisiones; O'Hara (1990) señala los rasgos típicos de las escenas de profecías, pero da por sentada su definición.

2   Para una definición teórica del concepto de identidad, remitimos principalmente a Jones 1997: xiii; Hernando 2002: 50; Filoramo 2003: 11; Díaz-Andreu 2005: 1-2 y Huskinson 2009: 10.

3   Assmann 2000: 132: *Unter einer 'kollektiven' oder 'Wir-Identität' verstehen wir das Bild, das eine Gruppe von sich aufbaut und mit dem sich deren Mitglieder identifizieren. Kollektive Identität ist eine Frage der 'Identifikation' seitens der beteiligten Individuen. Es gibt sich nicht „an sich", sondern immer nur in dem Maße, wie sich bestimmte Individuen zu ihr bekennen. Sie ist so stark oder so schwach, wie sie im Bewußtsein der Gruppenmitglieder lebendig ist und deren Denken und Handeln zu motivieren vermag.*

4   Para un análisis de la relación entre identidad y rito, véase Assmann 2000: 57 y 143 (edición en español: 2011: 56 y 133).

5   Cf. Assmann 2000: 139 (edición en español 2011: 129-130).

indagar en nuestro trabajo el modo en que las profecías participan de la configuración de la identidad romana en *Eneida*, esta visión amplia de los elementos que la conforman resulta fructífera, puesto que permite pensar "lo romano" desde un enfoque que no se limita a entender la romanidad sólo en términos de ciudadanía.[6] En particular, entendemos que en *Eneida* la comunicación asidua de los personajes divinos con los humanos a través de oráculos y anuncios contribuye a configurar una imagen de los romanos como pueblo caracterizado por su religiosidad, imagen que ya se encuentra en textos de Cicerón[7] pero que en el contexto histórico de Virgilio adquiere rasgos particulares.

En este trabajo, serán objeto de análisis las profecías en tanto mensajes de la divinidad comunicados mediante la palabra. No se considerarán de manera central, aunque se mencionen a propósito de la lectura de otros anuncios, aquellos signos u *omina* que, aun cuando también manifiestan la voluntad divina, se transmiten por un canal no verbal: el fuego en la cabeza de Ascanio (libro 2), la aparición de los caballos al llegar a Italia (libro 3) o las abejas y el fuego en el palacio de Latino (libro 7), por nombrar sólo algunos ejemplos. El escudo forjado por Vulcano (libro 8), en el que se anuncian acontecimientos de la historia romana, constituye un caso especial puesto que la profecía se plasma mediante el recurso de la *écfrasis*. El mensaje se presenta a través de una imagen, es decir, no es verbal; se describe con palabras sólo para el lector.

---

6   Esta es la perspectiva de trabajos como los de Laurence-Berry (1998) y Hall (2010), quienes, teniendo en cuenta la expansión a la que ha llegado Roma en el siglo I a.C., consideran que la identidad romana consiste ante todo en un estatus legal y jurídico, que logra englobar etnicidades y culturas diferentes. Adherimos aquí, por el contrario, a la postura que exhiben, entre otros, los estudios de Dench 2005; Orlin 2010; Bevens 2010 y Arno 2012, que toman en cuenta otros componentes de la identidad, y dan una especial relevancia a los rituales religiosos como elemento identitario. Por otra parte, si se explora la bibliografía en torno a la configuración de la identidad romana en *Eneida* (cf. por ejemplo Toll 1997; Ando 2002; Cancik 2004; Bettini 2005; De Santis y Ames 2011; Bourdin 2017; Wimperis 2020), se verifica un predominio del enfoque etnográfico, que analiza, principalmente, la caracterización de las etnias en el poema –los troyanos, los griegos, los latinos, los ausonios, los etruscos, los itálicos–, la configuración de los futuros romanos como producto de una mezcla de culturas, la forma en que Virgilio plantea la relación entre Roma e Italia. Estos aportes son centrales para nuestro estudio, que pretende aprovecharlos incorporando los pasajes proféticos y las instancias de comunicación entre hombres y dioses como parte indispensable para la configuración de esa identidad romana.

7   Cf., por ejemplo, *ND* 2.8 o *Har. Resp.* 18-19.

No obstante, puesto que este pasaje ha sido examinado tradicionalmente dentro del conjunto de las profecías sobre Roma, ha sido incluido en nuestro estudio, en un capítulo independiente.[8]

Enumeramos a continuación los fragmentos objeto del presente trabajo, indicando en cada caso el emisor, el receptor y la ubicación del pasaje: Júpiter a Venus (1.223-304), Venus a Eneas (1.387-401), el fantasma de Héctor a Eneas (2.268-297), la sombra de Creúsa a Eneas (2.771-794), Apolo a Eneas (3.84-120), los Penates a Eneas (3.147-179), la arpía Celeno a Eneas (3.192-269), Héleno a Eneas (3.356-471), el fantasma de Anquises a Eneas en Sicilia (5.719-778), Neptuno a Venus (5.779-826), Sibila a Eneas (6.42-155), el fantasma de Anquises a Eneas en el submundo (6.752-872), Fauno al rey Latino (7.81-101), el dios-río Tíber a Eneas (8.18-85), escudo de Vulcano (8.608-731), Apolo a Ascanio (9.638-663) y la ninfa Cimodocea a Eneas (10.219-248). En este listado hemos enunciado las profecías según su orden de aparición en el relato, pero para su análisis, como explicaremos más adelante, serán presentadas de acuerdo con el nivel narrativo en que se encuentran.

El análisis de las profecías dilucidará cuestiones relativas a cómo compone Virgilio la comunicación entre dioses y hombres en *Eneida*, así como también los niveles de conocimiento diferentes entre los hombres, los propios dioses y el *fatum*. En ellas se aporta información no sólo sobre el futuro cercano del relato –principalmente, sobre las alternativas de Eneas– sino acerca de Roma, por lo que su análisis contribuye a examinar la representación virgiliana de la historia romana en general y de la figura de Augusto en particular. El tradicional binarismo que plantea un análisis de

---

8   Hemos decidido no incluir el tratamiento de la maldición de Dido (4.607-629) ya que, si bien sus palabras encuentran cumplimiento en el futuro enfrentamiento histórico entre romanos y cartagineses, no se trata de una profecía propiamente dicha, puesto que el parlamento es una expresión de deseos de la reina y no un vaticinio pronunciado por un emisor con conocimiento divino. Todas las acciones futuras referidas pertenecen al ámbito de la volición, no de la realidad: Dido formula primero una invocación a un grupo de divinidades y desea que Eneas, aun cuando esté destinado a llegar a Italia, encuentre allí guerras (4.615-616) y sufrimiento (4.616-618). También anhela para él una muerte prematura e indigna (4.620). En segundo lugar, se dirige a su pueblo y pide que los futuros descendientes continúen su odio implacable contra los troyanos (4.624: *nullus amor populis nec foedera sunto*; 4.629: *pugnent ipsique nepotesque*). O'Hara (1990: 98ss) presenta como antecedentes de este discurso las maldiciones de Polifemo a Odiseo en *Odisea*, Ariadna a Teseo en Catulo 64, Edipo a sus hijos en *Edipo en Colono* y Áyax a los atridas en *Áyax* de Sófocles.

las profecías ya como resúmenes del ideario augusteo, ya como reveladoras de un antiaugusteísmo velado, deriva de considerar aspectos políticos de manera exclusiva. Atender a otros elementos de los anuncios divinos –como su funcionalidad narrativa, central para el avance de la acción, o el modo en que presentan la comunicación con los dioses y el marco ritual en que aparecen– enriquece la interpretación, incluyendo en la representación del futuro de los descendientes de Eneas una serie de aspectos fundamentales de la identidad romana, que incluye pero trasciende lo estrictamente político.

— 1 —
Estado de la cuestión

1.1. Principales tendencias en la bibliografía crítica acerca de Eneida

En la bibliografía crítica sobre *Eneida,* no existen estudios detallados de las profecías en los que se analice orgánicamente la totalidad de los anuncios divinos –con la excepción de los trabajos de Herschel Moore (1921) y O'Hara (1990), a cuyos aportes y limitaciones nos referiremos más adelante–. En líneas generales, existen análisis dedicados a las grandes profecías de Roma (la de Júpiter en 1, Anquises en 6 y Vulcano en 8), pero no trabajos que realicen un tratamiento integrado con los que se refieren al corto plazo de las aventuras de Eneas. Por consiguiente, para examinar los pasajes proféticos que son objeto de nuestra investigación, es necesario recurrir a los estudios más generales sobre el poema y observar de qué manera son analizados esos fragmentos en forma individual.

En el primer capítulo de *Darkness Visible. A Study of Vergil's Aeneid* (1976), W. R. Johnson plantea la existencia de dos grandes tendencias críticas en los estudios de *Eneida* de mediados del siglo xx que buscan explicar el poema desde una perspectiva política. Por un lado, la que denomina"escuela europea"[9] –en la

---

9   Los rótulos "escuela europea" y "escuela de Harvard" son los planteados por Johnson. Estos rótulos han sido cuestionados en más de oportunidad, como se observa en la discusión que sigue.

que Johnson incluye a autores como Pöschl, Klingner, Büchner y Otis– se caracteriza por una visión según la cual el poema presenta un orden cósmico trascendente expresado por el mito de Eneas y su misión fundacional. El protagonista constituye la corporización de una serie de virtudes que lo hacen destacarse del caos que lo circunda. El establecimiento del imperio se apoya, pues, en el triunfo de la *pietas* del héroe sobre el *furor* que representan sus adversarios.[10] Por otro lado, Johnson acuña el rótulo de "escuela de Harvard" para designar un grupo conformado por críticos como Parry, Brooks, Clausen y Putnam, quienes sostienen que el poema es esencialmente trágico. En un mundo brutal en el que Eneas asesina a Turno obnubilado por la ira y la sed de venganza, el propio concepto de heroísmo queda cuestionado.[11]

S. J. Harrison pasa revista a las diferentes perspectivas críticas del siglo pasado en su artículo "Some Views of the *Aeneid* in the Twentieth Century" (1990). Su análisis amplía el de Johnson por cuanto abarca un mayor arco temporal: comienza dando cuenta de los trabajos de Norden y Heinze publicados en 1903 y recorre los principales aportes de cada década hasta fines de los años 80. Asimismo, retoma la dicotomía planteada por aquél pero introduce algunos matices. Subraya, por ejemplo, que un trabajo como el de Pöschl, enmarcado en la tendencia optimista que reivindica el orden imperial romano como antecedente de la civilización occidental europea, dio origen a trabajos que, siguiendo su metodología del análisis simbólico, se ubicaron en la tendencia contraria.[12] Plantea asimismo la existencia de una posición intermedia entre las dos escuelas, observada en el estudio de Perret (1952) y

---

10   Johnson 1976: 9: "*In Aeneas we do not have some paltry Hellenistic epigone, clumsy and frightened and embarrassed as he bumbles about in armor too heavy and too huge for him; rather, we have an authentic Stoic (or perhaps Epicurean, or Academic, or Pythagorean – the sect hardly matters) who struggles from the old, primitive code and the mindless, amoral jungle into the clear sunshine of the Augustan enlightenment:* humanitas, pietas, ratio, salus".

11   Johnson 1976: 11: "*In this reading of the poem the superior virtues and the high ideals of Aeneas are sometimes grudgingly allowed him, but he is in the wrong poem. His being in the wrong poem furnishes it with a kind of tragic greatness that calls into question not only the heroisms of Homer's poems but also Augustan heroism and indeed any heroism*". Sobre los antecedentes de la visión pesimista de *Eneida*, cf. Schiesaro 2006: 505-511.

12   Harrison 1990: 5.

en los *Commentaries* de Austin (1955, 1964, 1971, 1977) y Williams (1960, 1962).[13]

Harrison aporta también un análisis de los continuadores de las dos escuelas planteadas por Johnson. En la vertiente optimista ubica los trabajos de Buchheit (1963), Otis (1964), Knauer (1964), Binder (1971) y Hardie (1986); en la pesimista incluye a Quinn (1968), a Camps (1969), al propio Johnson (1976) y a Lyne (1987). Reseña asimismo los estudios que han tratado aspectos particulares de la obra, como las fuentes de Virgilio, el lenguaje y estilo y la configuración de algunos personajes individuales.

E. A. Schmidt, en un artículo publicado en 2001, destaca que la perspectiva política constituye una novedad dentro de la historia de la recepción de *Eneida*, en virtud de que no surge hasta mediados del siglo xx.[14] Sin embargo, análisis como el de Johnson han producido una impronta tan significativa que actualmente resulta imposible obviar en la lectura del poema la dimensión política del texto y su vinculación con el contexto histórico del gobierno de Augusto.[15] Schmidt suma al recorrido histórico de la bibliografía virgiliana un análisis del contexto histórico, político y cultural de las dos tendencias para demostrar sobre qué supuestos se asientan. Su objetivo es demostrar que ambas proceden de la misma manera, tomando como absoluto un aspecto parcial de la obra y dejando de lado la posibilidad de combinar ambos enfoques para comprender el logro poético de Virgilio.

La visión optimista, patriótica e imperial es principalmente europea y en particular alemana. Schmidt postula que se fundamenta en la tradición germánica de una idea absoluta de estado y en la circunstancia histórica particular del debilitamiento alemán luego de la primera guerra mundial, que trajo como consecuencia el deseo de un gobierno efectivo con un liderazgo carismático.[16] El personaje de Eneas como *dux* de los troyanos y el anuncio del fu-

---

13   Harrison 1990: 7.

14   Sobre la "novedad" de la lectura política en la historia de la crítica de *Eneida*, véase también La Penna 2005: 319.

15   Schmidt 2001: 145: "*Most interpreters of Vergil's Aeneid in our time take for granted that they are dealing with a political poem having to do with the Augustan state, that political concerns dominate its evaluation of Augustus' methods and achievements. We shall have to concede that to regard the Aeneid primarily as a political poem is a novel approach foreign to former centuries*".

16   Schmidt 2001: 152.

turo imperio romano se presentaban, pues, como modelos míticos de esa aspiración. Por el contrario, el pesimismo de la escuela de Harvard pone de manifiesto el escepticismo norteamericano hacia la idea de estado. La tradición estadounidense lo considera una entidad surgida de la delegación de un poder limitado y temporario, sin valor intrínseco en sí misma; en este marco, pues, resulta hostil la idea de un gobierno fuerte que el enfoque alemán atribuía al período augusteo.[17] Schmidt considera que hechos históricos como el asesinato de Kennedy y la guerra de Vietnam funcionaron como catalizadores para manifestar esta desconfianza hacia el orden imperial en las lecturas de *Eneida*, como se observa en el desencanto y el recelo que trasuntan trabajos como los de Parry y sus seguidores.[18]

Dos años más tarde, R. A. Minson realiza un aporte similar al de Schmidt, en el sentido de que estudia la bibliografía virgiliana del siglo xx desde una perspectiva metacrítica, pero en este caso se ocupa de la denominación "escuela de Harvard" de manera exclusiva. El objetivo de Minson es cuestionar este rótulo, tal como lo plantea Johnson y lo continúa Harrison en los textos arriba mencionados. Según este crítico, se trata de una designación que abarca trabajos con perspectivas divergentes y que cataloga como pesimistas a estudios que proponen dudas moderadas.[19] El resultado es una visión absolutamente polarizada de la crítica según la cual las interpretaciones posibles son o bien una celebración incondicional del orden imperial romano o bien un reproche rotundo a las pérdidas que la instauración de tal imperio supone. Es

---

17   Schmidt 2001: 156-157. Jenkyns (1985: 60-61) explica de la siguiente manera el surgimiento de la tendencia pesimista en el ámbito norteamericano: "*there is the idea running through much modern historiography of Rome, sometimes openly, sometimes concealed, that Augustus was an ancestor of Bonapartism, or worse still a classical Mussolini; it thus becomes imperative to detach Virgil from this monster, an aim which is achieved by maintaining that he is, in some degree at least, a critic of the imperial order*".

18   En términos similares a los de Schmidt se refiere Stahl en Raaflaub y Toher (1993: 179): "*after World War II, but especially during the Vietnam War era, a general dissatisfaction with forms of militarism and imperialism spilled over into the reading of literature. Such dissatisfaction potentially threatened the universal acceptance traditionally enjoyed by the chief poet of the Augustan empire*".

19   Minson 2003: 46.

                  INTRODUCCIÓN

claro que la presentación de la crítica virgiliana en términos tan dicotómicos pasa por alto la amplia gama de lecturas posibles.[20]

Minson se dedica, como dice el título de su artículo, a "demoler el mito del pesimismo de la escuela de Harvard" indicando los rasgos que distinguen entre sí a cuatro estudios que se consideran emblemáticos de esta corriente: *"Discolor Aura*: Reflections of the Golden Bough" de R. A. Brooks (1953), "The Two Voices in Vergil's *Aeneid*" de A. Parry (1963), "An Interpretation of the *Aeneid*" de W. Clausen (1964) y los libros *The Poetry of the Aeneid* (1965) y *Virgil's Aeneid* (1995) de M. Putnam. Su fin es distinguir en estos análisis qué peso tiene la visión pesimista que destaca los sufrimientos de Eneas. En el caso de Brooks, por ejemplo, se afirma que el sufrimiento del protagonista es parte integral del proceso de fundación del orden romano; si bien el poema no finaliza en un tono de gloria y celebración, el acto final de la muerte de Turno es un acto necesario de *pietas*.[21] Brooks, pues, considera la existencia de una trama en la que la fundación es una empresa exitosa llevada a cabo por un personaje piadoso, aun cuando existan dualidades e incongruencias igualmente importantes para la estructura del poema. Similar es, según Minson, el caso de Parry: establece en *Eneida* la presencia de dos voces –una pública, explícita, oficial, institucional, augustea; otra privada, implícita, íntima, personal, antiaugustea– que corren en paralelo, en dos niveles de lectura.[22] El artículo de Clausen sí es más claramente pesimista: a pesar de señalar que Virgilio celebra el triunfo romano a la vez que presenta el dolor y el trabajo que implica, resulta desmedido el costo que Eneas debe pagar para obtenerla. Desde esta perspectiva, las críticas a la pérdida y el sufrimiento no aparecen en igual medida

---

20   Minson 2003: 48.

21   Brooks 1953: 263: "*It is a crisis in that peculiar dualism which is the essence of the Aeneid. Vergil spares us no hindsight throughout; Rome and the ancestor-hero of Rome are brought forth at every turn in the proper attitudes of piety and consummation. But opposed to these axioms of success is a complex series of incongruities in speech, character, and action, <u>which are fully as important to the structure of the poem</u>. It seems that the poet has no intention of fulfilling the comfortable expectations which he himself creates*" (nuestro subrayado).

22   Parry (en Hardie 1999): 63: "*We hear two distinct voices in the Aeneid, a public voice of triumph, and a private voice of regret. The private voice, the personal emotions of a man, is never allowed to motivate action. But it is nonetheless everywhere present*".

que el tono celebratorio, sino que lo superan.[23] Por último, en el caso de Putnam, Minson advierte una lectura en la cual Eneas no siempre cumple con el ideal de *pietas*: en la segunda parte del poema (libros 7 a 12), adquiere un *furor* que lo lleva a burlarse de los piadosos, como Lauso, y a matar a Turno, incumpliendo el mandato de Anquises en el submundo (*parcere subiectis*) y actuando por impulso de la ira, no de la piedad.[24] La conclusión del artículo es que la denominación de "escuela de Harvard" empleada por Johnson y Harrison pasa por alto las diferencias interpretativas señaladas, presentando como homogéneo un pesimismo que en realidad alberga distintas variantes.

En 2007 G. B. Conte publica dentro de la colección *The Poetry of Pathos* el artículo "The Strategy of Contradiction: On the Dramatic Form of the *Aeneid*". Se ocupa de las dos principales tendencias en la crítica virgiliana, aun cuando consigne que la división resulta cada vez menos adecuada, puesto que cada una ha tomado elementos de la otra en los últimos años.[25] Como había hecho Schmidt, señala que las lecturas de ambas surgen del mismo procedimiento interpretativo, consistente en presentar como total y único un aspecto parcial de la obra.[26] El resultado es una dicotomía que pasa por alto el hecho de que el rasgo característico del estilo de Virgilio es la contradicción, un recurso tomado de la tragedia en virtud del cual coexisten dos posturas encontradas, cada una

---

23   Clausen 1964: 141, 143: "*Aeneas is always aware of the fate that draws him irresistibly on towards Italy, but rarely happy about it. [...] It is the paradox of the Aeneid, the surprise of its greatness, that a poem that celebrates the achievement of a national hero and the founding of Rome itself should be such a long history of defeat and loss. Aeneas finally wins (for such is his fate), but he wins at a terrible cost*".

24   Putnam 1965: 193: "*It is Aeneas who loses at the end of Book XII, leaving Turnus victorious in his tragedy. Aeneas fails to incorporate the ideal standards, proper for the achievement and maintenance of empire, in his struggle with the individual who embodies the emotionality of all opposition, of fallible man against infallible fate. He loses sight of hat his father defined as Rome's grand mission*".

25   Conte 2007: 152: "*In recent times the boundaries have become much less clear between the two schools (one improperly called 'European' and the other just as improperly 'Harvard School'): each of the two has included something from the other; the 'Europeans' have incorporated pessimistic elements into their optimistic vision, and conversely the 'Harvard critics' have also welcomed positive elements into their own pessimism*".

26   Conte 2007: 152: "*Each one has emphasized only one aspect of the Virgilian contradiction, and has then made this aspect absolute, making it the single principle of construction of the entire text of the Aeneid*".

con sus argumentos y sus razones. Lo "trágico" de *Eneida* se encuentra para Conte en la configuración dialógica del poema. Si bien algunos estudios han catalogado de "trágicos" a personajes como Dido y Turno, lo han hecho en función de su final desafortunado, sin reconocer el dualismo de la tragedia como principio estructural de la épica de Virgilio.

En esto consiste la novedad del planteo de Conte: los autores que hablan de "dos voces" en *Eneida*, siempre otorgan la preeminencia a una de ambas o las ubican en dos niveles diferentes de lectura (el público vs. el privado, el oficial vs. el individual, etc.), haciendo que una resulte "más verdadera" que la otra.[27] Quienes han estudiado *Eneida* como un poema optimista sin ningún lugar para la duda o bien como un texto pesimista, escéptico, que no permite una visión positiva, han reducido la complejidad del texto a una disposición unívoca. Se deben entender las contradicciones de *Eneida* como una invitación al pensamiento crítico, como un instrumento para comprometer al lector y hacerlo buscar nuevas formas, más complejas, de entender el mundo.[28] Esta propuesta resulta estimuladora puesto que nos invita a apreciar la riqueza de Virgilio, a aceptar que *Eneida* puede ser al mismo tiempo, y en el mismo nivel, una visión gloriosa del *imperium sine fine* y una compasiva lamentación por el dolor humano.

1.2. Tratamiento de las profecías

Si se considera, ya de modo específico, el análisis de las profecías que se encuentra en los estudios sobre *Eneida* previamente tratados, puede comprobarse que se ocupan de ellas en forma aislada, i. e., cuando se ocupan del libro en que están ubicadas o al tratar un tema presente en ellas, pero no en el marco de un

---

27 Recientemente, el estudio de Quint (2018) sobre el quiasmo como figura retórica estructuradora de *Eneida*, cuyo efecto es "*to produce the double effect that divides critics: it is not an either/or but a both/and*" (2018: ix), luego señala que las críticas y dudas resultan "más verdaderas" que la afirmación y la celebración: "*The Aeneid's veiled criticisms of what it more openly praises have the quality of a trick played on the poem's Roman reader as well as on the princeps himself. Because such subterranean meanings have to be excavated, because they produce the thrill of 'A- ha!' moments, they may persuade the reader— I include myself— to regard them as deeper 'truths' conveyed by the poem*" (Quint 2018: xvi).

28 Conte 2007: 150, 163.

análisis general. Asimismo, es evidente que los grandes anuncios sobre el futuro de Roma –nos referimos, claro está, a la profecía de Júpiter en el libro 1, al discurso de Anquises en el 6 y al escudo de Vulcano en 8– reciben mayor atención que otros, cuyo contenido se refiere a las acciones inmediatas de la trama. Se trata de pasajes especialmente fértiles para la lectura política, rasgo fundamental de las dos grandes tendencias críticas descriptas en el apartado previo.

Con variantes menores, los estudios pertenecientes a la corriente denominada "optimista" han entendido los pasajes proféticos como afirmaciones de la fundación de Roma en tanto designio del *fatum* que se cumple con el beneplácito de los dioses. Desde la afirmación de Júpiter que corrobora el establecimiento de un orden apoyado en el sojuzgamiento del *furor* (1.292-296), hasta el escudo de Vulcano, que coloca en su centro el triunfo de Accio como punto culminante de la historia romana (8.714-728), pasando por el desfile de los futuros próceres romanos presentados por Anquises en el submundo (6.756-892), el poema plantea la historia romana, y en particular el gobierno augusteo, como *télos* de la trama. Todas las acciones de Eneas se entienden como demostraciones de la *pietas* que lo llevan a cumplir con los mandatos del destino.

La tendencia pesimista, en cambio, ha entendido que las profecías representan aquella utopía que no se cumple en la trama del poema puesto que el *pius Aeneas* acaba siendo doblegado por el *furor*, cuando el recuerdo de Palante desplaza toda posibilidad de duda y clemencia ante Turno para dar paso a la ira y al deseo de matar. El ideal del orden imperial se considera una promesa vacía que nunca llega a cumplirse. Asimismo, esta corriente subraya todos aquellos aspectos negativos que han sido eliminados u ocultados de los anuncios proféticos para no exhibir el costo excesivo que la construcción del imperio supone.

Reseñaremos en las líneas que siguen los trabajos dedicados específicamente a la cuestión de las profecías en *Eneida*.

En 1921 Herschel Moore publica el artículo "Prophecy in the Ancient Epic", en el que analiza la profecía como rasgo característico de los poemas épicos de la antigüedad grecolatina. Realiza un recorrido por los anuncios que aparecen en *Ilíada* y *Odisea* de Homero, *Argonáuticas* de Apolonio de Rodas, *Eneida* de Virgilio, *Bellum Civile* de Lucano, *Punica* de Silio Itálico, *Argonáuticas* de

　　　　　　　　　　　　　　　　　　　Introducción

Valerio Flaco y *Tebaida* de Estacio. Si bien este trabajo indica que los dos grandes temas de los vaticinios en *Eneida* son la búsqueda de Italia como tierra natal de Eneas y el surgimiento de la 'nueva Troya' después de un período de guerras, se trata de un análisis bastante general. Su objetivo no es realizar un estudio profundo de la profecía en el texto virgiliano, sino discernir el papel que desempeñan los anuncios en cada uno de los poemas tratados. Por otra parte, tampoco incluye una discusión acerca del concepto de discurso profético, que sólo es definido como *"the foretelling of events"* (1921: 100).

El estudio de James O'Hara *Death and the Optimistic Prophecy in Vergil's Aeneid* (1990) es, hasta donde llega nuestro conocimiento, el único trabajo dedicado de manera exclusiva y específica a las profecías de *Eneida* que aspira a un análisis orgánico de la totalidad de los anuncios. La hipótesis del autor es que las profecías del poema se caracterizan por ser deceptivas, es decir, falsamente optimistas, ya que sólo alientan a sus receptores en tanto los engañan. Los anuncios presentan el aspecto favorable del destino, ocultando todo lo referido a los obstáculos que el destinatario deberá afrontar. Mediante la omisión de los hechos negativos que le esperan (ante todo, las muertes que sufrirán sus compañeros), presentan el futuro como plenamente exitoso y así logran que el receptor –en general, Eneas– desee avanzar en la consecución de su objetivo.[29]

El trabajo de O'Hara es central por varios motivos. En primer lugar, plantea una reflexión crítica acerca de las distintas perspectivas de los estudios virgilianos y presenta su aporte en ese contexto. En segundo lugar, analiza la totalidad de los pasajes proféticos de *Eneida*, es decir, no se limita a tratar los grandes anuncios sobre Roma sino que propone un estudio integral. En tercer lugar, realiza una sistematización de las características más sobresalientes de los vaticinios y establece los siguientes rasgos recurrentes del discurso profético:

---

29   O'Hara 1990: 4: *"Vergil uses these deceptively optimistic prophecies to depict a world where man cannot know or face the truth, where perception is clouded by misinformation, and where hopeful expectation is repeatedly frustrated by grimmer reality"*.

1. descripción de la situación y el humor del receptor, que suele estar desanimado antes de la profecía;
2. afirmación de autoridad divina;
3. limitación de la profecía por medio del motivo *si non vana*;[30]
4. profecía alentadora, en general un llamado de la inacción a la acción con la omisión de una referencia oculta a la muerte de un personaje o a un evento desalentador;
5. pedido, promesa o recepción de confirmación de la profecía, comúnmente a través de un signo milagroso o del cumplimiento de parte del anuncio;
6. plegaria del receptor, en ocasiones con inclusión de un sacrificio; y
7. descripción del humor resultante del receptor.

El aporte novedoso de O'Hara es el paralelismo entre las profecías falsamente optimistas y el propio texto de *Eneida*. Quien leía o lee en los anuncios el futuro brillante previsto para Roma era o es engañado por un texto que omite los puntos oscuros de su historia: se trata de un planteo acorde a las lecturas "pesimistas" del poema.[31] Así, los personajes engañados por la promesas deceptivas funcionan como modelos del lector de *Eneida* (O'Hara 1990: 132): "con las profecías sobre Roma, la posición del lector romano resulta perturbadoramente similar a la de los personajes del poema que reciben profecías optimistas".

A nuestro entender, O'Hara se centra demasiado en el polo del emisor. Cuando trata la dificultad de que las profecías se comprendan adecuadamente, coloca el foco en la voluntad del emisor divino de incluir u omitir tal o cual dato sobre el futuro. Como consecuencia, las profecías resultan positivas y optimistas porque

---

30 El motivo recibe su nombre de un verso de Propercio: *si non vana canunt mea somnia* (3.6.31). Se trata de una calificación del discurso por medio de la cual se lo limita en cierta forma, indicando que la afirmación es verdadera en tanto y en cuanto lo sea la adivinación. Para el autor esto revela cierto escepticismo por parte del emisor. Véase O'Hara 1990: 13-15.

31 O'Hara 1990: 4: "*In the last thirty years, many critics working on Vergil have stressed the ways in which he seems ambivalent or pessimistic about Rome and the Augustan settlement. Some scholars have objected strongly to this development, claiming that the readings that find this doubt and ambiguity in the Aeneid are too modern, too subjective, too anachronistic. [...] This study will show that the readings that see darkness or doubt in the Aeneid are neither excessively subjective nor fatally anachronistic*".

quien las pronuncia decide ocultar toda referencia a la muerte y el fracaso y, por ende, el destinatario no puede acceder a esa información.[32] Así, desde nuestro punto de vista, O'Hara minimiza el papel del receptor en la decodificación del mensaje divino y coloca toda la responsabilidad en el autor de la profecía. Si un personaje humano no sabe que morirá o que deberá enfrentar un obstáculo, se debe exclusivamente a que los dioses han omitido ese dato de su anuncio de manera deliberada.

El propio O'Hara, unos años más tarde, cambia levemente su perspectiva en el artículo "Dido as 'Interpreting Character' at *Aeneid* 4.56-66" (1993). Toma de N. Schor (1980) la noción de "personaje interpretante"[33] y se concentra en los procesos de comprensión de los signos divinos por parte de Dido en el libro 4 (luego del sacrificio expiatorio), Eneas en 8 (rayos y sonidos de armas en el cielo) y Turno en 9 (transformación de las naves troyanas en ninfas). Si bien resulta un giro considerable el hecho de que aquí O'Hara se concentre en el modo como los personajes descartan ciertas interpretaciones en favor de otras, el artículo mantiene el marco teórico de *Death and the Optimistic Prophecy*, sosteniendo que el poema establece una analogía entre las instancias de interpretación de anuncios proféticos y el proceso de lectura de *Eneida*.[34]

En efecto, existen en *Eneida* instancias de interpretación en las que un personaje –por lo general, Eneas– funciona como arquetipo del lector en su proceso de comprender una obra de arte. Se encuentran claros ejemplos de ello en los momentos en que Eneas se enfrenta a una representación plástica (el friso del templo de Juno en Cartago, las puertas esculpidas por Dédalo, el escudo de

---

32   O'Hara 1990: 9: "*I shall argue in this study that many of the prophecies in the Aeneid are characterized by the same sort of surface optimism and hidden doubt that we see in Aeneas' words* [Se refiere a las palabras que Eneas dice a sus compañeros luego del naufragio; en 1.209 el narrador dice *spem vultu simulat, premit altum corde dolorem*]. *Many prophecies in the Aeneid predict success in some activity, or future happiness, while conspicuously omitting or only obscurely hinting at the death of one individual that will qualify or destroy that success*".

33   O'Hara (1993: 99-100) cita la definición de N. Schor (1980: 170): "*via the interpretant the author is trying to tell the interpreter something about interpretation and the interpreter would do well to listen and take note*".

34   Cf. O'Hara 1993: 112.

Vulcano) o a un texto o fenómeno que no comprende –y en esta categoría los anuncios del futuro ocupan un lugar privilegiado–.[35]

Ahora bien: entendemos que una aplicación absoluta de este enfoque, tal como lo propone O'Hara, niega al lector la capacidad de distanciarse del personaje y realizar una lectura diferente. El lector sí puede evaluar los pasajes proféticos ya de manera intratextual (por ejemplo, puede considerar los anuncios de Anquises a la luz de las palabras de Júpiter), ya extratextual (puede comparar las acciones de Eneas con otras versiones del mito, considerar los acontecimientos predichos sobre la base de su conocimiento histórico, etc.). Existe lo que Holt (1981: 305) denomina "perspectiva dual", es decir, la convivencia de dos puntos de vista, el de los personajes y el del lector.

Si bien la característica principal de los mensajes divinos es su ambigüedad, este rasgo se verifica en el nivel intratextual y, como veremos, más por la capacidad acotada de los personajes humanos para realizar el proceso de interpretación que por el recorte de su contenido. La ambigüedad o anfibología se caracteriza, según Quintiliano, por presentar dos interpretaciones posibles de igual estatus, lo cual torna imposible la decisión a favor de una u otra lectura (*Inst. Or.* VII.9.14)[36]:

> *duas enim res significari manifestum est* [...]. *ideoque frustra praecipitur, ut in hoc statu vocem ipsam ad nostram partem conemur vertere. nam, si id fieri potest, amphibolia non est.*

> Pues es evidente que significa dos cosas [...]. Por ese motivo, se propone en vano que en esta situación nos esforcemos por inclinar a nuestro lado esa misma palabra. Pues, si puede hacerse eso, no hay anfibología.[37]

En el mensaje ambiguo conviven dos posibilidades de interpretación que hacen indecidible el sentido. Cuando el destinatario de las profecías no comprende el sentido adecuado, no se debe,

---

35   Acerca de Eneas como receptor (y, en tal función, como modelo intratextual del lector de *Eneida*), cf. los trabajos de Fowler 1997 y Smith 2005.

36   Para la definición de esta figura retórica, cf. Quint. *Inst.* 7.9.1-3, 7.9.6-7, 7.9.14-15 y Lausberg 1966: 202-203 y 380-385. Thomas (2000) realiza un análisis exhaustivo del concepto de *ambiguitas* en relación con las nociones de polisemia y *significatio*. El artículo de Moya del Baño (1990) es iluminador respecto del tratamiento de la ambigüedad en Virgilio, aplicado en ese caso al diálogo de Venus y Juno en *Eneida* 4.

37   Salvo indicación en contrario, las traducciones nos pertenecen.

como dice O'Hara, a que los dioses retaceen los elementos que lo posibilitan sino, por el contrario, a que existe más de una opción interpretativa. En todo caso, el efecto poético logrado surge de la diferencia de conocimiento del *fatum* entre el lector y los personajes.

Por otra parte, es preciso tener presente que O'Hara, tal como señala en la introducción de su estudio, simpatiza con las lecturas pesimistas de *Eneida*. En este sentido, su propuesta de colocar al lector en una posición similar a la de los personajes y de afirmar que el poema es, como los anuncios divinos, un texto falsamente optimista, está en consonancia con su perspectiva general sobre el poema. Así, de la lectura política del texto en general –en *Eneida* el tono triunfal busca disimular las pérdidas que implica el establecimiento del imperio– deriva una interpretación de las profecías –los dioses ocultan a los hombres la información que pondría en riesgo el cumplimiento de sus designios–.

Habiendo resumido las posturas críticas sobre el poema en general y sobre las profecías en particular, en el siguiente apartado explicitaremos el marco teórico empleado en el presente trabajo.

— 2 —

La transmisión de profecías como práctica semiótica

Las profecías serán analizadas aquí en su dimensión comunicativa. Se trata de mensajes verbales que un emisor (una divinidad, un sacerdote o sacerdotisa, un fantasma) transmite a un receptor (otra divinidad, un hombre) para revelarle cierto acontecer futuro. Es fundamental el proceso de interpretación realizado por el destinatario para comprender de manera adecuada lo que se le trasmite.

Los anuncios dirigidos a personajes humanos constituyen un grupo especial dentro de este conjunto puesto que exhiben el particular fenómeno de la comunicación entre los dioses, poseedores del saber sobre el porvenir, y los hombres, cuya visión limitada de los hechos les impide adquirir acabadamente dicho conocimiento. En el caso de una profecía de un dios dirigido a otro (Júpiter a Venus, Neptuno a Venus), por el contrario, la diferencia de conocimiento es menor, puesto que, si bien el emisor posee un saber del que el receptor carece, ambos personajes gozan de un conocimiento sobre el futuro que está ausente en el caso de los personajes humanos.

La idea de que los dioses desean dar a conocer lo que sucederá y de que los hombres son capaces de recibir y comprender dichas revelaciones dio origen a la práctica antigua de la adivinación,[38] que Cicerón define de la siguiente forma en el comienzo de su tratado *De divinatione* (1.1):

> *Vetus opinio est iam usque ab heroicis ducta temporibus, eaque et populi Romani et omnium gentium firmata consensu, versari quandam inter homines divinationem, quam Graeci μαντικήν appellant, id est praesensionem et scientiam rerum futurarum.*

> Existe una antigua opinión, sostenida sin interrupción ya desde los tiempos heroicos y confirmada por el consenso no sólo del pueblo romano sino también de todas las naciones: que entre los hombres circula cierta adivinación, a la que los griegos denominan *mantiké*, es decir, el presentimiento y conocimiento de las cosas futuras.

El semiólogo italiano G. Manetti analiza la adivinación antigua como práctica regida por una concepción del signo que trabaja por inferencia o implicación (*si p, entonces q*).[39] En la mántica, el signo adivinatorio o *semeîon*, sea éste verbal o no verbal, cumple una función mediadora entre el saber total de la esfera divina y el conocimiento limitado del hombre. El resultado de esta mediación es la producción de significado por la cual el saber divino "irrumpe" en la esfera divina (Manetti, 2010: 15). El proceso no es sencillo y con frecuencia es necesaria la intervención de un intérprete que colabora en la dilucidación de dicho significado. La dificultad se debe a que el lenguaje que hablan los dioses no es el mismo de los hombres, aunque así parezca en un principio por su similitud en el nivel del significante. Según explica Manetti (1987: 29), "la palabra de la respuesta oracular [...] es humana sólo como sonido, pero no produce ningún significado si se le aplica el código del lenguaje verbal de los hombres". Los dioses envían sus mensajes en un lenguaje que parece humano pero no lo es, puesto que obedece a una lógica diferente; de allí la necesidad de un mediador que clarifique el sentido de la emisión oracular.

---

38   Véase Cic. *Div.* 1.5-6 y 82-83.
39   Manetti 2010: 13.

Cicerón señala que los mismos dioses previeron la existencia de los intérpretes para que los hombres pudieran sacar provecho de sus mensajes (Cic. *Div.* 1.116):

> *Nam ut aurum et argentum, aes, ferrum frustra natura divina genuisset, nisi eadem docuisset, quem ad modum ad eorum venas perveniretur, nec fruges terrae bacasve arborum cum utilitate ulla generi humano dedisset, nisi earum cultus et conditiones tradidisset, materiave quicquam iuvaret, nisi consectionis eius fabricam haberemus, sic cum omni utilitate, quam di hominibus dederunt, ars aliqua coniuncta est, per quam illa utilitas percipi possit. Item igitur somniis, vaticinationibus, oraclis, quod erant multa obscura, multa ambigua, explanationes adhibitae sunt interpretum.*

Pues de la misma manera que la naturaleza divina habría engendrado en vano el oro, la plata, el bronce y el hierro si ella misma no hubiese enseñado de qué modo llegar a las entrañas de la tierra; y sin utilidad alguna habría dado al género humano los frutos de la tierra y las bayas de los árboles si no hubiese transmitido su cultivo y condiciones; y tampoco serían útiles los materiales si no tuviéramos el arte de su confección; así, a toda ventaja que los dioses dieron a los hombres, fue añadida cierta arte por la cual dicha ventaja pudiera percibirse. Del mismo modo, a los sueños, los vaticinios, los oráculos, puesto que muchos eran oscuros, muchos ambiguos, han sido añadidas las explicaciones de los intérpretes.

Del fragmento de Cicerón se desprende un esquema comunicativo según el cual el mensaje que los dioses (emisores) envían a los hombres (receptores) queda oscurecido por el mismo canal a través del que se transmite (*somniis, vaticinationibus, oraclis*). Las *explanationes interpretum* funcionan como intermediarias para que el significado sea percibido por los hombres; de lo contrario, señala Cicerón, la adivinación resultaría tan inútil como los metales preciosos encerrados en la tierra si el género humano no supiera cómo extraerlos.

El esquema teórico de Manetti no procede del texto de Cicerón, sino del siguiente pasaje de Platón (*Timeo* 71e-72a)[40]:

Hay una prueba convincente de que el dios otorgó a la irracionalidad humana el arte adivinatoria. En efecto, nadie entra en contacto con la adivinación inspirada y verdadera en estado consciente, sino cuando, durante el sueño, está impedido en la fuerza de su inteligencia o cuando, en la enfermedad, se libra de ella por estado de frenesí. Pero corresponde al prudente entender, cuando se recuerda, lo que dijo en sueños o en vigilia la naturaleza adivinatoria o la frenética y analizar con el razonamiento las eventuales visiones: de qué manera indican algo y a quién, en caso de que haya sucedido, suceda o vaya a suceder un mal o un bien. No es tarea del que cae en trance o aún está en él juzgar lo que se le apareció o lo que él mismo dijo, sino que es correcto el antiguo dicho que afirma que sólo es propio del prudente hacer y conocer lo suyo y a sí mismo.

Allí aparece el verbo σημαίνει, traducido como "indican",para expresar la revelación divina que se presenta a través del hombre ya en los sueños (καθ᾽ ὕπνον), ya en estado de enfermedad (διὰ νόσον). Puesto que ese mensaje se transmite en un estado irracional, es menester analizarlo "con la lógica", "con el razonamiento" (λογισμῷ) y así desentrañar los signos de los dioses. Manetti lo grafica de la siguiente manera[41]:

---

40   ἱκανὸν δὲ σημεῖον ὡς μαντικὴν ἀφροσύνη θεὸς ἀνθρωπίνῃ δέδωκεν: οὐδεὶς γὰρ ἔννους ἐφάπτεται μαντικῆς ἐνθέου καὶ ἀληθοῦς, ἀλλ᾽ ἢ καθ᾽ ὕπνον τὴν τῆς φρονήσεως πεδηθεὶς δύναμιν ἢ διὰ νόσον, ἢ διά τινα ἐνθουσιασμὸν παραλλάξας. ἀλλὰ συννοῆσαι μὲν ἔμφρονος τά τε ῥηθέντα ἀναμνησθέντα ὄναρ ἢ ὕπαρ ὑπὸ τῆς μαντικῆς τε καὶ ἐνθουσιαστικῆς φύσεως, καὶ ὅσα ἂν φαντάσματα ὀφθῇ, πάντα λογισμῷ διελέσθαι ὅπῃ τι **σημαίνει** καὶ ὅτῳ μέλλοντος ἢ παρελθόντος ἢ παρόντος κακοῦ ἢ ἀγαθοῦ: τοῦ δὲ μανέντος ἔτι τε ἐν τούτῳ μένοντος οὐκ ἔργον τὰ φανέντα καὶ φωνηθέντα ὑφ᾽ ἑαυτοῦ κρίνειν, ἀλλ᾽ εὖ καὶ πάλαι λέγεται τὸ πράττειν καὶ γνῶναι τά τε αὑτοῦ καὶ ἑαυτὸν σώφρονι μόνῳ προσήκειν. La traducción pertenece a M. A. Durán y F. Lisi.

41   Hemos tomado el esquema de Manetti 1987: 31 y lo hemos traducido al español.

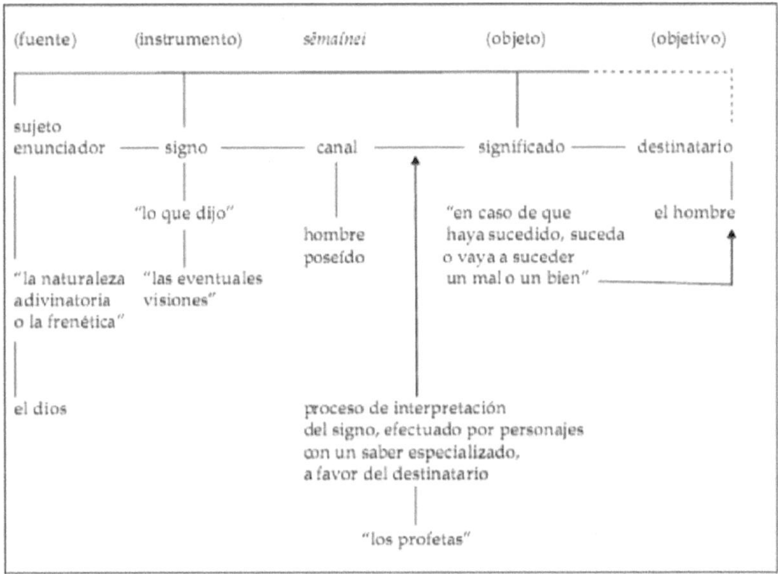

El signo es el instrumento mediante el cual las divinidades, dueñas del conocimiento total sobre el porvenir, comunican cierta información sobre los hechos futuros (el objeto en este esquema). Tal mensaje se transmite por un canal, que en este pasaje de Platón es el hombre poseído pero que también podría ser un oráculo, el vuelo de las aves, un sueño, etc. El hombre destinatario del signo divino debe realizar un proceso de interpretación para dar con el significado adecuado o, en caso de no poder hacerlo por sí mismo, acudir al saber específico de los profetas y sacerdotes que son capaces de advertirlo.

Este esquema comunicativo, si bien se desprende del párrafo de Platón acerca de la adivinación inspirada, sirve para representar todas las variedades de la mántica. La distinción principal es aquella entre la adivinación natural y la artificial.[42] El primer tipo agrupa a las variedades adivinatorias que actúan sin necesidad de medios técnicos en virtud de la comunicación directa entre el dios y el alma humana (Cic. *Div*. 1.66):

---

42   Cf. Cic. *Div*. 1.4, 1.11-12, 1.34, 1.89 y 2.26. Véanse también *DAGR* II.1 292-319, Manetti 1987: 24-29; Flacelière 1993: 10-11 y Rosenberg 2007: 292-293.

Inest igitur in animis praesagitio extrinsecus iniecta atque inclusa divinitus. Ea si exarsit acrius, furor appellatur, cum a corpore animus abstractus divino instinctu concitatur.

Por consiguiente, existe en los espíritus un poder de predicción insertado desde el exterior e incluido por voluntad divina. Si se inflama muy fuertemente, cuando el espíritu se agita separado del cuerpo por un instinto divino, es llamado "furor".

Cicerón incluye aquí la adivinación entusiástica[43] y la oniromancia.[44] La primera es la mencionada por Platón en *Timeo* y ocurre cuando el sacerdote o la sacerdotisa entra en estado de trance por la posesión del dios, que comunica su mensaje usándolo como intermediario. La segunda clase de adivinación natural es aquella que se produce a través del sueño. Mientras el hombre duerme, su alma se "libera" o "desata" de la realidad material del cuerpo y es capaz de entrar en comunicación con la divinidad (Cic. *Div.* 1.115):

Nam quae vigilantibus accidunt vatibus, eadem nobis dormientibus. Viget enim animus in somnis liber ab sensibus omnique inpeditione curarum iacente et mortuo paene corpore.

Pues las mismas cosas que les suceden a los vates cuando están despiertos nos suceden a nosotros mientras dormimos. Porque el espíritu, en los sueños, tiene fuerza, libre de los sentidos y de todo impedimento de las preocupaciones, mientras el cuerpo yace casi muerto.

La adivinación artificial, por el contrario, consiste en la obtención de conocimiento sobre el futuro a través de signos exteriores al hombre que son analizados mediante una serie de reglas propia de cada disciplina.[45] Como explica Manetti (1987: 35), la adivinación artificial descansa sobre el supuesto de que existe cierta correspondencia entre micro y macrocosmos: el fenómeno que se toma como signo brinda información sobre el orden general del universo. Asimismo, constituye un *ars* específica que consiste en formular hipótesis acerca de los fenómenos que se presentan so-

---

43 Cic. *Div.* 1.66 y 1.79. Cf. Bouché-Leclercq 2003: 257-278 y 430ss.

44 Cic. *Div.* 1.60-61, 1.63-65, 1.115, 2.119, 2.121 y 2.126. Cf. Bouché-Leclercq 2003: 213-246. La necromancia, o adivinación a través de los muertos, también pertenece a la categoría de la adivinación natural, aunque Cicerón no la menciona. Véanse Ogden 2001 y Bouché Leclercq 2003: 247-255.

45 Véase Bouché-Leclercq 2003: 97-104.

bre la base de lo aprendido previamente mediante la observación (Cic. *Div.* 1.34):

> *Est enim ars in iis, qui novas res coniectura persequuntur, veteres observatione didicerunt.*

> Pues existe arte en aquellas que persiguen las novedades con la conjetura y que han aprendido las cosas antiguas por medio de la observación.

Pertenecen a esta categoría, según Cicerón,[46] el examen de entrañas,[47] la astrología,[48] las suertes,[49] el análisis de rayos,[50] la interpretación de signos fortuitos (*omina*),[51] la procuración de prodigios,[52] el arte augural[53] y la interpretación de libros sibilinos.[54]

La dicotomía entre adivinación natural y artificial sólo es aplicable al mundo griego, puesto que en el romano, en rigor, sólo existe la segunda.[55] Para los pueblos itálicos, las divinidades transmiten el futuro ellas mismas, con su propia voz; las profecías no se revelan a través de individuos inspirados sino de manera directa, por medio de discursos mágico-proféticos, los *carmina*. Los seres sobrenaturales que se comunicaban de este modo con los humanos eran, principalmente, aquellos vinculados con el agua, como las ninfas (las Camenas, Carmenta, Canens, etc.), pero luego esta facultad se extendió a otras divinidades: Fauno, Fauna y Pico.[56]

---

46   Cicerón no se ocupa de la ornitomancia, la meteorología, la cleromancia, la matemática y la interpretación de vaticinios, que también son tipos de adivinación artificial. Cf. Bouché-Leclercq 2003: 107-124, 151-156, 157-161 y 199-203.

47   Cic. *Div.* 1.93, 1.119, 2.28, 2.33 y 2.36. Cf. Bayet 1984: 116; Bouché-Leclercq 2003: 133-138 y 866-870.

48   Cic. *Div.* 1.96.

49   Cic. *Div.* 2.85. Cf. Bouché-Leclercq 2003: 163-197 y 918-927.

50   Cic. *Div.* 1.92 y 2.42-43. Cf. Bouché-Leclercq 2003: 842-859.

51   Cic. *Div.* 1.102. Véase Bouché-Leclercq 2003: 911-918.

52   Cf. Bouché-Leclercq 2003: 871-886.

53   Cic. *Div.* 1.3, 1.25, 1.28-29, 1.94, 2.70 y 2.76. Cf. DAGR I.1, 550-560 (*"augures"*), Bayet 1984: 113-115; Bouché-Leclercq 2003: 859-865.

54   Cic. *Div.* 1.4.

55   Cf. Bouché Leclercq 2003: 901.

56   Cf. Bailey 1935: 25: "*The oracle given by the priest or priestess of a god at a definite oracular seat, like Delphi or Delos, is unknown to the Italian mind; there were no such seats in Italy before the time of Greek influence. Prophecy might be given by the spoken word of a specially gifted human being, or by an animistic spirit, such as a nymph or faun*".

Las profecías de *Eneida* con destinatarios humanos pueden estudiarse a partir de la propuesta teórica de Manetti. El enfoque es pertinente por dos motivos fundamentales. En primer lugar, dado que la emisión y recepción de profecías configuran procesos de comunicación entre dioses y hombres en los que se transmite el conocimiento divino acerca del futuro, constituyen instancias de *divinatio*. En muchas ocasiones, esto está corroborado por la presencia, junto al discurso profético en sí, de acciones rituales adivinatorias. Por otra parte, el propio Cicerón respalda la pertinencia de asimilar los signos divinos a los textos poéticos, cuando compara a los intérpretes de los dioses con los gramáticos (Cic. *Div.* 1.34)[57]:

> *Quorum omnium interpretes, ut grammatici poetarum, proxime ad eorum [quos interpretantur] divinationem videntur accedere*

> Los intérpretes de todos estos signos parecen comprender mejor el conocimiento futuro de aquellos a los que descifran, como los gramáticos [entienden mejor] el de los poetas.

Una vez aceptada la propuesta de considerar las profecías en el marco de las prácticas adivinatorias, pasamos al segundo fundamento de nuestro planteo, que se vincula con la valoración positiva de la *divinatio* en los textos virgilianos. Tal como observa F. Santangelo en su estudio *Divination, Prediction and the End of the Roman Republic* (2013), resulta central para Virgilio la cuestión de la adivinación en tanto interpretación de los mensajes divinos y vehículo de saber a la vez empírico y religioso. Se trata de una práctica vinculada al paradigma de la *pietas*,[58] por lo cual en *Eneida* cobra una importancia primordial en relación con la configuración de su heroísmo particular.

---

57 La comparación puede hallarse también en Cic. Div. 1.116: [...] *eodemque modo et oraculorum et vaticinationum sunt enim explanatores, ut grammatici poetarum* ("...y del mismo modo existen intérpretes no sólo de los oráculos sino también de los vaticinios, como los gramáticos lo son de los poetas"), aunque según Pease la frase *ut grammatici poetarum* constituye una interpolación.

58 Santangelo 2013: 224: "[Virgil's] *is a project of piety, first of all, since most signs come directly from the gods. The knowledge that they offer is both empirical and religious, and the performance of appropiate rituals is a large part of it*". Acerca de la noción de *pietas* en particular, Rüpke (2012: 12) señala la conexión entre la aceptación de la existencia de los dioses y el término *religio* como resultado: "*Because the existence of the gods was taken for granted, 'piety' (pietas) was held as natural and resulted in what could be termed religio: a sense of obligation, the idea that honors should be paid to the gods or to a certain immortal god*".

Santangelo advierte que en el primer libro de *Geórgicas* se halla el uso intertextual más claro de *De divinatione*.[59] El pasaje en el que se enumeran los prodigios posteriores a la muerte de Julio César (1.463-497)[60] exhibe paralelismos notorios con la descripción de signos en el tratado ciceroniano, en particular con los párrafos 17 a 22 del libro I, que incluyen una extensa cita de *De consulato suo*. Según el crítico, esta extensa referencia se debe a que Virgilio comprendía que dicho pasaje estaba insertado en el marco de la discusión entre Marco y Quinto acerca de los límites de la adivinación y de su empleo en el contexto republicano.[61] El pasaje de *Geórgicas* entabla con *De divinatione* un diálogo complejo no sólo en razón de las referencias intertextuales y la similitud temática, sino también en lo que atañe a la actitud crítica sobre el lugar de la adivinación en la religión y en la cultura romanas. En Virgilio no se discute si hay que aceptarla o rechazarla, sino que se subraya la importancia de interpretar correctamente los prodigios para adquirir cierto saber sobre el futuro y así evitar la desgracia: "la creencia de que el mundo está lleno de signos y que su interpretación correcta es posible y beneficiosa está en el centro del proyecto de Virgilio" (Santangelo 2013: 224).

En Virgilio, pues, se plantea no sólo la existencia de la *divinatio* como disciplina específica, sino también su utilidad como instrumento para alcanzar un verdadero aprendizaje acerca del futuro.[62] El enfoque de Santangelo resulta así opuesto al de O'Hara, quien –en virtud de su lectura pesimista de *Eneida*– niega la posibilidad

---

59   Santangelo 2013: 221; en este aspecto, continúa la línea de Setaioli (1975) y Schiesaro (1997).

60   Encontramos allí los siguientes prodigios: desaparición del sol durante el día (1.467-468), signos de la tierra y el mar (1.469), anuncios a través de los ladridos de los perros y el vuelo de las aves (1.470.471), erupción del Etna (1.471-473), sonidos de armas en el cielo de Germania (1.474-475), temblores de los Alpes (1.475), voces en los bosques (1.476-477), apariciones fantasmales (1.477-478), animales parlantes (1.478), detención del curso de los ríos (1.479), movimientos ctónicos (1.479), lágrimas en los mármoles y bronces de los templos (1.480), inundaciones (1.481-483), anomalías en los exámenes de entrañas (1.483-484), surgimiento de sangre de los pozos (1.485), aullido de lobos en la ciudad (1.485-486) y rayos en el cielo sereno (1.487-488). 60-61.

61   Santangelo 2013: 221.

62   Nappa (2005: 61) también entiende que en este pasaje se manifiesta la voluntad de los dioses de advertir a los humanos sobre los peligros inminentes: "*Vergil's mechanical universe becomes once again a more traditional system in which the gods react sharply to human misdeeds*".

de que los dioses comuniquen un saber sobre el *fatum* y postula que todas las emisiones proféticas son intrínsecamente engañosas.[63]

La lectura de Santangelo coincide con nuestra propuesta por cuanto coloca el foco del proceso interpretativo en el destinatario de las profecías. Comprender un signo divino es posible pero es necesario un procedimiento para dilucidar su sentido. Así, este autor coloca como ejemplo el pasaje del augur Tolumnio en *Eneida* 12.244-256. Juturna ha intervenido enviando un signo: un águila que en vuelo rasante captura un cisne entre sus garras es atacada por las demás aves hasta soltar a su presa. El augur dictamina que se trata de un prodigio divino alentando a los rútulos frente al enemigo extranjero; no obstante, el desarrollo de los acontecimientos demuestra que el águila representaba a Turno y los cisnes a los troyanos.[64] Lejos de presentar una visión negativa de la adivinación,[65] este pasaje certifica la importancia de interpretar correctamente los mensajes divinos y demuestra que una lectura inadecuada resulta perjudicial para sus destinatarios.[66]

Los pasajes proféticos estudiados en este trabajo exhiben variantes en cuanto al canal por el que se transmite el mensaje divino: sueños (Penates en el libro 3, Anquises en el 5, Fauno en el 7, Tíber en el 8), sacerdotisa poseída (Sibila de Cumas en el libro 6), necromancia (aparición de las sombras de Héctor y Creúsa en 2, descenso a los infiernos de Eneas en 6).

En ocasiones, el propio dios se presenta en el nivel de los mortales, incluso durante la vigilia. Apolo interpela a Ascanio en el libro 9, aunque elige hacerlo bajo el aspecto del escudero Butes y su identidad divina sólo se conoce cuando se marcha (9.659-60). Lo mismo sucede en el caso de la aparición de Venus a Eneas en Cartago (1.314-417). La diosa aparece transfigurada como una doncella cazadora y su identidad se advierte sólo cuando se aleja (1.402-495):

---

63   Santangelo (2013: 225-226) resume la propuesta de O'Hara como el principal aporte sobre el tema de las profecías pero no formula una crítica exhaustiva. Solamente señala, a propósito del motivo *si non vana*, que "*this clause questions the potential of divination, but does not necessarily reflect a critical or negative attitude*".

64   Los troyanos han sido comparados con cisnes en el anuncio de Venus del libro 1, que analizaremos en la sección 2.1 de la segunda parte.

65   Así opina, por ejemplo, Green 2009.

66   Santangelo 2013: 226-229.

Dixit et avertens rosea cervice refulsit,
ambrosiaeque comae divinum vertice odorem
piravere; pedes vestis defluxit ad imos,
et vera incessu patuit dea.

Dijo y, al apartarse, relució en su rosado cuello, sus cabellos exhalaron desde la cabeza un divino perfume de ambrosía, se deslizó su vestido hasta los pies y en su modo de andar se manifestó verdadera la diosa.

A pesar de que la regla general sea la transfiguración de los dioses para intervenir en el mundo de los hombres –es sabido que la presencia de la divinidad resulta abrumadora y hasta destructiva para los humanos–, en ocasiones puede suceder que no intervenga ninguna transformación, como sucede cuando Venus (en el libro 2) y la ninfa Cimodocea (libro 10) se revelan a Eneas con su aspecto divino.

En estos pasajes no existe un mediador que ofrezca una interpretación del signo divino –como sucede, por ejemplo, cuando Anquises formula una interpretación del discurso de Apolo en el libro 3–, sino que el destinatario mismo la realiza. En ocasiones, es explícita, ya que el receptor del mensaje dice qué ha comprendido y qué opina al respecto. Por ejemplo, en 6.103-123 Eneas expresa que lo que la Sibila acaba de profetizarle (los peligros en el Lacio, las guerras, la repetición de la guerra de Troya, el pedido de auxilio a una ciudad de origen griego) no constituye ninguna novedad, pues *omnia praecepi atque animo mecum ante peregi* (6.105). Pone de manifiesto que asocia el significado del anuncio de la Sibila al de otros anuncios previos. En otros casos, en cambio, no se manifiesta el pensamiento del personaje humano acerca del signo recibido, pero se observa cómo se comporta en razón de lo escuchado. Luego del anuncio del fantasma de Anquises, Eneas, *haec memorans* (5.743), reaviva el fuego, eleva plegarias y convoca a sus compañeros para proseguir el viaje. De modo similar actúa luego de escuchar al dios-río Tíber (realiza un ritual y eleva sus oraciones en 8.68-70) y a Cimodocea (agradece a Cibeles con una plegaria en 10.252-255). Al finalizar la extensa revelación en el submundo, el narrador dice que Anquises *incendit animum famae venientis amore* (6.889): no expresa si Eneas ha comprendido o no el contenido de la profecía, pero certifica que se ha cumplido el objetivo pragmático de entusiasmarlo con el fin de proseguir su empresa.

Lo cierto es que rara vez los personajes humanos comprenden los mensajes divinos adecuadamente. Esta oscuridad intrínseca del signo enviado por los dioses se debe a la visión "panóptica" de que gozan las divinidades.[67] Mientras que el hombre sólo puede relacionar el signo con su presente, los dioses tienen la capacidad de contemplar al mismo tiempo el pasado, el presente y el futuro. Esto marca una diferencia entre dioses y hombres no sólo en lo que respecta al modo en que se transmite el saber, sino a la modalidad misma de conocimiento.

La causa de la "oscuridad" de las profecías y anuncios divinos puede explicarse en términos semióticos.[68] Los hombres intentan dilucidar el significado del mensaje en su propio código, es decir, lo comprenden en lo que Manetti llama el "modo literal", sin percibir que el modo de los dioses es el "enigmático", puesto que el significado está cifrado en otro código distinto.

Los errores de interpretación pueden atribuirse a diferentes razones. La primera de ellas es la incapacidad de otorgar al signo o texto un sentido de acuerdo con las circunstancias reales conocidas. El hombre percibe el mensaje pero, al no hallar con qué sucesos u objetos vincularlos, no le otorga un sentido; la aparente falta de referentes para el mensaje hace aparecer al texto como absurdo. La segunda razón por la que se produce la falencia en la comunicación consiste en la atribución errónea de sentido: es decir, se deduce un significado referido a las circunstancias, pero equivocado. Este tipo de error puede producirse por homonimia, cuando el receptor interpreta como referente del signo a otra entidad del mismo nombre.[69] Encontramos un ejemplo en el episodio de las arpías del libro 3. Cuando Celeno anuncia que el lugar de destino del viaje será reconocido en el momento en que una *dira fames* fuerce a los viajeros a comer las *mensae*, Eneas interpreta que se cierne sobre sus hombres una amenaza terrible; en realidad, con la palabra *mensae* la arpía se refiere a las tortas de cereal sobre las que se colocaban los alimentos.

---

67 Manetti 1987: 29 y 2010: 15.

68 Manetti 1987: 41-47.

69 Manetti (1987: 45-46) coloca como ejemplo de error por homonimia a la historia de Cambises, narrada por Herodoto en *Historias* III.30ss: el rey manda a asesinar a su hermano Esmerdis porque en un sueño un mensajero le había dicho que Esmerdis estaba sentado en un trono y tocaba el cielo con la cabeza. Una vez cumplido el fratricidio, Cambises se entera de que era otro Esmerdis quien codiciaba el poder.

Otra fuente de interpretación incorrecta, no estrictamente lingüística, es el equívoco, que, a su vez, puede deberse ya a la asunción de una creencia errónea (como le sucede a Edipo, que intenta rehuir los terribles sucesos anunciados por el oráculo de Delfos pero fracasa ya que sus acciones se fundamentan en la creencia de que sus padres son Pólibo y Mérope[70]), ya a un cambio de perspectiva (como ocurre en el caso de Creso, quien, desde su punto de vista, asume que "el poderoso imperio" que destruirá es el de los persas)[71]. Hallamos un ejemplo del primer caso en la forma en que Anquises entiende la frase *antiquam exquirite matrem* pronunciada por Apolo (3.96). El anciano considera que el dios se refiere a Creta, *ubi gentis cunabula nostrae* (3.105), puesto que de allí era originario Teucro, cuando en realidad la referencia era Italia, origen de Dárdano, como luego se ocuparán de aclarar los penates (3.135-188). Por otra parte, puede encontrarse una muestra del segundo tipo de equívoco en las palabras de Eneas sobre el anuncio referente a Palinuro recibido de Apolo (6.344-346). El dios había dicho *finis… venturum Ausonios* y Eneas había entendido que eso implicaba que su amigo llegaría sano y salvo a Italia, por lo cual se sorprende de ver su fantasma en el submundo; Palinuro explica que la profecía ha sido tan exacta que sólo se mantuvo *incolumem* en el momento del arribo, ya que a poco de llegar fue atacado por los nativos (6.358-361).

La cuestión a dilucidar es, pues, qué conocimiento del *fatum* logran adquirir los personajes humanos de *Eneida* a través de las profecías. El enfoque de Manetti, que considera la interpretación del signo divino como operación semiótica compleja, permite evaluar la oscuridad de las profecías como debida a la deficiente capacidad humana para atribuirles el significado adecuado. Los textos emitidos por los dioses son deliberadamente ambiguos y se presentan en el proceso de comprensión dificultades que obstaculizan la comunicación correcta del mensaje; a pesar de ello, partimos de la premisa de que hay un deseo de los dioses de comunicar y revelar el *fatum* y, como veremos, en ocasiones los personajes humanos logran comprenderlos, aun limitadamente.

---

70   Manetti 1987: 46.
71   Manetti 1987: 47.

Organización del estudio

El presente trabajo está dividido en tres partes. El análisis de los textos proféticos de *Eneida* abarca las partes 2 y 3; lo hemos antecedido de un estudio de la palabra *fatum* en el poema, que se desarrolla en la primera parte. Allí, puesto que las profecías constituyen instancias de comunicación del destino, se realizará una síntesis de las distintas posturas críticas acerca del término *fatum*, para luego indagar sus contextos de aparición en el poema y las diferentes interpretaciones posibles.

En las partes 2 y 3 serán objeto de análisis las profecías propiamente dichas, clasificadas según el nivel narrativo en que se ubican. El concepto de "nivel narrativo" está tomado de la teoría narratológica enunciada por Gérard Genette en el apartado "Discours du récit" de *Figures III* (1972) y en *Nouveau discours du récit* (1983).[72] Interesa recordar que en este enfoque es fundamental la distinción entre historia [*histoire, story*], relato [*récit, narrative*] y narración [*narration, narrating*]. El primer término se refiere al "conjunto de los acontecimientos que se cuentan", mientras que relato es "el discurso, oral o escrito, que los cuenta" y narración "el acto real o ficticio que produce ese discurso, es decir, el hecho, en sí, de contarlo" (Genette, 1998: 12).[73] El objetivo de esta perspectiva teórica consiste en el análisis del discurso narrativo mediante el estudio de las relaciones entre relato e historia, entre relato y narración y entre historia y narración.[74] Para ello Genette postula las siguientes tres categorías: 1) tiempo, que incluye orden (conexiones entre el orden de sucesión de los eventos en la historia y el orden temporal de su organización en el relato), duración (relaciones entre las duraciones variables de los eventos de la historia y la duración de su transmisión en el relato) y frecuencia

---

72   En el primer caso, utilizamos la traducción al inglés realizada en 1980 por Jane E. Lewin bajo el título *Narrative Discourse. An Essay in Method*; en el segundo, la traducción al español *Nuevo discurso del relato* de Marisa Rodríguez Tapia, publicada en 1998. A partir de aquí, nos referiremos a estos textos como Genette, 1980 y Genette, 1998 respectivamente. En *Narratology & Classics* (2014), Irene De Jong realiza una presentación clara y resumida de los postulados de la narratología, con especial atención a su empleo en el análisis de textos clásicos.

73   Cf. también Genette 1980: 27; Schmitz 2002: 56 y Herman y Vervaeck 2005: 41-42.

74   Genette 1980: 29.

(relación entre las capacidades de repetición de la historia y las del relato); 2) modo, que abarca distancia (relación entre el relato y la historia en lo que atañe a la mayor o menor cantidad de detalle y el modo más o menos directo de presentar los eventos) y perspectiva (relación entre el relato y la historia con respecto a la información que presenta según las capacidades de conocimiento de uno u otro participante de la historia; en general, el relato adopta lo que denominamos "punto de vista" de un participante); y 3) voz (relación entre la historia y la narración).

La noción de "nivel narrativo" tiene como fin dar cuenta de la existencia, dentro del relato primario, de otros relatos producidos por otros narradores en el marco de otras narraciones. Cada uno de estos relatos "enmarcados" o "incluidos" pertenece a un nivel superior al del relato en que se encuentra: cualquier evento relatado por una narración se encuentra en un nivel diegético inmediatamente superior que el nivel en el que se ubica el acto narrativo que la produce.[75]

Genette (1980: 162-164) critica la oposición entre *diegesis* y *mimesis* planteada por Platón porque, a su entender, en el relato la idea de *mimesis* es ilusoria en virtud de que el relato no "imita" ni "muestra" la historia que cuenta, simplemente la cuenta. Todo relato, sea oral o escrito, es un acto de lenguaje y, por ende, supone la existencia de un narrador que lo produce. En *Nuevo discurso del relato* explica este concepto con las siguientes palabras (Genette, 1998: 31; cursivas en el original): "El relato no «representa» una historia (real o ficticia), la *cuenta*, es decir, la significa mediante el lenguaje, con la excepción de los elementos *verbales previos* de esa historia (diálogos, monólogos), que tampoco imita, no porque no pueda, sino simplemente porque no lo necesita, porque puede reproducirlos directamente o, para ser más exactos, transcribirlos".

La narración del relato primario pertenece al nivel que Genette denomina "extradiegético". La historia narrada pertenece al nivel "diegético" o "intradiegético" del relato; aquí, a su vez, un personaje puede tomar la palabra y enunciar su propio relato. Si dentro de estos relatos hay nuevos narradores que cuentan sus historias,

---

75   Genette 1980: 228.

se pasa al nivel "metadiegético".[76] Los niveles "intradiegético" y "metadiegético" pertenecen al relato secundario.[77]

En el caso concreto de *Eneida*, el nivel extradiegético es el texto del poema en su totalidad, que comienza cuando el narrador, al que llamamos "Virgilio",[78] dice *arma virumque cano*. Cuando Eneas, siendo huésped en Cartago, cuenta sus aventuras, se erige en narrador intradiegético: los sucesos de la toma de Ilión y los viajes de los troyanos se encuentran en un nivel del relato superior a aquel en el que se encuentra el personaje. En un nivel todavía más alto se ubican los relatos de Sinón, Andrómaca, Héleno, narradores incluidos en el relato de Eneas.

Atendiendo a este enfoque, se tratarán en la parte 2 todos los anuncios del discurso del narrador extradiegético, mientras que en la parte 3 serán objeto de análisis las profecías del narrador intradiegético Eneas, que narra sus aventuras en Cartago. Como se ha dicho, el estudio de las profecías se realizará desde un enfoque semiótico, entendiéndolas como mensajes transmitidos a fin de presentar cierto aspecto del *fatum*, y atenderemos a su dimensión narrativa, en tanto estas revelaciones contribuyen al avance de la acción. Asimismo, las consideraciones en torno al concepto de "identidad" que hemos señalado al comienzo de esta introducción –principalmente los postulados teóricos de J. Assmann– servirán como marco para examinar la representación de los futuros romanos que puede hallarse tanto en el texto de las profecías como en el contexto de su emisión y recepción.

Las tres partes del estudio se completan con el apartado "conclusiones finales", que reúne los resultados del trabajo.

---

76   Cf. Genette 1980: 228; Genette 1998: 57-58; Schmitz 2002: 58 y Herman y Vervaeck 2005: 81.

77   Cf. Genette 1998: 44.

78   No nos referimos aquí, claramente, al individuo histórico, al poeta Publio Virgilio Marón, sino a la voz narrativa que, en primera persona, narra el relato de *Eneida*.

Primera parte
El *fatum* en *Eneida*

> *El porvenir es tan irrevocable*
> *como el rígido ayer. No hay una cosa*
> *que no sea una letra silenciosa*
> *de la eterna escritura indescifrable*
> *cuyo libro es el tiempo.*
>
> Jorge Luis Borges, fragmento de "Para una versión
> del I King", en *La moneda de hierro* (1976)

Si el *fatum* es lo que las profecías revelan, resulta indispensable adoptar una definición de este término. Los diccionarios consultados (Lewis-Short, Gaffiot, Ernout-Meillet, *OLD*) concuerdan en vincularlo con el verbo *fari*, "hablar, pronunciar" y enumeran las siguientes acepciones: *fatum* como emisión profética o profecía; *fatum* como decreto o determinación o voluntad de uno o varios dioses; *fatum* como destino particular de un individuo, como aquello que le tocará en suerte a lo largo de su vida; *fatum* como sinónimo de muerte, entendida como el límite o término de la vida de un individuo; *fatum* como 'mala fortuna' o 'desgracia' que debe sufrir un hombre; *Fatum* como divinidad, destino personificado.

Es preciso observar cuál o cuáles de estas acepciones aparecen en *Eneida* y qué lugar posee el *fatum* en relación con los demás personajes –especialmente con los dioses–. En este capítulo serán reseñadas las distintas opiniones críticas acerca del concepto de *fatum* en *Eneida*, para luego dedicarnos a analizar en qué contextos sintácticos y semánticos aparece el término. Finalmente, se considerará un pasaje del libro 15 de *Metamorfosis* de Ovidio que, a nuestro entender, ilumina los aspectos problemáticos de esta noción y propone una clave de lectura de las relaciones entre *fatum*, dioses y discurso profético en *Eneida*.

— 1 —
Estado de la cuestión

La discusión sobre la definición del concepto de *fatum* y su papel en la trama de *Eneida* aparece constantemente en la bibliografía crítica del siglo xx, tanto en los estudios generales sobre el poema, que la incluyen como referencia obligada en la descripción de la esfera divina y de los elementos religiosos, como en los artículos que indagan este aspecto particular del texto de Virgilio.[79] Se revisarán aquí las principales posturas críticas en torno a la noción de *fatum* y, en especial, a su relación con los dioses en general y Júpiter en particular. En adhesión a la propuesta de Feeney, tendremos en cuenta aquí sólo los trabajos que otorgan al *fatum* y a los dioses la dimensión de personajes que actúan en la trama, tal como lo hacen los personajes humanos. A los fines de nuestro estudio, no nos interesan las definiciones del hado y de los dioses como símbolos de las pasiones humanas (Quinn, 1968: 305-306) o como meros recursos retóricos (Williams, 1983: 17, 34-35).[80]

A continuación, pasaremos revista a los estudios más representativos del siglo xx y principios del xxi que han tratado el tema del *fatum* y los dioses con mayor especificidad. Si bien se podría decir, sin temor a equivocarse, que todos los estudios sobre *Eneida* se refieren a la idea de *fatum* en mayor o menor medida, no siempre el concepto es cuestionado y definido. En algunos casos se habla de *fatum* como destino, sin más. Los trabajos reseñados a continuación son los artículos y capítulos de libros que se han dedicado a indagar el concepto y su definición.

En *Virgils epische Technik* (1903) R. Heinze afirma que el destino es la única divinidad del poema. El hombre está subordinado

---

79   Debido a los objetivos del trabajo, se revisan aquí solamente las lecturas críticas de los siglos xx y xxi. Para un análisis de la recepción de Virgilio en la antigüedad, el medioevo y la modernidad, remitimos a los siguientes trabajos, incluidos en Martindale 1997: "Aspects of Virgil's reception in antiquity" de R. J. Tarrant (pp. 56-72), "The Virgil commentary of Servius" de D. Fowler (pp. 73-78) y "Virgils, from Dante to Milton" de C. Burrow (pp. 79-90).

80   Feeney apunta que considerar a los dioses como símbolos de otras realidades corresponde a un "prejuicio novelístico" que crea una lectura en la cual estos personajes son "*a more or less lame shorthand which the poets must perforce employ in order to achieve effects more satisfyingly achieved by novelistic naturalism*" (Feeney 1991: 136).

a ella sin tener la capacidad de cambiarla y los dioses no son individualidades independientes del *fatum* sino que representan distintos poderes de esta divinidad máxima.[81] Júpiter, a diferencia del Zeus homérico que era *primus inter pares*, es el único dios digno del epíteto *omnipotens*. Heinze recuerda la frase *sic placitum* de *Eneida* 1.283 y la interpreta como señal inequívoca de que el *fatum* es la voluntad del máximo dios (1903: 287, nuestro subrayado): "*Virgil läßt <u>keinen Zweifel</u> darüber, daß in Wahrheit das Fatum nichts anderes ist als des höchsten Gottes Wille*". Unos años más tarde, en su artículo "The Conception of *Fata* in the *Aeneid*" (1910), J. MacInnes clasifica tres sentidos del término en el poema: *fatum* puede entenderse como "predicción" emitida por un dios, como "curso ordenado de eventos que ha ocurrido o que ha de ocurrir" o bien como una combinación de los dos primeros. Objeta la identificación entre *fatum* y voluntad de Júpiter planteada por Heinze ya que, desde su punto de vista, los *fata* son decretos de una divinidad suprema y espiritual que establece para una nación o un individuo cierto destino.[82] No lo fija absolutamente, ya que su cumplimiento se vincula de una u otra manera con las acciones humanas: prueba de ello son el empleo de la expresión *ante diem* en 4.697 para afirmar que Dido, al suicidarse, muere antes de lo que el *fatum* le reservaba y la aparición de *contra fata* para describir, en 7.584, cómo estalla la guerra en el Lacio.

Desde este punto de vista, Júpiter es el principal instrumento y representante de dicha divinidad suprema, pero no debe atribuírsele la autoría del *fatum*[83]: "*He is not to be identified with the spiritual principle of things nor are his utterances of like validity with its decrees*". Para defender su postura, este estudioso cita, por un lado,

---

81 Heinze 1903: 285: "*Eine Gottheit ist: Schicksal, weltdurchdringende Vernunft und Vorsehung zugleich. Diese Gottheit leitet die Geschicke der Menschen, ihren Willen kann niemand durchkreuzen, in jedem Augenblick steht jeder in ihrer Hand; Pflicht des Menschen ist es, sich willig von ihr führen zu lassen. Die Einzelgötter sind nicht selbständige persönliche Wesen, sondern lediglich Erscheinungsformen der einen, allumfassenden Gottheit, ihre Kräfte, die die Reiche der Natur und des Geistes durchziehen*".

82 MacInnes 1910: 170: "*There is one supreme and spiritual deity whose decrees are* fata — *inviolable courses of destined events. But the deity has not irrevocably fixed the destiny of every man before his birth. [...] these are actualities determined beforehand in the divine mind, but there are many contingencies which are left to the self-determining human agent*".

83 MacInnes 1910: 170.

aquellos pasajes de *Eneida* que suelen emplearse como prueba de que los hados son emitidos por Júpiter y se detiene en el análisis de cada uno de ellos para demostrar que la lectura propuesta por él también es válida.[84] Por ejemplo, en la frase *neque me sententia vertit* (1.260), la palabra *sententia* ("modo de pensar", "opinión"),[85] que quienes siguen a Heinze entienden como "mi deseo, mi voluntad", puede interpretarse también como "mi opinión, mi parecer acerca de la información que me fue transmitida". El autor sostiene su hipótesis, por otro lado, mediante la referencia a pasajes del poema en los que o bien aparecen contrastados por un lado los *fata* y por otro las decisiones de Júpiter, o bien son las Parcas las que son presentadas como las divinidades que determinan el momento de cumplimiento del destino,[86] cuestión sobre la que nos extenderemos más adelante.

Los trabajos de Heinze y MacInnes presentan, en la primera década del siglo xx, dos posturas opuestas en torno al vínculo entre Júpiter y los hados que encuentran adhesión en análisis posteriores. Procederemos, pues, a ordenar la bibliografía relevada señalando en qué tendencia se ubica cada uno de los estudios.

En primer lugar se considerarán aquellos que, como Heinze, sostienen que el hado es una emisión del propio Júpiter. Encontramos en este grupo a C. Bailey, quien en su estudio *Religion in Virgil* postula una total equivalencia entre la voluntad del dios y los hados. Júpiter puede hablar del hado y lo conoce en profundidad porque es ni más ni menos que su propia voluntad.[87]

En términos similares se refiere R. O. A. M. Lyne en *Further Voices in Vergil's Aeneid* al analizar la profecía de Júpiter a Venus en el comienzo de *Eneida*. Afirma que el pasaje identifica el hado

---

84   Cf. MacInnes 1910: 171-172. Los pasajes citados son: 1.260ss, 1.278, 4.110, 5.784, 3.375, 4.614 y 4.651.

85   El *OLD* da las siguientes acepciones de *sententia, -ae: 1) a way of thinking, opinion, sentiment; 2) one's thinking in respect of future action, purpose, intention; 3) an opinion expressed in the senate in response or an interrogation; 4) a vote or opinion given in any assembly; 5) an authoritative decision, decree; 6) a thought, idea; 7) sense, meaning; 8) a self contained group of words, a sentence, clause.*

86   Los pasajes citados son: 8.398, 3.935, 2.121, 3.337, 4.440, 8.334, 8.574, 9.107 y 12.150.

87   Bailey 1935: 231-232: *"The will of Iuppiter is in fact identical with the fates. [...] Iuppiter knows fate and can speak it, because it is his will"*.

          Primera parte: El *fatum* en *Eneida*

con el deseo del dios[88] y que la frase *manent immota tuorum fata* es indisoluble de *neque me sententia vertit*. Esta última afirmación de Júpiter significa que nada ha cambiado su parecer, al que se debe identificar con el *fatum*, entendido como plan universal de los destinos individuales y comunitarios. El hado es la divinidad que organiza el mundo de *Eneida* y con ella se identifican Júpiter y su voluntad.[89]

Debido a esta lectura, Lyne entiende que la declaración del dios en el concilio divino *rex Iuppiter omnibus idem. Fata viam invenient* (10.112-113) es una combinación de opacidad, falta de ingenuidad y mendacidad (1987: 89). El artículo "Virgilian Epic" de D. Kennedy también puede ubicarse en esta tendencia. En efecto, define el *fatum* como el "sentido de destino" en el poema y dice que se identifica con las emisiones de Júpiter.[90] Por su parte, M. Bettini, en su estudio de 2008 sobre el término *fari* y sus derivados en la cultura romana, entiende que cuando Júpiter enuncia el futuro, el mismo acto de habla supone la realización de la acción.[91]

Dentro de esta primera perspectiva puede encontrarse una versión más moderada. Existen críticos que conciben al *fatum* como una entidad vinculada a Júpiter estrechamente, pero sin adjudicarle al dios la responsabilidad de su emisión. Hallamos un ejemplo de esta propuesta en *Virgil. A Study in Civilized Poetry* de B. Otis. Allí se plantea que Júpiter es "la imagen" del *fatum*, entendido en términos estoicos (1964: 225-226), y que la oposición *furor/pietas* que atraviesa el poema se concreta, en el nivel de los personajes divinos, como un contraste entre el *fatum* que Júpiter representa y un "contra-*fatum*" corporizado en Juno (1964: 228). Owen Lee, en *Fathers and Sons in Virgil's Aeneid*, dice que Júpiter es el "símbolo" o la "manifestación" del *fatum*, pero no su responsable ni su ejecutor. Para este autor, el *fatum* es un poder último

---

88   Lyne 1987: 73-74: "*seems to be doing its outmost to identify Fate with Jupiter and his Will*".

89   Lyne 1987: 74: "*The 'fate' of Venus' people depends upon his 'purpose'; it is he who wills it. [...] There seems to be a divinity providently directing the world of the Aeneid: Fate. And Jupiter and his Will are identifiable with that Fate*".

90   Kennedy 1997: 149.

91   Bettini 2008: 315: "*Spoken by the authoritative voice of Jupiter, the prophetic act of fari corresponds directly to the realization of the god's statement: fari, that is, implies a powerful way of speaking in the sense that it reveals events that are still unknown and directly brings about their realization*".

del universo que se manifiesta en las palabras de Júpiter, pero no es resultado de su autoría.[92]

En un segundo grupo se incluyen quienes, como MacInnes, defienden la hipótesis de que Júpiter es el principal ejecutor del *fatum*, pero no su autor. Louise Matthaei, en su artículo *"The Fates, the Gods, and the Freedom of Man's Will in the Aeneid"*, señala la combinación del sistema épico de los dioses olímpicos con las ideas filosóficas sobre el destino.[93] Observa que en reiteradas oportunidades los dioses principales exhiben un desconocimiento del hado, de lo cual se deduciría la primacía del *fatum*: si ellos no lo conocen, entonces se trata de una entidad superior.[94] Matthaei entiende que Júpiter, cuando dice a Venus *volvens fatorum arcana movebo* (1.262), afirma que "desplegará" los hados en el sentido de que se dispone a conocerlos. Desde esta lectura, claramente no se puede adjudicar al máximo dios la autoría del texto del destino. El *fatum* es un poder que se encuentra por encima de los dioses y éstos son instrumentos para administrar sus decretos. Júpiter es, en todo caso, su mejor instrumento o intermediario.[95]

Algo similar propone el artículo *"Fata Deum and the Action of the Aeneid"* de H. L. Tracy, que ve a Júpiter por debajo del poder del *fatum*, como su principal administrador y ejecutor. Para este estudioso, no están claras en *Eneida* ni su iniciativa ni su jurisdicción; sólo es seguro que administra el destino y lo hace efectivo.[96]

---

92   Owen Lee 1979: 24: *"The superiority of the creative force rests on its being aligned with a power that lies even beyond itself, or of which it is a manifestation. This Virgil called fatum. And as this Latin word comes from the root fari (to speak), one is always inclined to think that Virgil regarded the ultimate power in the universe as having something of the properties of a person, that it is a 'word' or a 'thought' that directs the planets and the minds of men. In the poem Virgil calls the manifestation of fatum Jupiter"*.

93   Matthaei 1917: 14: *"The system of the Olympian gods intrudes hopelessly on the mystic Vergilian Stoico-Epicurean philosophy, and makes –there is no denying it– one glorious muddle"*.

94   Matthaei 1917: 15: *"This ignorance displayed by gods of the first rank can only lead us to infer an inferiority of the gods to the fates: perhaps even Jupiter does not know the fates, until he unrolls them"*.

95   Matthaei 1917: 17: *"Jupiter is their best, one is tempted to say their most convenient, instrument; therefore, we hear about the 'fata Iouis', because they work through him as a channel"*.

96   Tracy 1964: 190-191: *"Jupiter seems to be something like an executive officer under Fatum. He resembles the president of a company, putting into effect the decisions of his directors. He is often too busy to keep all details of his responsibility in mind.*

          PRIMERA PARTE: El *fatum* en *Eneida*

W. Hunt, en *Forms of Glory. Structure and Sense in Virgil's Aeneid*, adhiere a la idea de Júpiter como símbolo del poder del hado pero no como su autor. Pone el acento en que es el dios que mejor lo conoce y lo comprende, adjudicándole un papel único en cuanto al poder del hado, pero no absoluto.[97]

Finalmente, se ubican en un tercer grupo aquellos trabajos que postulan que la cuestión de la relación entre Júpiter y el *fatum* en *Eneida* es imposible de dirimir, puesto que el texto oscila entre ambas posibilidades de interpretación sin inclinarse por ninguna de ellas. P. Boyancé, por ejemplo, se pregunta (1963: 48) si los libros del destino han sido escritos por Júpiter, si el dios meramente los recita o si es su intérprete, y concluye que Virgilio habilita las distintas lecturas. W. Camps, en *An Introduction to Virgil's Aeneid*, también plantea la imposibilidad de decidir si Júpiter es o no el autor del destino. Afirma que, a pesar de que es evidente que Júpiter es superior a los restantes dioses y que se lo identifica con los decretos del *fatum*, no está claro si es su autor o su ejecutor.[98]

Esta síntesis da cuenta de la continuidad y vigencia de una discusión que, al día de hoy, no ha alcanzado una interpretación predominante o mayoritaria. Los estudios reseñados consideran la etimología de la palabra *fatum*, la comparación de esta noción con el concepto de μοῖρα que aparece en Homero y las resonancias filosóficas[99] que la idea de *fatum* evoca; a partir de ello, analizan

---

[...] His sententia is naturally a solemn thing; but the degree of initiative he has is not clearly indicated. Jupiter's promise in i.236-7 almost coincides with Fate; he authorized the founding of Carthage; he forbade the Trojan settlement in Crete; he contrived the fulfilment of the omen about' eating the tables' foretold in a prophecy. But the bounds of his jurisdiction are unclear. There are hints that Jupiter may relax his administrative direction of fata; he may even turn away from an unbearable event which he anticipates but cannot avert".

97   Hunt 1973: 27: *"Jupiter is the principal symbol of the power of fate; his role is unique though not absolute, i.e., although he is sometimes identified with fate itself, he is seen less as its author than as the being most uniquely acquainted with its full meaning and influence".*

98   Camps 1969: 42: *"The will of one of them, Jupiter, is supreme over the rest, and is always identified with the ordinances of Fate. Whether he is author as well as executor of these ordinances is not always clear".*

99   No nos detendremos en el trasfondo filosófico, principalmente estoico, del término *fatum*, puesto que excede los límites de nuestro trabajo. Estudiaremos aquí el modo en que el término es empleado por el narrador y los personajes de *Eneida*, en estrecha conexión con el análisis de los textos proféticos. Para examinar la cuestión, remitimos a los trabajos de Bowra (1933), Edwards (1960), Colish (1990) y Frede (2003).

los distintos modos de interpretar la noción de *fatum* en *Eneida* e incluso indican la convivencia de diferentes significados. A veces como sinónimo de "profecía", otras como término para expresar la muerte, en ocasiones como palabra divina, la palabra *fatum* aparece en *Eneida* como un concepto ambiguo e inestable.

— 2 —

El sustantivo *fatum* en *Eneida*

Para arrojar luz sobre la cuestión del *fatum* en *Eneida*, de modo que este concepto no parezca poseer caprichosamente un sentido aquí y otro allá, es preciso realizar un análisis exhaustivo de las apariciones de este término en el poema con el fin de distinguir a qué obedece dicha alternancia entre diferentes acepciones.

La hipótesis de partida es la siguiente: si con la palabra *fatum* se designa en *Eneida* una noción tan compleja y multifacética, una entidad que está por encima de los personajes divinos –e incluso de Júpiter, según algunos críticos– y por ende es tan difícil de conocer y aprehender, ¿no sería más adecuado examinar las distintas acepciones del término tomando en cuenta qué tipo de emisor las incluye en sus discursos? Desde nuestro punto de vista no se puede definir el *fatum* considerando de manera indistinta qué dicen de él Eneas, Júpiter, los dioses, el narrador o la Sibila de Cumas, puesto que cada uno de ellos posee un grado de conocimiento mayor o menor de sus designios.

2.1. Determinación de niveles narrativos

Es necesario clasificar cada una de las ocurrencias de la palabra *fatum* en virtud del nivel narrativo en que se ubican y del tipo de narrador que las enuncia, para deslindar en su definición el grado de conocimiento de tales narradores.

La terminología precisa de Genette nos proporciona una herramienta teórica para analizar el concepto de *fatum* a partir de la distinción entre el nivel narrativo en que aparecen y los diferentes narradores que lo definen y caracterizan. Así, podemos observar que la palabra *fatum* es empleada en el relato primario del narrador

     Primera parte: El *fatum* en *Eneida*

extradiegético en 33 oportunidades,[100] mientras que en el nivel intradiegético aparece 83 veces.[101] Existen asimismo 10 empleos en el nivel metadiegético, es decir, en discursos dentro de los discursos de los personajes.[102] Dentro de estos dos últimos grupos podemos clasificar los personajes que ofician de narradores de acuerdo con su naturaleza, es decir, teniendo en cuenta si se trata de dioses, adivinos y sacerdotes, fantasmas o personajes humanos.

Realizado ese análisis, se puede apreciar que la mayor cantidad de menciones del *fatum* se obtiene en los niveles intra y metadiegéticos, es decir, de parte de los personajes de *Eneida*, no del narrador extradiegético. Esto implica que resulta central considerar desde qué perspectiva enuncia cada personaje su definición u opinión acerca del *fatum* y, principalmente, qué grado de conocimiento acerca del destino posee el personaje en cuestión.

Ciertamente, existe en *Eneida* una jerarquía en este sentido. Los seres humanos son quienes se encuentran en el extremo inferior

---

100 1.2, 1.18, 1.32, 1.222, 1.299, 3.717, 4.440, 4.450, 4.519, 4.696, 5.656, 5.703, 5.707, 6.449, 6.683, 7.50, 7.79, 7.255, 7.584, 8.12, 8.292, 8.731, 10.154, 10.417, 10.438, 10.501, 11.701, 11.759, 12.111, 12.395, 12.507, 12.610 y 12.726.

101 Se indica entre paréntesis cuál es el personaje a cargo del relato que incluye la ocurrencia de fatum: 1.39 (Juno), 1.205 (Eneas), 1.239 (Venus, dos empleos en el mismo verso), 1.258 (Júpiter), 1.262 (Júpiter), 1.382 (Eneas), 1.546 (Ilioneo), 2.13 (Eneas), 2.34 (Eneas), 2.54 (Eneas), 2.121 (Eneas), 2.246 (Eneas), 2.257 (Eneas), 2.506 (Eneas), 2.554 (Eneas), 2.653 (Eneas), 2.738 (Eneas), 3.7 (Eneas), 3.9 (Eneas), 3.17 (Eneas), 3.700 (Eneas), 4.14 (Dido), 4.20 (Dido), 4.110 (Venus), 4.225 (Júpiter), 4.340 (Eneas), 4.614 (Dido), 4.651 (Dido), 4.678 (Ana), 5.709 (Nautes), 5.725 (fantasma de Anquises), 5.784 (Venus), 6.45 (Sibila), 6.67 (Eneas), 6.72 (Eneas), 6.147 (Sibila), 6.376 (Sibila), 6.466 (Eneas), 6.511 (fantasma de Deifobo), 6.546 (fantasma de Deifobo), 6.713 (fantasma de Anquises), 6.759 (fantasma de Anquises), 6.868 (fantasma de Anquises), 6.882 (fantasma de Anquises), 7.120 (Eneas), 7.123 (Eneas), 7.224 (Ilioneo), 7.234 (Ilioneo), 7.239 (Ilioneo), 7.272 (Latino), 7.293 (Juno), 7.294 (Juno), 7.314 (Juno), 7.594 (Latino), 8.133 (Eneas), 8.334 (Evandro), 8.398 (Vulcano), 8.477 (Evandro), 8.499 (Evandro), 8.512 (Evandro), 8.575 (Evandro), 9.94 (Júpiter), 9.135 (Turno), 9.137 (Turno), 9.204 (Euríalo), 9.643 (Apolo), 10.35 (Venus), 10.67 (Juno), 10.109 (Júpiter), 10.113 (Júpiter), 10.380 (Palante), 10.472 (Júpiter), 10.624 (Júpiter), 10.740 (Orodes), 11.97 (Eneas), 11.112 (Eneas), 11.160 (Evandro), 11.587 (Diana), 12.149 (Juno), 12.676 (Turno), 12.795 (Júpiter) y 12.819 (Juno).

102 Entre paréntesis se indica el personaje que emite la palabra *fatum* y dentro de qué discurso está incluida su intervención: 2.194 (Sinón en el relato de Eneas), 2.294 (fantasma de Héctor en el relato de Eneas), 2.433 (Eneas en su propio relato), 3.182 (Anquises en el relato de Eneas), 3.337 (Andrómaca en el relato de Eneas), 3.375 (Héleno en el relato de Eneas), 3.395 (Héleno en el relato de Eneas), 3.444 (Héleno en el relato de Eneas), 3.494 (Eneas en su propio relato) y 11.287 (Diomedes en el relato de Vénulo).

de esta escala: su percepción limitada y su escaso saber sobre los mecanismos divinos los llevan muchas veces a malinterpretar las señales que reciben de los dioses. Como ejemplo de ello, baste recordar la interpretación errónea que hace Anquises ante la indicación de Apolo *antiquam exquirite matrem* (3.96): cree que se refiere a Creta (3.104) y en 3.161-168 los penates deben corregir el malentendido, señalando que es Hesperia el destino del viaje.

En un escalón intermedio se ubican aquellos seres humanos que, por un determinado privilegio, acceden a un conocimiento mayor: los adivinos y los muertos. En efecto, un sacerdote inspirado –como Héleno o la Sibila– goza del privilegio de comunicarse con los dioses, tal como lo explica Cicerón en *De divinatione* I.66 (nuestro subrayado):

> *Inest igitur in animis praesagitio <u>extrinsecus</u> iniecta atque inclusa divinitus. Ea si exarsit acrius, furor appellatur, cum a corpore animus abstractus <u>divino instinctu concitatur</u>.*

> Por consiguiente, existe en los espíritus un poder de predicción insertado <u>desde el exterior</u> e incluido por voluntad divina. Si se inflama muy fuertemente, cuando el espíritu <u>se agita</u> separado del cuerpo <u>por un instinto divino</u>, es llamado "furor".

Algo similar sucede con los fantasmas. A pesar de que durante su vida un ser humano no haya tenido poderes adivinatorios, al morir adquiere una percepción mayor sobre los designios divinos, o bien porque el espíritu accede a cierto saber después de separarse del cuerpo –como sucede con el *furor* descripto por Cicerón–, o bien porque la tierra, lugar donde habitan las almas, les transfiere poderes determinados.[103] Puede corroborarse este saber superior de los muertos en los parlamentos de los fantasmas de Héctor (2.289-295), Creúsa (2.776-789), Palinuro (6.347-371), Deifobo (6.509-534) y Anquises (5.724-739, 6.756-886).

En el peldaño más alto del escalafón, con una mayor proximidad al *fatum* y sus disposiciones, se encuentran los dioses, aun cuando no deban tomarse como un grupo homogéneo, debido a que entre las divinidades existen diferentes grados de saber sobre el hado. No sólo Júpiter es el dios que más lo conoce –ya porque es su autor, ya porque es su intérprete y administrador, según las distintas perspectivas señaladas en la sección anterior– sino

---

103 Ogden 2001: 231ss (capítulo 15, "The Wisdom of the Dead").

que, entre los demás dioses, también hay una jerarquía, tal como lo demuestran las siguientes palabras de la arpía Celeno a los troyanos en 3.250-252:

accipite ergo animis atque haec mea figite dicta,
quae Phoebo pater omnipotens, mihi Phoebus Apollo
praedixit, vobis Furiarum ego maxima pando.

Por lo tanto, recibid y grabad en vuestros espíritus estas palabras mías que el padre omnipotente predijo a Febo y Febo Apolo a mí, y yo, la más importante de las Furias, las revelo para vosotros.

En esta cita se observa en forma clara la cadena de comunicación del destino: Júpiter lo transmite a Apolo, éste a Celeno, la arpía a los hombres.

Teniendo esto en cuenta, se puede obtener una primera conclusión: si en casi la mitad de los casos (55 de un total de 126) el empleo de la palabra *fatum* pertenece al discurso de los personajes humanos, ¿cuán sólida es una definición de este concepto que no atienda a las diferencias en los niveles narrativos? Los estudios que no las tienen en cuenta y toman como un conjunto homogéneo todas las apariciones del término *fatum* en el poema derivan conclusiones basadas mayormente en lo que los personajes humanos dicen de él: en general, estas afirmaciones suelen estar equivocadas o ser poco claras en virtud de la percepción limitada de los mortales.

2.2. El sintagma nominal con núcleo fatum: atributos y complementos

Analizaremos en este apartado las características de los sintagmas nominales que tienen a la palabra *fatum* como núcleo. Consideraremos en primer lugar la variación de número. Se verifica una abrumadora mayoría de incidencias de *fatum* en plural (110 de 126), mayoría que se presenta tanto en el discurso del narrador extradiegético[104] como en el discurso de los personajes (dioses,[105]

---

104 En singular: 1.2, 1.299, 4.519, 4.696, 6.449, 7.50, 10.154 y 10.501; en plural: 1.18, 1.32, 1.222, 3.717, 4.440, 4.450, 5.656, 5.703, 5.707, 6.683, 7.79, 7.255, 7.584, 8.12, 8.292, 8.731, 10.417, 10.438, 11.701, 11.759, 12.111, 12.395, 12.507, 12.610 y 12.726.

105 En singular: 9.643 (Apolo) y 12.819 (Juno); en plural: 1.39 (Juno), 1.239 (Venus, dos ocurrencias), 1.258 (Júpiter), 1.262 (Júpiter), 4.110 (Venus), 4.225 (Júpiter), 5.784 (Venus), 7.293 (Juno), 7.294 (Juno), 7.314 (Juno), 8.398 (Vulcano), 9.94 (Júpiter),

adivinos,[106] fantasmas,[107] hombres[108]). Esta constante parece indicar que el destino es conceptualizado como una entidad múltiple en todos los niveles narrativos. No hay un solo *fatum*, único y singular, sino varios *fata* que simultáneamente conviven y compiten. Esta coexistencia de distintos *fata*, de distintos destinos posibles, da como resultado en la acción de *Eneida* una rivalidad en el plano divino, ya que cada dios, a la manera homérica, lucha por el predominio de aquellos hombres, estirpes y ciudades que cada uno protege. Como ejemplo, señalamos que Júpiter, en el diálogo con Venus, se refiere a los hados de los troyanos en 1.257-258 como *tuorum fata* ("los hados de los tuyos"); cuando Juno advierte que Eneas ya ha llegado a Italia, exclama en 7.293-294: *Heu stirpem invisam et fatis contraria nostris / fata Phrygum!* ("¡ay, estirpe aborrecida y hados de los frigios contrarios a nuestros hados!"). Asimismo, en el plano humano se manifiesta la conciencia de que el propio destino no ha sido fijado de una vez y para siempre, sino que debe competir con los hados de otros humanos, como se observa en la frase de Turno *sunt et mea contra fata mihi* ("también a mis hados tengo en contra") luego del prodigio de la transformación de las naves en ninfas (9.135).

La idea de diferentes *fata* concurrentes se manifiesta, dentro del sintagma nominal, por medio de adjetivos y sustantivos en genitivo que indican pertenencia.[109] Aparecen adjetivos posesivos

---

    10.35 (Venus), 10.67 (Juno), 10.109 (Júpiter), 10.113 (Júpiter), 10.472 (Júpiter), 10.62 (Júpiter), 11.587 (Diana), 12.149 (Juno) y 12.795 (Júpiter).

106 Son 3.375 (Héleno), 3.395 (Héleno), 3.444 (Héleno), 6.45 (Sibila), 6.147 (Sibila) y 6.376 (Sibila).

107 En singular: 6.713 (Anquises); en plural: 2.294 (Héctor), 5.725 (Anquises), 6.511 (Deifobo), 6.546 (Deifobo), 6.759 (Anquises), 6.868 (Anquises) y 6.882 (Anquises).

108 En singular: 2.653 (Eneas), 2.738 (Eneas), 6.466 (Eneas), 8.334 (Evandro) y 8.512 (Evandro); en plural: 1.205 (Eneas), 1.382 (Eneas), 1.546 (Ilioneo), 2.13 (Eneas), 2.34 (Eneas), 2.54 (Eneas), 2.121 (Eneas), 2.194 (Sinón), 2.246 (Eneas), 2.257 (Eneas), 2.433 (Eneas), 2.506 (Eneas), 2.554 (Eneas), 3.7 (Eneas), 3.9 (Eneas), 3.17 (Eneas), 3.182 (Anquises), 3.337 (Andrómaca), 3.494 (Eneas), 3.700 (Eneas), 4.14 (Dido), 4.20 (Dido), 4.340 (Eneas), 4.614 (Dido), 4.651 (Dido), 4.678 (Ana), 5.709 (Nautes), 6.67 (Eneas), 6.72 (Eneas), 7.120 (Eneas), 7.123 (Eneas), 7.224 (Ilioneo), 7.234 (Ilioneo), 7.239 (Ilioneo), 7.272 (Latino), 7.594 (Latino), 8.133 (Eneas), 8.477 (Evandro), 8.499 (Evandro), 8.575 (Evandro), 9.135 (Turno), 9.137 (Turno), 9.204 (Euríalo), 10.380 (Palante), 10.740 (Orodes), 11.97 (Eneas), 11.112 (Eneas), 11.160 (Evandro), 11.287 (Vénulo) y 12.676 (Turno).

109 Sobre la expresión de posesión mediante adjetivos y sustantivos en genitivo, véase Álvarez Huerta 2009: 287.

en 7 ocasiones,[110] adjetivos gentilicios en 2 oportunidades[111] y sustantivos en genitivo –expresando el nombre del poseedor– 16 veces.[112] Ahora bien, ¿de quién son los hados? Si se atiende el referente a quien se atribuye la posesión, se observa que es humano en la mayoría de los casos (16 de 25) –en ocasiones, un individuo (Eneas, Príamo, Siqueo, Turno etc.), en otras una ciudad o comunidad humana (los troyanos, los romanos, los rútulos, etc.)–. En las 9 ocasiones restantes, quien posee los hados es un dios (Juno, Júpiter, etc.) o el conjunto de las divinidades (en 6 oportunidades aparece la expresión *fata deum* o *fata divum*).

Este análisis de las expresiones de posesión a través de un complemento en genitivo nos lleva a un primer deslinde entre diferentes acepciones de *fata*. En la *Sintaxis del latín clásico* (2009) coordinada por J. M. Baños Baños, especialista de la Universidad Complutense, hallamos un capítulo enteramente dedicado al caso genitivo, firmado por M. E. Torrego Salcedo. Allí se explica que este caso establece con el núcleo del sintagma nominal que modifica una relación "exclusivamente estructural, es decir, de dependencia o determinación, pero no hace explícito el contenido semántico que esa dependencia comporta".[113] El genitivo como complemento adnominal puede transmitir diferentes valores (posesión, definición, descripción, cantidad etc.) pero ello depende de los rasgos semánticos del núcleo del sintagma nominal y del sustantivo en genitivo.[114] En el caso puntual de la posesión, por lo general hallamos un núcleo que puede ser animado o inanimado y un complemento en genitivo que manifiesta una entidad animada.

---

110 Se indica entre paréntesis el nombre del emisor y luego el referente del posesivo: 1.258 (Júpiter; descendientes de Venus), 6.67 (Eneas; sus hados), 6.511 (fantasma de Deifobo; sus hados), 6.759 (fantasma de Anquises; hados de Eneas), 7.293 (Juno; hados de sus protegidos), 8.512 (Evandro; hados de Eneas) y 9.137 (Turno; sus hados).

111 Se indica entre paréntesis el nombre del emisor y luego el referente del gentilicio: 3.182 (Anquises; hados de Ilión) y 5.725 (fantasma de Anquises; hados de Ilión).

112 Se indica entre paréntesis el nombre del emisor y luego el sustantivo en genitivo: 1.222 (narrador extradiegético; Lico), 2.34 (Eneas; Troya), 2.54 (Eneas; los dioses), 2.257 (Eneas; los dioses), 2.506 y 2.554 (Eneas; Príamo), 3.717 (narrador extradiegético; los dioses), 4.20 (Dido, Siqueo), 4.614 (Dido; Júpiter), 6.376 (Sibila; los dioses), 7.50 (narrador extradiegético; los dioses), 7.234 (Ilioneo; Eneas), 7.239 (Ilioneo, los dioses), 7.294 (Juno; los frigios), 7.584 (narrador extradiegético; los dioses) y 8.292 (narrador extradiegético; Juno).

113 Torrego Salcedo 2009: 158.

114 Torrego Salcedo 2009: 161.

Ahora bien, en algunos casos sólo el conocimiento extralingüístico puede ayudarnos a dirimir qué tipo de posesión se expresa: en los sintagmas *signa Praxiteli, Myronis, Polycliti* ("las estatuas de Praxíteles, Mirón, Policleto", Cic. *Verr.* 2.4.4), los nombres de persona pueden definir quiénes son los dueños de las estatuas pero también quiénes las realizaron o quiénes han sido representados en ellas.[115] Esto es lo que sucede con la construcción *fata* + complemento en genitivo. No resulta adecuado interpretar del mismo modo *fata Aeneae / Troiae / Priami* etc. que *fata Iovis / Iunonis / divum*: en el primer caso, se trata de "los hados de Eneas / Troya / Príamo" en tanto "el destino que les tocó en suerte soportar",[116] mientras que en el segundo caso "los hados de Júpiter / Juno / los dioses" son los designios de estos dioses, su voluntad.

Dentro del sintagma nominal se consideran también los atributos unidos al sustantivo *fatum*. Tarriño Ruiz (en Baños Baños 2009: 253-254), siguiendo a Rijkhoff 2001, distribuye los modificadores adnominales en cuatro categorías: cualitativos, cuantitativos, locativos y referenciales. Mientras que los últimos tres grupos comprenden clases cerradas (ya que abarcan los determinantes en general: demostrativos, cuantificadores, etc.), la primera categoría es una clase abierta que incluye a los adjetivos propiamente dichos, los que han recibido la denominación típica de "calificativos".

Atendiendo a los niveles narrativos, nuevamente se verifica que son los personajes quienes más contribuyen a la caracterización de los *fata* y, de manera especial, los personajes humanos. La palabra *fatum* está acompañada por un adjetivo en 20 ocasiones (se indica entre paréntesis el emisor de la ocurrencia y a continuación el sintagma nominal formado por el sustantivo *fatum* más el adjetivo calificativo): 1.221-222 (narrador extradiegético: *crudelia fata*), 1.239 (Venus: *contraria fata*), 2.246 (Eneas: *fatis futuris*), 2.257 (Eneas: *fatis iniquis*), 2.738 (Eneas: *misero fato*), 3.17 (Eneas: *fatis iniquis*), 3.494 (Eneas: *alia in fata*), 6.546 (fantasma de Deifobo: *melioribus fatis*), 6.882 (fantasma de Anquises: *fata aspera*), 7.293-294 (Juno: *contraria fata*), 8.334 (Evandro: *ineluctabile fatum*), 9.204 (Euríalo:

---

115 Torrego Salcedo 2009: 163-164. Véase también Pinkster (1995: 115) para un análisis de las relaciones semánticas entre el núcleo de un sintagma nominal y su complemento en genitivo.

116 En algunos de estos casos se puede interpretar *fatum* como "muerte", como por ejemplo en 4.20, donde Dido dice que Eneas ha sido el primero en despertar en ella el amor *miseri post fata Sychaei*.

  Primera parte: El *fatum* en *Eneida*

fata extrema), 10.35 (Venus: *nova fata*), 10.380 (Palante: *fatis iniquis*), 10.624 (Júpiter: *instantibus fatis*), 10.740-741 (Orodes: *fata paria*), 11.587 (Diana: *fatis acerbis*), 12.149 (Juno: *imparibus fatis*) y 12.726 (narrador extradiegético: *fata diversa*).

En el conjunto de adjetivos empleados para describir al destino, se destacan los de connotación negativa, mayoritarios en el discurso de los hombres: *iniquus, -a, -um* en tres ocasiones, *miser, -a, -um* en una, *ineluctabilis, -e* en otra. No obstante, aparecen también una vez en el discurso de cada uno de los demás narradores: el fantasma de Anquises emplea *asper, -era, -erum* para caracterizar el destino de Marcelo, Diana describe con el adjetivo *acerbus, -a, -um* los hados de Camila y el narrador extradiegético señala como *crudelis, -e* el hado de Lico, uno de los compañeros de Eneas perdido en el naufragio.

Asimismo, son abundantes los adjetivos que marcan comparación o diferencia. Si se puede hablar de hados "opuestos" (*contraria*), si existen destinos "mejores" (*melioribus*) que otros, si pueden surgir "nuevos" (*nova*) hados, si se pueden comparar entre sí los destinos y decir si son "similares" (*paria*) o "distintos" (*imparibus*), entonces podemos reforzar la idea del *fatum* como entidad plural que abarca en sí misma una amplia diversidad de posibilidades.

2.3. *El sintagma nominal con núcleo* fatum: *funciones semánticas*

En esta sección se analizará qué funciones semánticas asume el sintagma con núcleo *fatum* como argumento de la predicación para así dar cuenta de qué rasgos le atribuyen los diferentes narradores (si se trata de una entidad animada o inanimada, concreta o abstracta, etc.), lo cual no puede deducirse de la información sintáctica, como podemos ver en los dos ejemplos siguientes, en los que el sustantivo *fatum* cumple la función sintáctica de sujeto pero con distinto valor semántico:

'Tendimus in Latium, sedes ubi fata quietas ostendunt' (1.205)

Nos dirigimos al Lacio, donde los hados muestran moradas tranquilas.

'Desine fata deum flecti sperare precando' (6.376)

Deja de anhelar que los hados de los dioses se modifiquen por medio de ruegos.

Mientras que en el primer caso *fatum* se presenta como el agente de *ostendo* ("mostrar, señalar"), es decir, como la entidad que controla la acción voluntariamente, en el segundo caso actúa como el paciente de *flecto* ("alterar, modificar"). Es la entidad sobre la cual se ejerce la acción o a la que le sucede algo. Además de estas dos funciones semánticas, Pinkster (1995: 20 y 2015: 27-28) incluye en su listado: causa,[117] receptor, destinatario, beneficiario, entidad afectada, dirección, ubicación, lugar por donde, lugar a donde, modo, instrumento, grado, compañía, posición en el tiempo, duración, plazo de tiempo, circunstancias concomitantes, motivo, fin y consecuencia.[118]

Resulta interesante indagar qué funciones semánticas desempeña el término *fatum* en *Eneida*, teniendo en cuenta, como hemos hecho hasta ahora, en qué nivel narrativo se ubica cada emisión de este término. Nos limitaremos a la función semántica del sustantivo *fatum* como argumento, es decir, como elemento integrante de la predicación imposible de omitir, puesto que se trata de los componentes con los que el núcleo del predicado establece una relación semántica directa. Las incidencias que se analizan aquí son 96 del total; las funciones semánticas a considerar son, pues: agente, paciente, causa, receptor, destinatario, dirección y ubicación. Si bien algunas de estas funciones semánticas se encuentran también en los adjuntos, se considerarán sólo los casos en que aparezcan como argumentos (por ejemplo, la expresión de la ubicación es un argumento de un verbo como *habitare* pero es adjunto en gran cantidad de otros predicados).[119]

---

117 Según Pinkster (1995: 21-22 y 2015: 26-27), lo que distingue "agente" de "causa" es la noción de "control". El agente, por lo general una entidad humana, tiene la capacidad de controlar la acción o situación, de decidir voluntariamente si producirla o no. Desempeña la función de "causa", en cambio, la entidad que provoca o realiza la acción sin controlarla, como "el viento" en "el viento abrió la puerta".

118 Para una definición y ejemplos de cada una, véase Pinkster 1995: 19-20 y 37-38, y Pinkster 2015: 26-28. La lista de funciones semánticas no es definitiva ni unánime. Fernández Lagunilla y Anula Rebollo (1995: 90-94), por ejemplo, denominan "locación" lo que para Pinkster es "ubicación" y entienden como "meta" lo que para Pinkster es "lugar a donde". Asimismo, en lo que aquí es "paciente" ellos distinguen entre el "experimentante" o "entidad que experimenta algún estado (psicológico) expresado por el predicado" y el "tema" o "entidad afectada por la acción expresada por el verbo".

119 Cf. Pinkster 1995: 35.

   Primera parte: El *fatum* en *Eneida*

De las tres últimas funciones (destinatario, dirección y ubicación) no hemos registrado apariciones. En cuanto a las primeras, hallamos un claro predominio de las funciones semánticas de agente (50 sobre 96) y paciente (37 de 96), lo cual permite arribar a algunas interesantes conclusiones.

En primer lugar, se observa que en más de la mitad de las ocasiones, el *fatum* o los *fata* son concebidos como la entidad que pone en marcha la acción. En estos casos, se les atribuye el rasgo [+ animado], e incluso [+ humano], puesto que ejercen su voluntad de llevar a cabo la acción o producir el estado que expresa el verbo. *Fatum* con función de agente aparece en relación con los siguientes verbos:[120] *adduco, ago, concedo, defendo, do, eripio, exerceo, fero, iacio, indulgeo, infringo, invenio, mergo, obsto, ostendo, pareo, pono, posco, proficio, prospicio, repello, reservo, revolvo, servo, sino, supero, tollo, traho, urgeo, veto* y *voco*. En su gran mayoría, se trata de "acciones" (por oposición a "procesos", "posiciones" y "estados"[121]), es decir, predicaciones caracterizadas por la presencia de un control ejercido por el agente y de un dinamismo que denota el desarrollo de un proceso. Si se añaden aquí las ocurrencias del término con función semántica "causa" (es decir, la que desempeña la entidad que ejerce la acción, aun cuando no la controla), se obtiene un total de 53.

En segundo lugar, puede observarse que en casi un 40% de los casos, se conceptualiza a *fatum* como paciente, es decir, como la entidad que experimenta la acción denotada por el verbo. Las predicaciones que incluyen a *fatum* como paciente son aquellas que tienen como núcleo *attollo, cano, condo, do, doceo, flecto, gemo, impono, libero, maneo, nescio, renarro, obliviscor, pono, posco, recenseo, rependo, rumpo, scio, sequor, sortior, utor, vinco* y *voco*, o bien las predicaciones copulativas con verbo *sum*. En este grupo de predicados es notoria la presencia de *verba dicendi* y *cognoscendi*(-*cano, doceo, nescio, renarro, obliviscor, recenseo, scio, voco*): el *fatum* es considerado en estas predicaciones como un texto que puede conocerse y luego transmitirse.

---

120 Integran este listado todas las formas verbales empleadas, tanto las conjugadas como las formas nominales e incluso los adjetivos deverbales (por ejemplo, se incluye en la lista *nescio* cuando la forma que aparece es *fati nescia*).

121 Cf. Pinkster 1995: 21-25 y 2015: 22-24.

Si bien en el caso de *fatum* como paciente el vocablo puede asociarse a su etimología pasiva –es "lo dicho", la palabra pronunciada–, la gran cantidad de empleos como agente y la presencia de la noción de control parecerían contradecirla: el texto del *fatum* aparece, en la mayoría de los casos, investido de voluntad y capacidad de acción. Ahora bien, una gran mayoría de apariciones de *fatum* como agente pertenece al discurso de los personajes. De las 70 ocurrencias en los niveles intra y metadiegético, 42 desempeñan esta función; los más altos porcentajes se registran en el discurso de los personajes, tanto humanos como divinos.[122] Esto contrasta ampliamente con el nivel del narrador extradiegético, que atribuye la función de paciente en 15 de 26 ocasiones y sólo registra 8 ocurrencias con función agentiva.

¿Qué conclusión se puede derivar de estas observaciones? Se podría afirmar que el *fatum* es, ante todo, una entidad de naturaleza verbal, un discurso que puede ser enseñado o aprendido, conocido o ignorado, puesto que así lo define el narrador extradiegético que organiza el texto de *Eneida*. El *fatum* como disposición de los hechos futuros es el texto que la Musa transmite a la memoria del poeta, tanto en el inicio (1.8, *Musa mihi causas memora*) como en el segundo proemio del libro 7 (7.41, *tu vatem, tu, diva, mone*). Los personajes que mejor advierten esta noción de *fatum* son los sacerdotes inspirados, que acceden al conocimiento del porvenir a través de la *divinatio* y se erigen como portadores del saber acerca del futuro. Los dioses y los hombres, en cambio, partes afectadas por el proceder del *fatum* –recordemos que las divinidades no son de ningún modo neutrales, sino que ponen en juego su poder y tienen en la tierra sus ciudades favoritas– le atribuyen la responsabilidad de las acciones. Si algo sucede es porque los hados así lo determinan, así lo anuncian, así lo permiten; si algo resulta imposible, se debe a que se oponen o lo prohíben. Ciertamente, hubiera sido esperable constatar en el discurso de los dioses una mayor cantidad de apariciones del término con función de paciente, similar a lo que sucede en el nivel extradiegético, puesto que son los personajes con mayor conocimiento del hado y a los que se les atribuye en gran medida la responsabilidad en la con-

---

122 En el discurso de los fantasmas el porcentaje es del 37,5% al igual que en el caso de la función semántica paciente. En el de los adivinos, en cambio, se registra un 33,33% de ocurrencias con función agente y un 66,67% con función paciente.

                    Primera parte: El *fatum* en *Eneida*

creción de sus designios. Incluso Júpiter, personaje al que, según hemos visto, muchísimos críticos consideran el administrador e incluso autor del *fatum*, lo conceptualiza como agente en 4 de las 6 oportunidades en que lo menciona como argumento de la predicación nuclear: la más perturbadora es, como se ha señalado repetidamente, la famosa sentencia *fata viam invenient* (10.113), que resulta incompatible, o al menos, discordante, con la idea de Júpiter como autor de los hados.

— **3** —

Fatum como texto: la propuesta de Ovidio

La noción de *fatum* aparece reformulada una y otra vez en la literatura y en la filosofía romanas. No pretendemos realizar aquí un análisis exhaustivo del término, puesto que implicaría indagar su historia, su empleo por las distintas corrientes filosóficas, su significado en la esfera religiosa romana, sus antecedentes griegos. Sí nos interesa considerar algunos textos que contribuyen a comprender su empleo en *Eneida*. En este sentido, *Metamorfosis* de Ovidio, y en especial la sección que la crítica ha denominado "*Eneida* ovidiana" (13.623-14.608),[123] se presenta como un texto fundamental debido a que allí se propone una particular interpretación de Virgilio formulada desde una "actitud de activa crítica".[124] Por medio de los mecanismos de selección, reducción y paráfrasis de la épica virgiliana, Ovidio formula lo que Baldo (1995: 262) define como una 'lectura' de *Eneida*: su *imitatio* no se agota en comprimir de manera vistosa el modelo virgiliano, sino que supone una integración y una interpretación que deriva en un evidente gesto de narración.

Nos referiremos al pasaje de la apoteosis de Julio César en *Metamorfosis* 15 puesto que allí Ovidio presenta una interpretación particular acerca del *fatum* y su relación con Júpiter en *Eneida*.

---

123 Cf. Galinsky 1975: 210-265; Myers 2009: 11-19; Callen King 2009: 182ss.; Thomas 2009: 294-308.

124 Lamacchia 1960: 329: "*egli lo imita, ma imitandolo lo interpreta*".

3.1. Metamorfosis *y la* "Eneida *ovidiana*"[125]

En el proemio de *Metamorfosis* el narrador anuncia que cantará un *carmen perpetuum* que abarcará *ab origine mundi... ad mea tempora*. La creación del mundo a partir del caos y el presente del poeta aparecen, pues, como los dos hitos temporales que enmarcan este relato de las "formas convertidas en nuevos cuerpos".

En la compleja estructura del poema[126] se advierte, a pesar de las numerosas analepsis y prolepsis, una progresión cronológica que permite hablar de *Metamorfosis* como "historia universal", cumpliendo con lo adelantado en el proemio.[127] Se parte desde la cosmogonía para avanzar con las historias de los dioses y de los primeros hombres, hasta arribar, en el libro 11, al suceso que tradicionalmente se consideraba el punto de partida de los tiempos históricos: la fundación de Troya.[128] Con el relato de su caída en el libro 13, comienza un movimiento hacia Roma[129] en virtud de la inclusión de las aventuras de Eneas; la apoteosis del héroe (14.581-608) instala definitivamente el relato en suelo romano. Se describe la descendencia de Ascanio, la fundación de la ciudad, la apoteosis de Rómulo y de su esposa Hersilia, el reinado de Numa, la introducción del dios Esculapio y la muerte y posterior deificación de Julio César (con el anuncio de la futura divinidad del *princeps*), para culminar con el epílogo del poeta, que afirma el poder y la eternidad de su poesía.

En el episodio de la muerte de César (15.760-870) Ovidio establece un claro diálogo con el pasaje de la revelación de Júpiter de *Eneida* 1, siempre citado a la hora de definir la noción de *fatum*: ante una Venus agitada por la conjuración que se organiza contra su

---

125 Esta sección es una parte del artículo "El diálogo entre Júpiter y Venus en *Met.* 15,807-842: una lectura del *fatum* virgiliano" publicado en *Minerva* 26 (2013). Aquí se han realizado algunas modificaciones.

126 Para una síntesis de las distintas perspectivas sobre la estructura de *Metamorfosis*, véase Wheeler 2000: 1-6.

127 Rosati 2002: 278; Martínez Astorino 2009: 42-50, 135-145.

128 Tissol 2002: 305.

129 Rosati 2002: 281: "*the vast chronological arc —all of time, mythical and historical— that frames this story of the world ends with Augustan Rome, and the geographical horizon, no less vast, that provides a background for the poem (Europe, Asia, and even Africa, i.e., the entire world) entails a spatial movement from east to west (as in the Aeneid, i.e., from Greece to Rome (where many of the stories in the final books take place)*".

　　　　　　　　　Primera parte: El *fatum* en *Eneida*

descendiente, Júpiter le refiere el destino apoteótico de César y el posterior gobierno de Augusto. Como garantía de que los eventos que ha profetizado se cumplirán efectivamente, Júpiter invita a Venus a visitar la morada de las Parcas (15.808-815):

> *intres licet ipsa sororum*
> *tecta trium: cernes illic molimine vasto*
> *ex aere et solido rerum tabularia ferro,*
> *quae neque concursum caeli neque fulminis iram*
> *nec metuunt ullas tuta atque aeterna ruinas;*
> *invenies illic incisa adamante perenni*
> *fata tui generis: legi ipse animoque notavi*
> *et referam, ne sis etiamnum ignara futuri.*

Está permitido que tú misma ingreses en los palacios de las tres hermanas: allí verás, en una enorme mole de bronce y de hierro sólido, los archivos de las cosas que, seguros y eternos, no temen ni el choque del cielo ni la ira del rayo ni ninguna decadencia. Encontrarás allí, grabados en perenne acero, los hados de tu estirpe: yo mismo los he leído y los he registrado en mi espíritu, y te los contaré para que no sigas siendo desconocedora del futuro.

El *fatum* aparece aquí como un texto perteneciente a las Parcas que Júpiter ha leído y memorizado; la predicción le pertenece en tanto la ha aprendido de memoria, pero no por ser su autor. Según Feldherr (2010: 69), Júpiter utiliza los registros de las Parcas como modo de refrendar su anuncio, presentándolo con el apoyo de una realidad exterior a él.[130] En virtud de las similitudes que establece con el diálogo Júpiter-Venus de *Eneida* 1, nos interesa este pasaje de *Metamorfosis* 15 en tanto propuesta de interpretación del *fatum* virgiliano. Ovidio, como lector e intérprete de Virgilio, forma parte de la discusión que nos ocupa.

3.2. *Venus, Júpiter y el texto del* fatum *en* Metamorfosis *15*

Los paralelismos entre *Metamorfosis* 15.760-851 y *Eneida* 1.223-296 se advierten fácilmente:

---

130 Cf. Feldherr 2010: 69: "*He validates his account with an appeal to the Fate's 'public records office' (tabularia, 15.810), an image that belongs more to the realm of Roman political affairs and indeed is just the sort of place to which a historian might have recourse. [...] Ovid's Jupiter seems far more concerned to establish his speech as the record of an externally verifiable reality*".

a. En ambos casos, Venus aparece preocupada por los peligros que enfrenta un miembro destacado de su progenie (Eneas en *Eneida*, Julio César en *Metamorfosis*).

b. Al observar los riesgos que corren sus protegidos, la diosa se siente ella misma amenazada en su calidad de *genetrix* de la estirpe[131] y evoca todos los embates que ha sufrido hasta el momento (en *Eneida* menciona la caída de Troya, la ira de Juno, el naufragio; en *Metamorfosis* nombra el ataque sufrido de parte de Diomedes, la destrucción de Ilión, los vagabundeos de Eneas, su descenso al infierno, las guerras en Italia, la oposición de Juno[132]) con el fin de suscitar la empatía de su interlocutor.

c. Como respuesta a sus reclamos, Júpiter pronuncia ante su hija[133] un discurso en el que se promete la futura apoteosis del protagonista que ahora se encuentra en desgracia (la de Eneas en *Eneida* 1.259-60, la de Julio César en *Metamorfosis* 15.818) y la expansión de Roma bajo Augusto.

En este marco narrativo similar, se detectan algunos elementos que evidencian que Ovidio desea proponer una interpretación particular acerca de los personajes de Venus y Júpiter y su relación con el *fatum* en *Eneida*. En primer lugar, como ya se ha señalado, el *fatum* no es aquí una emisión oral sino un texto escrito (algo novedoso, teniendo en cuenta la etimología del término) y Júpiter su portavoz, pero no su autor. Lo que en Virgilio es ambiguo y problemático, ya que los diferentes críticos adoptan su postura según el énfasis puesto en uno u otro pasaje de *Eneida*, aquí es claro e inequívoco: *legi ipse*, dice Júpiter, *animoque notavi et referam*. Lectura, memorización y repetición son las tres etapas que comprende su función de transmisor del hado.

Ahora bien, si no es Júpiter el creador del hado, ¿quién es el responsable de su emisión? Ovidio otorga la autoría del destino a las Parcas, las antiguas divinidades que hilan el destino de los hombres.

---

131 Sobre el papel de Venus como madre de Eneas y *genetrix* de los romanos en *Eneida*, cf. especialmente Schilling 1982: 365; Feeney 1991: 138-9; La Penna 2002 y Leach 1997. Acerca de los distintos aspectos de Venus en *Metamorfosis*, véase Stephens 1958.

132 En *Metamorfosis*, pues, se evocan hechos pertenecientes a la trama de *Eneida*.

133 En *Metamorfosis* 15.808 Júpiter llama a Venus *nata* y en 15.816 *Cytherea*, evocando las denominaciones de la diosa en *Eneida* 1.256-7.

La atribución de la escritura de los hados a estas diosas no es una innovación absoluta por parte de Ovidio, sino que también supone una lectura de *Eneida*. Allí existen siete pasajes en los que son mencionadas estas divinidades. El primero de ellos se ubica en el proemio del poema, en el momento en que el narrador extradiegético describe lo que Juno sabe acerca del destino de los troyanos (1.19-22):

> *Progeniem sed enim Troiano a sanguine duci*
> *audierat, Tyrias olim quae verteret arces;*
> *hinc populum late regem belloque superbum*
> *venturum excidio Libyae: sic volvere Parcas.*

Pero en efecto [Juno] había oído que derivaría de la sangre troyana una progenie que algún día iba a derribar los alcázares tirios; que de allí vendría un pueblo ampliamente soberano y soberbio en la guerra para la destrucción de Libia: que así lo determinaban las Parcas.

Las Parcas son invocadas como las diosas que han dispuesto un curso de acción específico que consiste en el surgimiento y apogeo de la futura descendencia romana y su triunfo sobre Cartago. Esta definición de las Parcas se plasma en un discurso, es algo dicho que llega a los oídos de la propia Juno.

El segundo pasaje en el que las Parcas son mencionadas expresamente forma parte del discurso de Héleno a Eneas durante su estadía en Butroto (3.379-380):

> *prohibent nam cetera Parcae*
> *scire Helenum farique uetat Saturnia Iuno.*

Pues las Parcas prohíben que Héleno sepa más cosas y Juno, hija de Saturno, le impide hablar.

En las palabras del sacerdote se observa que las diosas actúan como árbitros que deciden qué datos sobre el destino pueden conocerse y cuáles no. Héleno le transmite a Eneas aquello que él sabe y que es, ni más ni menos, lo que las Parcas le han permitido saber. Juno también tiene parte en este asunto y, como divinidad opositora a los troyanos impide que el vate facilite la totalidad de la información; sin embargo, el pasaje anterior muestra claramente que el *fatum* es un discurso exterior y superior a Juno. Lo que puede hacer la diosa, pues, es constreñir a Héleno en su discurso, pero no incidir sobre el texto del hado en sí.

Las Parcas son nombradas por tercera vez en 5.796-798, en el pedido de Venus a Neptuno:

quod superest, oro, liceat dare tuta per undas
uela tibi, liceat Laurentem attingere Thybrim,
si concessa peto, si dant ea moenia Parcae.

Lo que resta, te lo imploro, que sea lícito dar las velas seguras a través de las olas, que sea lícito alcanzar el Tíber laurentino, si pido algo posible, si las Parcas otorgan esas murallas.

Como en el primer fragmento, las diosas son invocadas como aquellas que disponen el futuro, ya que Venus fundamenta la legitimidad de la futura ciudad de Eneas en sus palabras.

La cuarta mención se encuentra en 9.107-109, cuando el narrador extradiegético explica la salvación de las naves troyanas gracias a la intervención de Cibeles:

Ergo aderat promissa dies et tempora Parcae
debita complerant, cum Turni iniuria Matrem
admonuit ratibus sacris depellere taedas.

Por consiguiente, se acercaba el día prometido y las Parcas habían cumplido el tiempo correspondiente, cuando el agravio de Turno le recordó a la Madre rechazar las antorchas de las naves sagradas.

Se observa una vez más el carácter inexorable de los decretos de las tres diosas junto con un énfasis especial en el momento puntual del cumplimiento: los eventos se producen exactamente en el día fijado. Este rasgo aparece también en la quinta mención de las diosas (10.417-420):

fata canens silvis genitor celarat Halaesum;
ut senior leto canentia lumina solvit,
iniecere manum Parcae telisque sacrarunt
Euandri.

A Haleso lo había ocultado en los bosques su padre, que anunciaba los hados; cuando el anciano abrió en la muerte sus ojos cantores, las Parcas lanzaron contra él su mano y lo consagraron a los dardos de Evandro.

El narrador extradiegético cuenta la historia del guerrero Haleso en el momento en que está por morir a manos de Palante. El padre del joven, gracias a sus poderes adivinatorios (*fata canens*), decidió ocultarlo para dilatar su final infeliz. Si bien el hado pudo ser dilatado durante un tiempo, finalmente llega el momento fijado por las inflexibles diosas. Este acento en las Parcas como responsables del día de la muerte de los humanos se pone de manifiesto también poco más adelante, a propósito de la inminente muerte de Lauso (10.812-816):

> *nec minus ille*
> *exsultat demens; saevae iamque altius irae*
> *Dardanio surgunt ductori extremaque Lauso*
> *Parcae fila legunt: validum namque exigit ensem*
> *per medium Aeneas iuvenem totumque recondit.*

Y él [= Lauso], loco, no está menos exultante; y ya más profundamente crece la ira salvaje en el capitán dardanio, y las Parcas recorren para Lauso los últimos hilos: pues Eneas clava su fuerte espada a través del joven y la hunde por completo.

La séptima y última mención de las Parcas se produce en 12.147-150, esta vez en el discurso de Juno a Juturna en ocasión de la muerte de Turno:

> *qua visa est Fortuna pati Parcaeque sinebant*
> *cedere res Latio, Turnum et tua moenia texi;*
> *nunc iuvenem imparibus video concurrere fatis,*
> *Parcarumque dies et vis inimica propinquat.*

Mientras la fortuna parecía soportarlo y las Parcas permitían que cedieran las cosas ante el Lacio, cubrí a Turno y a tus murallas; ahora veo que el joven se enfrenta con hados desiguales y se acerca el día de las Parcas y su fuerza enemiga.

En este último fragmento se evidencian todos los elementos asociados a las Parcas que hemos notado en los primeros seis: su papel central en la determinación del *fatum*, la posibilidad de que este destino pueda evadirse pero al mismo tiempo su inflexibilidad en lo que se refiere al momento de su cumplimiento y, por último, la incapacidad de los dioses –en este caso Juno– de modificar sus decretos.

Un segundo punto de diferenciación entre *Eneida* y *Metamorfosis* en lo que respecta al papel del *fatum* se manifiesta a través de las variaciones observadas en el personaje de Venus. En ambos casos la diosa, a raíz de una situación que pone en riesgo a sus protegidos, reclama una solución, en *Eneida* sólo ante Júpiter, en *Metamorfosis* ante cada dios que encuentra, enumerando los muchos males que viene soportando. En *Eneida* 1 señala como desgracias previas la caída de Troya (*occasum Troiae tristisque ruinas*, 1.238), el naufragio de Eneas (*navibus… amissis*, 1.251) y la ira de Juno (*onius ob iram*, 1.251). Asimismo observa que otro troyano, Antenor, ha logrado escapar de Troya y fundar su ciudad en Italia (1.242-9). En *Metamorfosis* 15 se amplía el espectro temporal al que Venus hace referencia en su reclamo: se remonta a acontecimientos previos a la caída de Ilión, durante la guerra (*quam modo Tydidae Calydonia vulneret hasta*, 15.769) y resume en cuatro versos la trama completa de *Eneida*, incluyendo los vagabundeos de Eneas (*natum longis erroribus actum*, 15.771), el descenso a los infiernos (*sedes… intrare silentum*, 15.772), las guerras en Italia (*bella… cum Turno gerere*, 15.773) y la oposición de Juno (*aut, si vera fatemur, cum Iunone magis*, 15.773-4). Wheeler (2000: 141) opina que irónicamente la lista de males sufridos por Venus no se refiere a eventos incluidos en la narración de *Metamorfosis* sino a aquellos pertenecientes a *Ilíada* y *Eneida* y que su reclamo no es para nada ingenuo.[134]

La diferencia fundamental que presenta Ovidio con respecto al pasaje de *Eneida* 1 radica en la relación de Venus con los hados de su estirpe. Allí, la diosa enfrentaba a Júpiter reclamando el cumplimiento de un destino glorioso ya prometido. Venus conocía cuáles eran los designios del *fatum* y exigía a Júpiter que se cumplieran pronto, poniendo fin a las penurias de los troyanos (*Eneida* 1.229-241, 1.250-253).[135] En *Metamorfosis* 15, en cambio, la diosa parece haber olvidado, o directamente desconocer, la promesa de la apoteosis de César, y se propone ir contra el destino evitando su cumplimiento. Primero busca la colaboración de los demás dioses y luego ella misma planea salvar a Julio César en una nube, pero en ambos casos los intentos son infructuosos por el carácter inexorable de los hados (Ov. *Met.* 15.779-782 y 799-800):

> *Talia nequiquam toto Venus anxia caelo*
> *verba iacit superosque movet, qui rumpere quamquam*
> *ferrea non possunt veterum decreta sororum,*
> *signa tamen luctus dant haut incerta futuri.*

---

134 Wheeler 2000: 141: "*In many respects she is the poem's most powerful goddess, who exercises her imperium over all the gods (5.362-79) as well as through the political power of Rome*".

135 Cf. Tissol 2002: 323.

   PRIMERA PARTE: El *fatum* en *Eneida*

Venus, agitada en vano, lanza esas palabras por el cielo entero y conmueve a los dioses, quienes brindan signos no inciertos del luto futuro aun cuando no pueden quebrantar los férreos decretos de las viejas hermanas.

Non tamen insidias venturaque vincere fata
praemonitus potuere deum...

Sin embargo, las advertencias de los dioses no pudieron vencer las insidias y los hados que habían de llegar.

Este esfuerzo inútil de Venus por salvar a César de su muerte es subrayado también por Júpiter en las primeras palabras que le dirige, que pueden interpretarse ya como una amonestación, ya como un suave sarcasmo: *sola insuperabile fatum, nata, movere paras?* ("Hija, ¿planeas conmover sola al hado insuperable?", *Met.* 15.807-808). A continuación, como en *Eneida*, Júpiter relata el destino de los descendientes de Venus, pero lo que allí era un consuelo, dado que la confirmación de la vigencia del *fatum* prometido constituía para Venus un alivio, aquí es una ratificación de que efectivamente sucederá lo que la diosa teme. Ovidio presenta una Venus no consciente ni de los designios ni del poder del hado como lo era la diosa en *Eneida*. Aunque al final se alegra de la apoteosis de César, debe esperar a que Júpiter le comunique el destino para comprender lo que sucederá. Por otra parte, mientras que en *Eneida* Júpiter reconfirma un destino que ya había sido enunciado con anterioridad y se coloca a sí mismo como garante de su cumplimiento, en *Metamorfosis* es el texto escrito en la morada de las Parcas lo que ratifica el futuro de los romanos.

— 4 —
Las Parcas y el *fatum* en *Eneida*: una propuesta de interpretación

Como apunta R. Thomas (2009: 299), a Ovidio le interesan especialmente aquellos aspectos de Virgilio que resultan problemáticos, ambiguos, de difícil definición. Sin duda, el papel del *fatum* y su relación con los demás dioses y con Júpiter en particular es uno de ellos, tal como lo demuestra la discusión crítica que se ha reseñado anteriormente. El pasaje de *Metamorfosis* 15 de ningún modo dirime la cuestión acerca de las relaciones entre el *fatum* y los dioses en *Eneida*, pero sí ilumina ciertos elementos del poema de Virgilio –el lugar de las Parcas como responsables de fijar el destino y de estipular el momento para que cada evento se cumpla– que Ovidio selecciona y lleva a primer plano para dar una lectura en la que los vínculos entre las Parcas, Júpiter y el *fatum* no resultan ya tan ambiguos.

La reflexión acerca del lugar de las Parcas dentro de la dinámica del destino no es una novedad de *Eneida*. Ya en la *Égloga* IV (vv. 46-47) Virgilio había colocado a estas divinidades actuando de acuerdo al *fatum* como anunciadoras de la *aurea aetas*:

> *"Talia saecla" suis dixerunt "currite" fusis*
> *concordes stabili fatorum numine Parcae.*

> "Haced correr esos siglos" dijeron a sus husos las Parcas, concordes con el firme numen de los hados.

La frase remite al estribillo de la canción que las Parcas entonan en las bodas de Tetis y Peleo en el poema 64 de Catulo[136]:

> *Currite ducentes subtegmina, currite fusi.*

> Corred, husos, corred llevando los hilos.[137]

El canto de las Parcas constituye un anuncio de la gloria de Aquiles, el futuro hijo de los novios.[138] Su carácter profético es destacado en varias ocasiones: las Parcas entonan *talia fata* ("tales vaticinios", v. 321) en *veridicos cantus* ("cantos verdaderos", v. 306) *perfidiae quod post nulla arguet aetas* ("que ninguna edad venidera acusará de perfidia", v. 323). Los hilos que trabajan las diosas están estrechamente ligados a la enunciación del destino, según se observa en la invocación a los husos de los versos 326-327:

> *sed vos quae fata sequuntur*
> *currite ducentes subtegmina, currite fusi.*

---

136   El estribillo se repite en los versos 327, 333, 337, 342, 347, 352, 356, 361, 365, 371, 375, 378 y 381.

137   La traducción del poema 64 de Catulo está tomada de Galán et al. 2003.

138   Los versos 382-383, que siguen al final del canto, lo sintetizan del siguiente modo: *talia praefantes quondam felicia Pelei / carmina divina cecinerunt pectore Parcae* ("tales cantos, profetizando en otro tiempo venturas a Peleo, cantaron las Parcas desde su pecho divino").

Estos dos versos han sido interpretados de diferente modo. E. T. Merrill postula que la subordinada relativa *quae fata sequuntur* tiene como antecedente a *subtegmina* y que el pronombre relativo está en acusativo: la traducción sería, pues, "corred, husos, corred llevando los hilos a los que siguen los hados". Según esta lectura, el destino responde al hilado; por consiguiente, los *fata* sólo cobrarían realidad o quedarían confirmados al ser "tejidos" por las Parcas. R. Ellis, en cambio, entiende que la relativa funciona como objeto directo de *ducentes*, y que *subtegmina* funciona como predicativo objetivo: se traduciría, entonces, "corred, husos, corred llevando como hilos a los destinos que han de venir". Para Ellis resulta "antinatural" separar *quae* de *fata*, ya entendiéndolos como Merrill, ya considerando a *quae* como sujeto y a *fata* como objeto directo de *sequuntur* ("corred, husos, corred llevando los hilos que siguen a los hados", traducción elegida por L. Galán). En todo caso, lo que demuestran estas opiniones en conflicto es que resulta complejo definir el vínculo Parcas-*fatum*,[139] aun cuando aparezca como indisociable.

Debido a su calidad de diosas hilanderas, la mayoría de los diccionarios especializados señala la identificación de las Parcas con las Moiras griegas.[140] Las Moiras aparecen en Homero (*Il.* XVI.434, XIX.87, XXIV.49, XXIV.209; *Od.* 7.197, 22.413) como divinidades hilanderas que hacen girar el hilo de la vida de los hombres. Hesíodo les otorga dos genealogías diferentes: en *Teogonía* 211-217 las presenta como hijas de la Noche, mientras que unos versos más adelante, en 901-906, dice que son hijas de Zeus y Temis. A pesar de esta diferencia, en ambos casos se las describe como las encargadas de otorgarles a los hombres tanto la felicidad como la desdicha.

Paralelamente a esta identificación, las enciclopedias apuntan también que se trataba de diosas romanas muy antiguas, invocadas en el nacimiento de los niños debido a que se les adjudicaban las decisiones sobre su futuro. De hecho, el testimonio de Aulo

---

139 Se plantea entonces: ¿el destino es el producto del hilado de las Parcas, la trama que resulta de su trabajo? ¿O, por el contrario, es la materia con la que estas divinidades trabajan? ¿Son las Parcas creadoras u organizadoras de los *fata* a través de su *aeternum laborem*?

140 Cf. *RE* 030 Band XV.2, p. 2450; *DAGR* T. II, vol. 2, p. 1019; *OLD* p. 1249.

Gelio señala que Varrón vincula el nombre de *Parcae* con el verbo *pario* ("parir"),[141] etimología que sostiene el *OLD*.

Según la explicación que encontramos en el *DAGR*, "*Parca*" era inicialmente el nombre de una sola diosa, aquella que poseía los secretos sobre el destino del recién nacido, pero su estrecha vinculación con "*Nona*" y "*Decuma*" o "*Decima*" (las divinidades protectoras de los dos últimos meses del embarazo) derivó en la conformación de una tríada[142] que propició la equivalencia con las tres *Moirai*.[143] Puesto que se trataba de las tres diosas que establecían los hados del niño, y que por ello se las invocaba en el *dies luestricus* en que se adjudicaba el nombre al recién nacido, se las llamaba *tria Fata* y *Fata scribunda*.[144]

Estos datos demuestran que en Virgilio está presente no sólo la tradición literaria sino también la advocación ritual de estas divinidades romanas con quienes el hado está tan estrechamente relacionado que incluso a las mismas diosas se las llama *Fata*. La propuesta de Ovidio del soporte escrito para la transmisión del destino tampoco es una invención del poeta si se atiende al epíteto de *Fata scribunda*. El propio Servio señala, a propósito de *sic volvere Parcae*, el vínculo entre el verbo *volvere* tanto con el campo

---

141   Aulo Gelio, *Noches áticas* III.16.10: *"Nam 'Parca'" inquit "inmutata una littera a partu nominata"*. Cf. también Bettini 2008: 317.

142   Aulo Gelio explica que el conjunto *Parca-Nona-Decima* aparece en Varrón; existía otra tradición según la cual *Parcae* designaba al conjunto de las diosas y sus nombres individuales eran *Nona, Decima* y *Morta*: (*Noches áticas* III.16.9-11): *Antiquos autem Romanos Varro dicit non recepisse huiuscemodi quasi monstruosas raritates, sed nono mense aut decimo neque praeter hos aliis partionem mulieris secundum naturam fieri existimasse, idcircoque eos nomina Fatis tribus fecisse a pariendo et a nono atque decimo mense. "Nam "Parca"" inquit "inmutata una littera a partu nominata, item "Nona" et "Decima" a partus tempestivi tempore." Caesellius autem Vindex in lectionibus suis antiquis: "tria" inquit "nomina Parcarum sunt: "Nona", "Decuma" "Morta", et versum hunc Livii, antiquissimi poetae, ponit ex Odysseiai: quando dies adveniet, quem profata Morta est.*

143   Cf. *DAGR* T. II, vol. 2, p. 1019 y la definición de *Parca* del *OLD*: "*A Roman goddess of birth, identified with the Greek Moirai and then pluralized to correspond with them*". En su definición de *Moira*, la *RE* apunta que son tradicionales entre los griegos las personificaciones formadas por tres integrantes: las tres Moiras encuentran su equivalente en las tres Horas, Cárites, Erinias, Gorgonas, etc.

144   En la entrada *fatum* de la *RE* (012 Band VI.2, p. 2049) se apunta que el participio *scribunda* "*hat aktiven Sinn*". Sobre el sentido activo o pasivo de *scribunda*, cf. Bettini 2008: 321. En su tratado *De lingua latina*, explica Varrón (6.52): *ab hoc tempora quod tum pueris constituant Parcae fando, dictum 'fatum' et 'res fatales'.*

      Primera parte: El *fatum* en *Eneida*

semántico del tejido, como con el de la escritura: *aut a filo traxit 'volvere' aut a libro: una enim loquitur, altera scribit, alia fila deducit.*[145]

Una última prueba de la importancia de las diosas llamadas *Parcae* o *tria Fata* en relación con el destino romano se encuentra en la información acerca de los juegos seculares llevados a cabo en el año 17 a.C.[146] Aparentemente, en lugar de las divinidades que, según Varrón, se asociaban a esta festividad (*Dis Pater* y Proserpina), los registros escritos de los juegos señalan la invocación a Júpiter, Juno, Diana y Apolo (en las celebraciones diurnas) y *Terra Mater*, Ilitía y *Fata* (en las nocturnas).[147]

Las menciones en *Eneida* de las Parcas como responsables del destino y como dueñas de una autoridad inflexible que impide evadir el cumplimiento del hado, junto con la evidencia en lo que respecta a sus advocaciones en la esfera religiosa, permiten considerarlas como autoras del orden de los *fata* en el poema. Diosas ancestrales,[148] se ubican en un orden que no es el de los dioses olímpicos, que parece hasta externo al mundo del que ellos y los hombres forman parte. Evidencia de ello es que son siempre mencionadas e invocadas como una autoridad irrevocable, pero nunca aparecen como personajes de la acción épica. Tampoco pertenecen a la cadena de transmisión del *fatum* que hemos descripto más arriba, ya no se las muestra comunicando el destino, sino que los dioses simplemente conocen sus disposiciones y en virtud de ellas saben si tienen o no margen para actuar en favor de sus protegidos. Las Parcas son, pues, una autoridad invocada en *Eneida* una y otra vez para mencionar los dictámenes en torno al destino, sin que formen parte de la trama en calidad de personajes.

---

145 Cf. Bettini 2008: 323-326 sobre el significado de *volvere* en este verso.

146 Cf. Beard, North y Price 1998, vol. I: 201-206 y Galinsky en Rüpke 2007: 76-78.

147 Acerca del papel de Augusto en la restauración de los *ludi saeculares*, véase Galinsky 2007: 76.

148 Según el *DAGR*, las divinidades con el epíteto *Fata scribunda* habían sido heredadas de Etruria.

Conclusiones de la primera parte

En esta primera parte se ha realizado, en primer lugar, una síntesis de las principales opiniones críticas acerca de la noción de *fatum* en *Eneida*. Hemos visto que pueden distinguirse dos grandes posturas opuestas respecto de la relación Júpiter-*fatum*, representadas por los trabajos de Heinze y MacInnes a principios del siglo xx: por un lado, la visión de que el hado es la voluntad de Júpiter, un texto de su autoría; por el otro, la perspectiva de que el máximo dios es quien mejor conoce y comprende los hados, pero no su autor. Se ha observado que ambas tendencias han recogido adhesiones a lo largo de todo el siglo xx y principios del xxi, sin que una de las dos haya obtenido un predominio absoluto.

La segunda sección se ha dedicado a realizar el análisis de todas las apariciones del sustantivo *fatum* en *Eneida* para obtener una caracterización de esta noción a partir de la información sintáctica y semántica que proveen las 126 ocurrencias del vocablo. A partir de dicho examen, hemos podido constatar que es más apropiado hablar de "los destinos", de "los hados", más que de un solo destino general, ya que en todos los niveles narrativos se registra un alto porcentaje de empleos de este sustantivo en plural. No hay en *Eneida*, pues, un solo designio universal irrevocable, sino que en la trama general del porvenir se entrelazan distintas posibilidades que compiten y buscan anularse mutuamente. Esos *fata* que rivalizan por prevalecer corresponden a los diferentes actores de la trama de *Eneida*, lo cual se manifiesta en la expresión de la idea de posesión a través de adjetivos posesivos y complementos en genitivo dentro del sintagma nominal con núcleo *fatum:* existen destinos de los hombres, de las ciudades y de los dioses. La existencia de diferentes posibilidades es lo que permite la libertad humana, que posee cierto margen de acción y decisión.

Asimismo, hemos observado que en la mayor cantidad de las predicaciones, *fatum* como argumento desempeña la función semántica de agente, es decir, de agente animado (incluso humano) responsable de generar la acción o estado expresado por el verbo. Esta prevalencia se comprueba en el relato de los personajes, mientras que en el nivel extradiegético predomina la función de paciente. Se produce, pues, una alternancia entre diferentes sentidos de *fatum* y el nivel narrativo en que se encuentran constituye una variable a tener en cuenta en este sentido: si se atiende a lo que dice el narrador extradiegético, el *fatum* es fundamentalmente un texto, un discurso pronunciado por una divinidad superior acerca de los hombres; sólo en menos de un tercio de los casos se atribuye al hado la propiedad agentiva. Por el contrario, en el discurso de los personajes predomina la idea de *fatum* como propulsor de la acción, como entidad personificada con responsabilidad sobre los eventos.

El análisis realizado nos lleva a formular algunas consideraciones. Si entendemos que el *fatum* es un texto emitido por Júpiter, ¿por qué el dios habla de ellos como autores voluntarios de ciertas acciones, como si se tratara de seres independientes? Y si Júpiter, y en segundo término los dioses que le están subordinados, son responsables de ejecutar los designios del destino, como si se tratara de una especie de *ordo* superior a ellos, ¿son los *fata* una divinidad? ¿Son un discurso de una divinidad superior incluso a Júpiter?

En la tercera sección del capítulo se ha estudiado un pasaje de *Metamorfosis* 15 en el que Ovidio, como "primer crítico" de *Eneida*, dirime la cuestión proponiendo una particular lectura del poema de Virgilio. Se postula allí, en una *variatio* del diálogo entre Júpiter y Venus en el libro 1, que el dios ha memorizado el texto del *fatum* luego de leer lo que las Parcas han escrito en su palacio. Se ha verificado que, cuando las Parcas son mencionadas en *Eneida*, aparecen como divinidades irrevocables, que son invocadas por otros dioses con respeto y veneración como aquellas que determinan de modo ineluctable el cumplimiento del destino. Asimismo,

   Primera parte: El *fatum* en *Eneida*

hemos comprobado que esta lectura encuentra fundamento en la advocación de las Parcas como *tria Fata*, diosas que en el momento del nacimiento de un niño establecían de una vez y para siempre su futuro. El epíteto de *Fata scribunda*, por lo demás, asocia a estas diosas con la escritura, tal como lo hace Ovidio en *Metamorfosis* 15.

Las Parcas escriben los hados estableciendo para cada mortal un hilo. Disponen la trama general del destino, que es *textum* porque es tejido pero también palabra organizada. Júpiter, dios principal y máximo conocedor de ese orden universal, es el encargado de llevar a cabo los *fata*, organizando su cumplimiento. En ocasiones dispone que se ejecuten inmediatamente, como cuando en 4.222-237 envía a Mercurio para que obligue a Eneas a abandonar Cartago y obedecer los mandatos divinos. En otros casos permite que se demoren, como lo demuestran las palabras de Vulcano cuando Venus acude a él solicitándole las armas para Eneas. El dios afirma que, si ella lo hubiera pedido, podrían haber retrasado la caída de Troya, puesto que (8.398-399):

> *nec pater omnipotens Troiam nec fata vetabant*
> *stare decemque alios Priamum superesse per annos.*

> Ni el padre omnipotente ni los hados prohibían que Troya estuviera en pie y que Príamo sobreviviera otros diez años.

En estas palabras se advierten tres cuestiones fundamentales: la conceptualización de Júpiter y los hados como dos entidades distinguibles; la diferenciación entre el inmutable dictamen del destino –que muera Príamo, que caiga Troya– y la posibilidad de distintas formas de cumplimiento de dicho dictamen –la guerra duró diez años pero podría haber durado veinte–; la capacidad de los dioses de participar de la acción de manera de influir en esa forma de cumplimiento.

Sin embargo, estas dilaciones reciben un punto final por parte del máximo dios. En el diálogo final con Juno, Júpiter le ordena poner fin a sus constantes intervenciones contra los troyanos diciéndole *ventum ad supremum est* (12.803) y *ulterius temptare veto* (12.806).

Su mayor conocimiento del destino le permite incluso ocultar a otros dioses lo que ha de ocurrir. Por ejemplo, en el libro 1 se puede observar, siguiendo las apreciaciones de O'Hara (1990: 132-161), que el dios elige qué revelarle y qué no a Venus. Júpiter sabe que la empresa de Eneas no será fácil, que los reyes albanos no descenderán directamente de Ascanio, que en la fundación de Roma habrá un fratricidio, etc. pero no menciona estos aspectos con claridad sino que se concentra en la gloria futura de la descendencia de la diosa.

En el libro 1 se menciona la *sententia* de Júpiter en razón de que, en definitiva, es quien decide de qué manera se cumplen los hados. Su lugar de preeminencia como *hominum deumque rex* permanece, pues, incólume: aun cuando no se lo considere autor de los *fata*, es el dios que mejor los conoce y el único con capacidad de definir su decurso.

Segunda parte

Las profecías en el relato del narrador

Los signos forman una lengua,
pero no la que crees conocer.

Ítalo Calvino, *Las ciudades invisibles* (1972)

En esta sección serán objeto de análisis las profecías que pertenecen al nivel extradiegético del relato de *Eneida*. Con excepción del escudo de Vulcano, que será estudiado aparte por su particular conjunción de profecía e imagen plástica, la totalidad de los anuncios se adscribe al discurso de un personaje. Nos ubicamos entonces en el nivel intradiegético, ya que el narrador extra- y heterodiegético del poema no formula profecías en su discurso. En la tercera parte daremos un paso más hacia el nivel metadiegético, en el que el narrador intradiegético Eneas, en su discurso de los libros 2 y 3, introduce discursos de otros personajes.

Como ya se ha señalado, las profecías proceden de emisores con mayor o menor acceso al saber acerca del *fatum*. Las que se estudiarán en esta parte pertenecen, en su amplia mayoría, a personajes divinos (Júpiter, Neptuno, Venus, Apolo, Fauno, el río Tíber, la ninfa Cimodocea), pero existen también emisiones de fantasmas de humanos (Anquises) y de la Sibila de Cumas, profetisa inspirada.

La segunda parte está organizada en distintos capítulos en función de los receptores intradiegéticos de cada profecía. En el primer capítulo nos ocuparemos de los anuncios dirigidos a otros dioses. Se trata de ocasiones en las que un dios, puesto que posee un mayor conocimiento o una distinta perspectiva sobre el futuro, le cuenta a otra divinidad lo que va a suceder. En el segundo capítulo, en cambio, estudiaremos aquellas instancias en las que los destinatarios son personajes humanos y nos detendremos en el proceso de comprensión de las profecías, caracterizado siempre por la incapacidad de los hombres para dilucidar los signos verbales de los dioses. En el último capítulo se examinará el anuncio de la historia de Roma representado por Vulcano en el escudo de Eneas. Se trata de una forma de comunicación del destino diferenciable de las dos anteriores, puesto que aquí, si bien el anuncio está plasmado en un objeto material dedicado al héroe, Eneas no puede comprender que efectivamente hay allí una profecía. No sucede, como en los casos anteriores, que el hombre recibe la profecía y le atribuye un sentido erróneo, sino que aquí, por el contrario, ni siquiera se interpreta el objetivo comunicativo del escudo, que sólo es percibido por el lector del poema.

Capítulo 1

Profecías con destinatarios divinos

En la esfera divina no todos los dioses comparten el mismo nivel de conocimiento. Como se ha señalado en la Parte 1, Júpiter es quien tiene la prerrogativa del saber sobre los hados, así como el poder de disponer el modo de su cumplimiento. Por el contrario, las demás divinidades conocen sólo las líneas generales del destino, *i. e.*, que Eneas llegará a Italia, que allí fundará una ciudad, que sus descendientes serán los futuros romanos. No pueden modificar el diseño general del porvenir, aunque tienen la capacidad de interferir en la acción favoreciendo el *fatum* de un hombre o pueblo en desmedro del de otros y de intervenir para retrasar su cumplimiento.

En ocasiones los dioses desempeñan el papel de receptores de profecías, ya cuando voluntariamente desean conocer un aspecto del destino y lo consultan a otro dios, ya cuando se les comunica porque lo desconocen o lo han olvidado.

Aquí, como en los capítulos subsiguientes, los fragmentos serán tratados de acuerdo con la sucesión del relato, es decir, el orden en que aparecen en el poema.

— 1 —
Júpiter a Venus (1.223-296)

El diálogo entre Júpiter y Venus en el libro 1 incluye la primera profecía del poema que es, además, uno de los tres pasajes –junto con el desfile de los héroes en el libro 6 y el escudo de Vulcano en el 8– estudiados como anuncios de la futura grandeza de Roma. Su culminación con la imagen del *Furor* encadenado bajo el gobierno de *Fides*, Vesta, Remo y Quirino ha sido interpretada como una de las instancias de *Eneida* en que el ideario augusteo alcanza su máxima expresión.[149]

Ya en el inicio del poema, luego de un momento de tensión debido a la intervención de Juno, se anuncia el éxito de la empresa de Eneas. Júpiter confirma que, a pesar de las adversidades presentes, los troyanos lograrán llegar a Italia que y sus futuros descendientes, los romanos, dominarán un imperio sin fin. Este anuncio detalla el destino de Eneas solamente para el lector;[150] se establece así una doble perspectiva[151] que hay que recordar al analizar las profecías dirigidas a Eneas, no sólo por la información limitada que proveen sino también por el carácter gradual de su revelación. Mientras que al lector se le presenta un relato en el que el cumplimiento del *fatum* está asegurado desde el principio, en el nivel de la historia Eneas ha recibido hasta aquí los anuncios de Héctor y Creúsa en Troya, y las profecías y signos que surgieron a lo largo del viaje.[152] En este punto, sabe que debe fundar nuevas murallas para los Penates en Italia, tierra de su ancestro Dárdano, pero la reciente tormenta ha causado la pérdida de sus naves y compañeros, y el alejamiento del punto de llegada. Por supuesto, no sabe que ha sido Juno la causante del desastre, la misma diosa que Héleno ha aconsejado venerar en 3.437-439:

> *Iunonis magnae primum prece numen adora,*
> *Iunoni cane vota libens dominamque potentem*
> *supplicibus supera donis.*

> Adora ante todo el numen de la gran Juno con una plegaria, a Juno canta gustoso los votos y doblega a la poderosa señora con dones suplicantes.

---

149 Véanse, por ejemplo, Otis 1964: 230, Lyne 1987: 190, Williams 1990: 23, Adler 2003: 96-97, La Penna 2005: 266.

150 Block 1984: 112: "*For the reader Jupiter's prophecy about Rome's future provides a backdrop for the entire poem which is not known to the characters. The emotional effects of difficulty and despair are mitigated for the reader because of his knowledge that Rome's imperium sine fine (I.279) has already been granted by the fate*"; Cairns 1989: 114: "*Privy to all these viewpoints, of course, is the reader who at the beginning of the Aeneid is directly informed of the destiny of Aeneas and of his success in 'founding' Rome, and at 1.257-96 hears Jupiter's prophecy to Venus that Aeneas will land in Italy and be victorious in war there*".

151 Cf. Toll 1981.

152 Nos ocuparemos de estos pasajes en la parte 3.

   Segunda parte: Las profecías en el relato del narrador

La profecía de Júpiter aparece en respuesta al reclamo de Venus, quien lo interpela para saber por qué su hijo Eneas sigue errante. Ha sido señalada por numerosos críticos la *imitatio* del fragmento de Nevio en donde Venus acude a Júpiter en carácter de protectora de Eneas y los troyanos y de ancestro de la estirpe romana: *patrem suum supremum optumum apellat: / Summe deum regnator, quianam genus <od>isti?* (Barchiesi 1962: 332ss y 494). Pero en Virgilio se multiplican las resonancias, ya que se añade el papel de la diosa como fundadora de la *gens Iulia* a través de su nieto Ascanio. Como subraya Feeney (1991: 139), la diosa continúa siendo la defensora de los troyanos, pero entre Nevio y Virgilio se ha producido una circunstancia histórica particular: el hecho de que el *princeps*, Augusto, heredero de Julio César, ambos descendientes suyos, han gobernado y gobiernan Roma.

La diosa demuestra conocer el diseño general del hado (que el destino del viaje es Italia, que de la futura ciudad descenderán los romanos, que la caída de Troya era un paso necesario para dar lugar a esta misión) y, no sin ironía, pregunta si acaso la causa de que el plan no se cumpla es alguna ofensa contra Júpiter cometida por Eneas y los suyos (1.231-232):

> *quid meus Aeneas in te committere tantum,*
> *quid Troes potuere, quibus tot funera passis*
> *cunctus ob Italiam terrarum clauditur orbis?*

> ¿Qué cosa tan grande pudo cometer mi Eneas contra ti, qué pudieron hacer los troyanos, a quienes, después de haber sufrido tantas muertes, se les cierra frente a Italia el orbe entero de la tierra?

La diosa sostiene la legitimidad de su pedido mediante diversos recursos: emplea la historia de Antenor como ejemplo de un troyano que logró fundar su ciudad en Italia; señala que Eneas pertenece a su estirpe y, por ende, a la de Júpiter (1.250: *nos, tua progenies*); finalmente, observa que el sufrimiento presente es producido por el enojo de una sola divinidad (1.251: *unius ob iram*). El discurso de Venus constituye una súplica que es, más bien, una argumentación, ya que la presentación de evidencias tiene la finalidad de fundamentar en los decretos del *fatum* la validez de su pedido, mientras que el accionar de Juno deriva de sus emociones caprichosas.

Júpiter asegura que los hados reclamados por Venus siguen en pie (1.257-258: *manent immota tuorum / fata tibi*): la ciudad prometida será fundada, Eneas triunfará en las guerras itálicas y al morir recibirá la dignidad de la apoteosis (1.258-264):

> *cernes urbem et promissa Lavini*
> *moenia, sublimemque feres ad sidera caeli*
> *magnanimum Aenean; neque me sententia vertit.*
> *hic tibi (fabor enim, quando haec te cura remordet,*
> *longius et volvens fatorum arcana movebo)*
> *bellum ingens geret Italia populosque ferocis*
> *contundet moresque viris et moenia ponet.*

Verás la ciudad y las murallas prometidas de Lavinio y al magnánimo Eneas lo elevarás sublime hacia los astros del cielo; ninguna opinión me ha cambiado. Éste, para ti (lo anunciaré, pues, más largamente, porque esta preocupación te perturba y, haciéndolos girar, pondré en marcha los arcanos de los hados), enfrentará en Italia una enorme guerra, abatirá a pueblos arrogantes y establecerá para los hombres normas y murallas.

Asimismo, los descendientes de Ascanio reinarán en Alba Longa durante trescientos años (1.267-273):

> *At puer Ascanius [...]*
> *regnumque ab sede Lavini*
> *transferet, et Longam multa vi muniet Albam.*
> *Hic iam ter centum totos regnabitur annos*
> *gente sub Hectorea.*

Entretanto, el niño Ascanio [...] llevará el trono de la sede de Lavinio y con mucho poder fortalecerá Alba Longa. Aquí se gobernará trescientos años bajo la estirpe de Héctor.

Finalmente, de Ilia y Marte nacerá Rómulo, el padre de la estirpe romana (1.276-277):

> *Romulus excipiet gentem et Mavortia condet*
> *moenia Romanosque suo nomine dicet.*

Rómulo recibirá la estirpe y fundará las murallas de Marte y los llamará "romanos" con su nombre.

Es claro que, por tratarse de un consuelo, la profecía resalta los elementos positivos: constituye una característica ya observada por Servio, quien señala, entre otras cosas, que es apropiada la frase *populos feroces contundet* (1.263-264) puesto que pone el foco en el triunfo final y no en el transcurso de la guerra –lo cual no

traería tranquilidad al oyente sino todo lo contrario[153]–. Este rasgo
ha sido retomado por críticos modernos para evaluar cómo está
representado el logro del imperio romano –el triunfo sobre el *furor*– y cuál es el costo que implica para Eneas y sus descendientes,
es decir, los individuos involucrados en la empresa.

R. O. A. M. Lyne señala que la frase *imperium sine fine dedi*
encubre, con la finalidad de consolar a Venus, siglos de lucha y
sufrimiento. Las palabras de Júpiter estarían cargadas de un falso
optimismo que muestra el desprecio de los dioses por el sufrimiento humano.[154] Resulta fundamental recordar que la lectura de Lyne
está teñida de una mirada pesimista y por consiguiente tiende
a evaluar toda síntesis u omisión en términos de ocultamiento.
Júpiter no disimula los trabajos que implica el establecimiento
del *imperium*; de ser así, no incluiría en su anuncio la mención de
las guerras.

Desde un punto de vista contrario, Williams considera que la
profecía asegura el carácter pasajero de la oscuridad y confusión
atravesadas por Eneas. El objetivo será alcanzado de manera concreta, en la Roma histórica de Virgilio, por lo cual todo el sufrimiento requerido será finalmente recompensado.[155]

En todo caso, se otorgue la valoración que sea a la relación
costo-beneficio entre las peripecias de Eneas y el logro romano,
lo cierto es que la profecía de Júpiter no consiste en una historia
de Roma completa y exhaustiva, sino que abarca una selección
de episodios míticos e históricos.[156]

Según O'Hara –quien, como Lyne, se encuadra en los críticos
pesimistas de *Eneida*–, el hecho de que exista una síntesis de hechos
históricos amerita la inclusión del discurso en el conjunto de las
profecías deceptivas o falsamente optimistas, es decir, aquellas

---

153 Servio, *ad loc*: "*incongruum fuerat in consolatione bella praedicere: ob hoc ergo
etiam victoriam pollicetur*".

154 Lyne 1987: 80-81: "*From the vantage point of Vergil's time, this might seem to
have been proved true. But is it not expansive – bland, facile, conveniently omitting
to mention the vast amount of blood, sweat, and tears the human recipients of his
gift will have to expend (not to mention its enemies)? Convenient, facile: this is a
'well-packaged' prophecy!*".

155 Williams 1990: 22-23: "*Jupiter's answer sheds a brilliant and optimistic light over
the whole of the gloom and uncertainty, and the long toil which will be necessary to
found Rome is seen to be worth whatever it involves*".

156 Cf. Zetzel 1997: 196.

que deliberadamente ocultan toda referencia a la muerte o al dolor para generar en el oyente la idea de un éxito asegurado y fácil de obtener.[157] Lo que para Servio era adecuar el material al contexto consolatorio, para O'Hara (1990: 135) es mentira lisa y llana, puesto que el contenido de la profecía está determinado por lo que el personaje desea o necesita oír, más que por la verdad de la situación. Para este autor, la forma de responder de Júpiter, sonriente ante Venus (1.254: *subridens*) aunque el narrador acaba de decir que estaba preocupado al observar las desgracias de Eneas (1.227: *talis iactantem pectore curas*), establece un paralelismo con las palabras del propio Eneas ante sus compañeros, que los alienta a pesar de su incertidumbre (1.209: *spem vultu simulat, premit altum corde dolorem*). Se acentuaría así el carácter engañoso de sus palabras.

Desde este enfoque, Júpiter oculta el fratricidio de Rómulo, es ambiguo en cuanto a la identidad de *Caesar*[158] y, principalmente, exagera la contribución de Troya a la futura cultura romana. En el apartado 1.1.2 nos dedicaremos a esta última cuestión, principal punto de conexión con el diálogo entre Júpiter y Juno en 12.791-842 con el que tantas veces se ha comparado esta profecía.

1.1. *Venus* genetrix *y el lugar de Troya en la profecía de Júpiter*

Venus acude a Júpiter en su calidad de madre de Eneas y ancestro de los futuros romanos, es decir, como defensora de su hijo en tanto vehículo de cumplimiento de la herencia prometida. E. W. Leach subraya que la motivación de Venus en todas sus acciones es el reclamo acerca de la delación en el proceso fundacional de Roma, que constituye su propiedad y su herencia.[159] Es, pues, la

---

157 Según O'Hara (1990: 133), este anuncio "*makes empire and the final peace under Augustus seem painless and easy*".

158 Este segundo punto debería, a nuestro entender, distinguirse de los anteriores puesto que su ambigüedad afecta sobre todo al lector de *Eneida*, que busca un referente histórico y puede debatirse por considerar que se trata de Julio César (como hace Servio o Quinn 1968), de Augusto (siguiendo a Basson 1975, Williams 1983 o Zetzel 1997, entre otros) o bien decidir que el pasaje es deliberadamente ambiguo y que ambos personajes –y la compleja relación entre ellos– son referidos aquí (Austin 1971, O'Hara 1990).

159 Al comparar con la intervención de Tetis, Leach (1997: 356) afirma: "*Unlike Thetis who goes to Zeus at Achilles' behest, Venus obeys only the prompting of personal anxiety in suddenly seeking Jupiter's presence (Aeneid 1.227-53). [...] Venus' entire conversation with Jupiter concerns property and a promised inheritance*".

herencia material prometida a su estirpe lo que Venus reclama, más allá de que obtenerla implique una carga para Eneas. Pese a que esto puede resultar inquietante o antipático para el lector moderno,[160] que podría catalogar a Venus de "poco maternal", Leach (1997) subraya que en la estructura social romana de la república la función materna consistía, efectivamente, en resguardar y proteger la herencia de los hijos. Al comenzar la acción de *Eneida* Anquises ya ha muerto; Venus interviene entonces para proteger al hijo huérfano y para asegurar que reciba la herencia que le corresponde, en un accionar que responde a un patrón romano reconocible, según el cual las mujeres romanas poseían cierta *auctoritas* en el manejo de las propiedades familiares. La palabra que refleja el sentimiento maternal de Venus es *cura*, "preocupación" o "cuidado" por sus descendientes.[161]

En este contexto, se comprende la importancia otorgada a Troya en el pasaje. Como ya en 1975 observaba Basson, no es del todo adecuado considerar que constituye una profecía sobre la historia de Roma, puesto que esto conduciría indefectiblemente a notar sus omisiones. Resulta más apropiado comprender que se trata de una apretada síntesis del papel de la *gens Iulia* dentro de la historia romana.[162] A diferencia del desfile de héroes del libro 6, no aparecen aquí representados los personajes ilustres de distintas *gentes*, sino solamente aquellos que atañen a Venus como madre de la estirpe: Eneas, Ascanio, Rómulo, *Caesar* (se denote aquí a César, a Augusto o a ambos)[163].

Júpiter responde en los mismos términos que ha planteado Venus, es decir, explicando de qué manera los sobrevivientes de Troya fundarán la estirpe de los futuros romanos. La diosa habla de los *Romanos* (1.234) gobernantes del mundo –1.236: *qui mare, qui terras omnes dicione tenerent*–, descendientes *revocato a sanguine Teucri* (1.235), afirmación que resulta, cuanto menos, llamativa, puesto que en el libro 3 se verá que es Dárdano, y no Teucro, el antecesor que reivindican los troyanos para fundar su ciudad en

---

160 Feeney 1991: 162.

161 Cf. Pöschl 1977: 51 y Leach 1997: 365-366.

162 Basson 1975: 9: "*What he actually gives in Jupiter's forecast, is an outline in catalogic form of that specific part of Roman history which was the sole contribution of the Julian family*".

163 Ganiban et al. (2013: 190) resume las distintas posturas en torno a esta cuestión.

Italia. Servio apunta *Teucrum pro Dardano posuit: Dardanus enim de Italia profectus est, Teucer de Creta*, pero no aclara si la diosa se confunde o si elige ese nombre deliberadamente.

La futura ciudad aparece, en el discurso de Venus, como una recompensa luego de la pérdida de Ilión,[164] mientras que el relato de Antenor funciona como antecedente de la Troya rediviva.[165] La respuesta de Júpiter de algún modo suscribe dicha identificación, ya que confirma la fuerte presencia del elemento troyano en la futura ciudad. En Alba Longa gobernará *gens Hectorea* (1.273), César se define como *Troianus* (1.286) y la futura Roma que conquiste a los griegos será la *domus Assaraci* vencedora de *Phtiam clarasque Mycenas* (1.283-284). Con todo, deja en claro tres cuestiones centrales: a. que la nueva ciudad de Eneas será Lavinio (1.258-259: *urbem et promissa <u>Lavini</u> / moenia*), y no una segunda Troya –recuérdese que en el nivel de la historia, Eneas ya ha intentado fundar una segunda Troya en Tracia (3.13-68) y en Creta (3.135-142) con resultado negativo, y que ha visto la imitación de la vieja ciudad en el reino de Héleno y Andrómaca–; b. que la denominación de "romanos" derivará del nombre de Rómulo, abandonando toda referencia a Troya (1.277: *Romanosque suo de nomine dicet*); y c. que esta nueva identidad se verá reflejada en sus costumbres, aludidas aquí mediante la forma de vestir: *Romanos, rerum dominos <u>gentemque togatam</u>* (1.282).

1.2. *El diálogo entre Júpiter y Juno en* Eneida *12 y la configuración de la identidad romana*[166]

Como se ha visto anteriormente, se han observado las omisiones y simplificaciones realizadas por Júpiter en el libro 1, que se contradicen con el diálogo final con Juno en el libro 12. Ambos pasajes han sido estudiados en conjunto por su carácter de marco divino del poema. Claramente, el episodio del final ofrece una serie de paralelismos formales y temáticos –la participación de

---

164 1.238-239: *hoc equidem occasum Troiae tristisque ruinas / solabar fatis contraria fata rependens* ("por cierto, con esto mitigaba el ocaso de Troya y sus tristes ruinas, balanceando con otros hados los hados adversos").

165 1.247-249: *hic tamen ille urbem Patavi sedesque locavit / Teucrorum et genti nomen dedit armaque fixit / Troia.* Véase Ford Wiltshire 1989: 67.

166 Una primera versión de esta sección puede observarse en Cairo 2016.

Júpiter y una de las diosas femeninas principales, la localización en el Olimpo, el diálogo acerca del futuro de Eneas y de Roma– que permiten hablar de la existencia de una composición en anillo entre el principio y la clausura del poema. Pero además puede detectarse una referencia intratextual en la promesa de Júpiter de que Juno cambiará su accionar y acabará por favorecer a los troyanos (1.279-281): el pasaje del libro 12 podría ser ese momento anunciado por el dios, plasmado en la frase *mentem laetata retorsit* (12.841).[167]

Por el contrario, Feeney (a quien adhiere Hardie 1998) propone una interpretación diferente. Siguiendo a Servio, que menciona la reconciliación de Juno tras la segunda guerra púnica *ut ait Ennius*, postula que el supuesto cambio de la diosa en el libro 12 no es en absoluto definitivo, puesto que, si luego habría una nueva reconciliación, significa que previamente habría un nuevo conflicto. Por otra parte, es clara en los primeros libros de *Eneida* la identificación de Juno con Cartago, lo cual refuerza esta conexión con el episodio referido por Enio. Ahora bien, Feeney afirma que en el libro 12 sólo se resuelve la cuestión del asentamiento de Eneas en el Lacio, pero no el odio histórico de la diosa.[168] Asimismo, ha de recordarse que no es el episodio de la guerra contra Cartago el único de la reconciliación de la diosa con los romanos: según refiere Tito Livio (5.21-22), en la campaña contra Veyos del 396 el general romano Camilo obtuvo su favor mediante el ritual de la *evocatio*. Se advierte, pues, que la dinámica de amistad/enemistad de la diosa es una constante, por lo cual las palabras de Júpiter *consilia in melius refert* puede referirse a todas y cada una de esas oportunidades.

El diálogo entre los dioses se inicia cuando Júpiter se aproxima a Juno para poner un límite a sus acciones. Le pregunta primero cuándo dará fin a su hostilidad (12.793) con la frase *quae iam finis erit*, que remite al *et iam finis erat* de 1.223, y luego directamente le prohíbe continuar (12.803-806):

> *ventum ad supremum est. terris agitare vel undis*
> *Troianos potuisti, infandum accendere bellum,*
> *deformare domum et luctu miscere hymenaeos:*
> *ulterius temptare veto.*

---

167   Así opinan, por ejemplo, Cairns 1989: 98 y Adler 2003: 185.
168   Feeney 1984: 182-183.

Se ha llegado al extremo. Pudiste agitar a los troyanos por tierra y por mar, suscitar una guerra abominable, dañar el palacio y mezclar con desgracia los himeneos: prohíbo que intentes algo más.

Como en el diálogo con Venus, se subraya el conocimiento de los hados por parte de la diosa y se presenta la apoteosis de Eneas como síntesis o culminación de ese destino[169] (12.794-795):

[…] *Aenean scis ipsa et scire fateris*
deberi caelo fatisque ad sidera tolli.

Tú misma sabes y confiesas saber que Eneas se debe al cielo y que es elevado hacia los astros por los hados.

Júpiter, como garante del *fatum*, establece que ya se ha dilatado demasiado su cumplimiento y que Juno ha tenido una libertad de acción desmedida (12.103-105), por lo cual debe abandonar sus esfuerzos. No se debe olvidar, además, que los dioses son hermanos y esposos. Júpiter busca que con este acuerdo Juno deponga su ira y que se reestablezca la armonía entre ambos (12.800-802):

desine iam tandem precibusque inflectere nostris,
ne te tantus edit tacitam dolor et mihi curae
saepe tuo dulci tristes ex ore recursent.

Cesa ya por fin y doblégate ante nuestras plegarias, para que no te consuma, callada, un dolor tan grande y para que de tu dulce boca no vuelvan a salir hacia mí una y otra vez tristes preocupaciones.

Se observa que, si bien el objetivo de Júpiter es dar una orden, se dirige a Juno tratándola como par.[170] Presenta sus palabras como un pedido, sonríe como había hecho con su hija Venus (12.829) y reconoce su idéntica dignidad por ser ambos hijos de Saturno (12.830). Según Cairns (1989: 105), esta importancia otorgada al lazo fraterno y matrimonial refuerza, por medio del concepto de 'no vencedores', la idea de concordia inherente al prototipo del buen rey.

---

169 Apunta O'Hara (1990: 114) que la deificación de Eneas es un tema recurrente en el poema; no obstante, el lamento de Juturna unos versos más adelante (12.872-886) revela que para los mortales la deificación no supone un premio sino, por el contrario, la prolongación indefinida de su dolor. Acerca del lamento de Juturna, véase especialmente Perkell 1997.

170 Recuérdese que Juno recibe el epíteto de *regina deum* en 1.9.

En la respuesta de Juno, como en las palabras de Venus, la cuestión central es el papel que jugarán los troyanos en la configuración de la identidad de la futura Roma. La diosa hija de Saturno (12.807: *dea Saturnia*)[171] reclama la centralidad del elemento itálico en la futura gloria de Roma. Su deseo es que cuando los romanos sean *rerum dominos*, su fama se fundamente en la virtud de los ancestros itálicos, no en la de los troyanos (12.826-827):

sit Latium, sint Albani per saecula reges,
sit Romana potens Itala virtute propago.

Que exista el Lacio, que por siglos sean reyes los albanos, que por la virtud itálica sea poderosa la progenie romana.

Se comprueba así que en su defensa de Turno la diosa no protegía al héroe en sí, como individuo, sino como representante de la tierra itálica que ella defiende en tanto hija de Saturno. El objetivo es que Roma no sea una segunda Ilión como quería Venus y, para ello, es necesario que todo elemento troyano se borre definitivamente, una especie de *damnatio memoriae* de Troya en pos de una identidad fundamentalmente itálica (12.821-825):

cum iam conubiis pacem felicibus (esto)
component, cum iam leges et foedera iungent,
ne vetus indigenas nomen mutare Latinos
neu Troas fieri iubeas Teucrosque vocari
aut vocem mutare viros aut vertere vestem.

Cuando ya acuerden la paz con felices matrimonios (sea), cuando ya los unan leyes y pactos, no mandes que los latinos modifiquen su antiguo nombre ni que se transformen en troyanos o que sean llamados 'teucros' o que estos varones cambien su lengua o muten su vestido.

Desde el punto de vista de Quint (1982: 36), este diálogo es una especie de corolario del esfuerzo por olvidar su tierra natal que realizan los troyanos a lo largo del libro 3. Según este autor, aquel libro ponía de manifiesto cómo el recuerdo constante de Troya constituía una amenaza para la fundación de la nueva ciudad. La segunda Troya establecida por Héleno y Andrómaca en Butroto era la prueba fehaciente de que el apego al pasado impedía el surgimiento de una ciudad nueva. La negociación de los dioses en

---

171 Para un estudio de este epíteto en *Eneida*, cf. Amerasinghe 1953, MacKay 1956 y Johnston 1980: 88.

el final del poema, en cambio, coloca el olvido de las identidades previas como requisito para el surgimiento de la futura ciudad.[172]

Lo que Juno quiere es, en definitiva, hacer perdurar el sistema itálico como identificador de la futura Roma. Virgilio expresa aquí –como en el cierre de las *laudes Italiae* y como en el final de *G.* 2– la unidad intrínseca entre Roma e Italia,[173] motivo por el cual la *virtus* romana no es sino el resultado de un conjunto de *mores* itálicos más amplio. En términos similares se expresa Pogorzelski (2009: 263), cuando afirma que existe aquí una asociación geográfica positiva entre lo romano e Italia.

Por la intervención del narrador extradiegético en el libro 5,[174] el lector sabe que el olvido de Troya no será total, puesto que se conserva en Roma la costumbre del *lusus Troiae*.[175] La razón puede encontrarse en la respuesta de Júpiter que, si bien al principio parece aceptar sin reparos los términos de Juno (12.833: *do quod*

---

172 Quint 1982: 36: *"The Trojans' need to forget Troy in Book 3 is superseded at the end of the epic by the agreement reached by Jupiter and Juno that the Trojans and Latins will forget their differences and merge together until the very Trojan name is no more [...] the reconciliation of Latins and Trojans which the gods sanction also has unmistakable bearing upon the current political situation of Virgil's Rome. The old foes of the civil wars are similarly to be reconciled and to become one people again under Augustus"*.

173 Sobre la compleja cuestión de la unidad de Italia, remitimos principalmente a Giardina 1997, Ando 2002 y Wimperis 2020.

174 5.596-603: *hunc morem cursus atque haec certamina primus / Ascanius, Longam muris cum cingeret Albam, / rettulit et priscos docuit celebrare Latinos, / quo puer ipse modo, secum quo Troia pubes; / Albani docuere suos; hinc maxima porro / accepit Roma et patrium servavit honorem; / Troiaque nunc pueri, Troianum dicitur agmen* ("Ascanio fue el primero en transmitir esta forma de carrera y estos certámenes cuando ciñó con muros Alba Longa, y enseñó a celebrarlos a los antiguos latinos, del mismo modo que él mismo aprendió siendo niño, así con él la juventud troyana; los albanos los enseñaron a los suyos; desde aquí luego los recibió la máxima Roma y heredó el honor patrio. Los niños son llamados 'Troya', 'troyana' la carrera").

175 Paratore (1995: 177-178) explica que Virgilio alude de manera especial al *lusus Troiae* porque se trata de una práctica ritual restaurada por Augusto. Esta descripción del libro 5 exhibe similitudes con un vaso etrusco del siglo VII o VI a.C., en el que se ven jinetes y bailarines. Galinsky (2005: 347) vincula la reactivación de estos juegos en el período augusteo con la aspiración de algunas familias de conectar el pasado de sus ancestros con el mito troyano: *"The Trojan heritage was kept alive and well as Rome's noblest families laid claim to Trojan descent and their scions participated in the elaborate equestrian Troy game (*lusus Troiae*) at the time of Augustus"*. En términos similares, Rogerson 2017: 80.

vis), establece que los futuros romanos surgirán de la mezcla[176] entre troyanos e itálicos. Los primeros no desaparecerán sino que se fusionarán con los nativos (12.834-840):

> *sermonem Ausonii patrium moresque tenebunt,*
> *utque est nomen erit; commixti corpore tantum*
> *subsident Teucri. morem ritusque sacrorum*
> *adiciam faciamque omnis uno ore Latinos.*
> *hinc genus Ausonio mixtum quod sanguine surget,*
> *supra homines, supra ire deos pietate videbis,*
> *nec gens ulla tuos aeque celebrabit honores.*

Los ausonios mantendrán su idioma patrio y sus costumbres, y su nombre será tal como es; los teucros se asentarán mezclados en su multitud. Añadiré la costumbre y el ritual de las cosas sagradas y a todos los haré latinos unánimemente. Verás que la descendencia que surja de aquí, mezclada con sangre ausonia, marchará por encima de todos los hombres y por encima de los dioses debido a su piedad, y ninguna estirpe celebrará tus honores como ellos.

Se confirma así en el plano divino lo concertado por Eneas y Latino en el plano humano (12.187-193). Allí Eneas propone aportar los dioses, que Latino mantenga las armas y que Lavinia dé su nombre a la nueva ciudad, para que ambos pueblos *paribus se legibus ambae / invictae gentes aeterna in foedera mittant*. No se busca que uno triunfe sobre otro, sino que ambos puedan convivir y fusionarse.[177]

Ahora bien, ¿cómo evaluar este cierre en el plano divino teniendo en cuenta la profecía del libro 1? Para O'Hara (1990: 142), en el

---

176 Cf. Syed 2005: 206: "*Iupiter promises Juno he will grant her wish not to change the old name of the Latini, but his language suggests that the people who will descend from the intermarriages of Trojans and Latins will not simply be a continuation of the old Latin race, but rather an entirely new people: they will be called* Latini, *he says (Aen.* 12.837: faciam omnis ... Latinos*), but he goes on to say that from the mingling of Trojans and Latins will rise a nation yet to be born (Aen.* 12.838: hinc genus Ausonio mixtum ... sanguine surget*), and he locates the origin of this nation, the proem's* genus Latinum, *at the joining of the two peoples into one*".

177 No obstante, Adler (2003: 185) encuentra diferencias entre lo que afirman uno y otro: mientras que Eneas dice *sacra deosque dabo*, el dios dice *morem ritusque sacrorum adiciam*, es decir, se refiere solamente a los comportamientos rituales y no menciona la incorporación de divinidades. Esto puede deberse a que Júpiter es consciente de la incorporación de nuevos dioses al Lacio (los Penates pero, según Adler, también el propio Júpiter, que no era tradicionalmente adorado en Italia). Acerca del paralelismo entre el pacto Latino-Eneas y el diálogo Júpiter-Juno, véase también Bell 2008.

libro 1 Júpiter le oculta a Venus este desarrollo posterior y, en el marco del consuelo, presenta el aporte troyano de una forma que resulta exagerada a la luz de lo afirmado ante Juno.[178] Feeney (1991: 145) y Morton Braund (1997: 211), en cambio, afirman que Júpiter progresivamente acerca su parecer al de Juno, comprometiendo así su postura pro-troyana del comienzo.[179] En todo caso, estas lecturas establecen un vínculo de oposición entre ambos discursos de Júpiter, quien parecería o bien mentirle a alguna de las diosas (a Venus prometiendo una segunda Troya que nunca existirá, o a Juno simulando un acuerdo que no es tal) o bien ir modificando el designio del *fatum* a su capricho, disponiendo primero una cosa y luego otra. En este contexto es que la declaración de neutralidad en el concilio del libro 10 –*rex Iuppiter omnibus idem. / fata viam invenient*– resulta turbadora o insatisfactoria.[180]

Consideramos que en el diálogo del libro 12 es clave la afirmación de Juno previa a su pedido (12.819-820):

> *illud te, nulla fati quod lege tenetur,*
> *pro Latio obtestor, pro maiestate tuorum:*

> Por el Lacio, por la majestad de los tuyos, te suplico aquello que no es gobernado por ninguna ley del hado.

Juno sabe que Júpiter está en condiciones de acceder a su pedido puesto que, dentro del diseño general del *fatum*, el dios tiene cierto grado de decisión en lo que respecta al modo de su cumplimiento. Asimismo, consideramos que el hecho de que la diosa diferencie entre *fati lege*, por un lado, y lo que Júpiter puede hacer, por otro, habilita nuestra propuesta de no identificar al hado con la voluntad del dios sino con una providencia superior que él

---

178 "'*The Italians will keep their customs.' This is a key development in the conclusion of the Aeneid, toward which Vergil's simultaneous explicit championing of the Trojans, and evident love and sympathy for the Italians, have been pointing throughout the second half of the poem. But this development is wholly concealed from Venus*" (nuestro subrayado).

179 Feeney (1991: 145): "*Venus wants Aeneas' foundation to be another Troy (10.60-2), and it might appear from Jupiter's words in Book 1 that his aim accords with hers; yet the poem's solution shows Jupiter moving away from that position, towards Juno's*"; Morton Braund (1997: 211): "*Jupiter is the only one powerful enough to bring about the conclusion, which he finally achieves (12.829-40) by compromising his pro-Venus, pro-Trojan position in order to accommodate Juno in a partial reconciliation*".

180 Cf. Matthaei 1917: 16, Bailey 1935: 231, Wilson 1979: 364 y Lyne 1987: 89.

interpreta y aboga por cumplir. Así se entiende por qué culmina el concilio del libro 10 diciendo que es imparcial y que los hados encontrarán el modo de realizarse, para no tomar partido ni por la postura de Venus ni por la de Juno. Se comprende, además, el pasaje de la balanza de los destinos de Eneas y Turno (12.723-728): si el *fatum* fuera la voluntad de Júpiter, el dios no necesitaría recurrir a un instrumento adicional para saber *quem damnet labor et quo vergat pondere letum*.

Como principal intérprete y administrador de los hados, Júpiter interviene en el poema cuando es indispensable hacer regresar la acción al decurso fijado: a. cuando observa que los troyanos desembarcan en las costas de Cartago, envía a Mercurio para lograr que Dido los reciba con hospitalidad (1.297-300); b. al retrasarse Eneas debido al plan urdido por Venus y Juno, nuevamente hace que el dios mensajero le recuerde al héroe su misión y urja la partida (4.219-237); c. cuando Eneas está preocupado en Sicilia y no sabe qué decisión tomar, el dios ordena al espíritu de Anquises que se aparezca a su hijo y lo guíe (5.719-727); d. ya en Italia, el dios inspira la idea –*sic Iuppiter ipse monebat*– de colocar la comida sobre las tortas de cereal, para que luego los troyanos adviertan que se trata del signo indicador del destino del viaje (7.107-111).

Que Júpiter atienda al cumplimiento de los hados no es sinónimo de que sus acciones sean siempre favorables para Eneas y los troyanos: en 2.604-618, por ejemplo, Venus lo muestra entre las divinidades destructoras de la ciudad, algo que resulta desconcertante si, tras el anuncio del libro 1, se conceptualiza a Júpiter como adherente a la postura pro-troyana de Venus. Por otra parte, que sus intervenciones en la acción sean escasas y que se declare neutral no supone alejamiento del plano humano: Júpiter atiende las plegarias que elevan los hombres y envía signos para responderlas. Así sucede cuando Anquises le pide que confirme el sentido del fuego sobre Ascanio y el dios hace brillar un rayo en el cielo (2.687-698), cuando Iarbas eleva su ruego acerca de los sucesos en Cartago (4.203-218), al enviar la lluvia que apaga el fuego de las naves de Eneas (5.685-599) y cuando responde con truenos y rayos tanto el agradecimiento de Eneas por llegar a Italia (7.135-147) como el pedido de Ascanio de ayudarlo en la batalla (9.621-631).

Desde esta perspectiva, se abre la posibilidad de una lectura que no entienda los discursos de Júpiter en 1 y 12 como contrapuestos o mutuamente excluyentes. El diseño del *fatum* establece que los troyanos fundarán en Italia una ciudad que dará lugar a la estirpe de los romanos, tal como lo afirma el narrador extradiegético en el proemio del poema: Eneas es el *virum* que navegó *ab oris Troiae*, llegó a Italia (*Lavinia litora, Latio*) y fundó una ciudad (*conderet urbem*) de la cual derivaron *genus Latinum, Albani patres* y *altae moenia Romae*. Queda confirmado, pues, que el objetivo de Roma deriva de la conjunción de las tradiciones de Troya, el Lacio y Alba Longa.

Por otra parte, al comparar lo que Júpiter consiente al final con lo que ha anunciado en 1 se comprueba que no se trata de dos discursos incompatibles. Claramente, se puede afirmar que en la negociación final Juno logra reducir el peso de Troya en la Roma futura, pero esto no significa que su planteo esté muy alejado de lo ya profetizado por el dios. Júpiter no había anunciado una segunda Troya sino *moenia Lavini*, no troyanos sino *Romanos*, *gentem togatam*. Según el *DAGR*, la toga era una prenda de origen etrusco,[181] con lo cual ya aquí se observa la importancia del elemento itálico en la definición de los descendientes de Eneas. Sin embargo, después de ver a Eneas atormentado en el libro 1 por una Juno despiadada y caprichosa, la perspectiva del lector está orientada a simpatizar con los troyanos y a aceptar como información objetiva la promesa de Júpiter, sin tener en cuenta que el contexto consolatorio tiende a resaltar los elementos que interesan a Venus.

La importancia del mito de Eneas para la identidad romana y su compleja relación con los elementos itálicos ha sido materia de numerosos estudios. En su tradicional *Aeneas, Sicily, and Rome* (1969) K. Galinsky explica el porqué de la combinación de elementos de Troya y Alba Longa, un rasgo que para algunos críticos resulta objetable por su imprecisión[182] pero que se debe a la conjunción de distintas leyendas fundacionales. Los romanos

---

181 Cf. *DAGR*, tomo 5, vol. I, pp. 348-349.

182 O'Hara (1990: 145) y Zetzel (1997: 196) señalan la inexactitud de Júpiter cuando dice que los reyes albanos descenderán de Ascanio, ya que su origen está en el hijo de Eneas y Lavinia. Sin embargo, hablar de imprecisiones surge de considerar sólo una de las versiones del mito.

     Segunda parte: Las profecías en el relato del narrador

no podían adjudicar a Eneas el establecimiento de su ciudad por motivos cronológicos, ya que la caída de Troya se ubicaba en el siglo xii o xiii a. C. y el nacimiento de Roma en el viii. El intervalo que quedó entre ambas fechas fue ocupado por la dinastía de los reyes albanos que significó, para Galinsky, "una concesión a la tradición latina",[183] debido a que Eneas dejó de ser el fundador de Roma para convertirse en el ancestro de sus fundadores. Como señala Toll (1997: 42), Eneas no reemplaza a Rómulo, sino que en cierto modo lo supera puesto que se constituye en el ancestro de una entidad más amplia que Roma que incluye, también, a los itálicos. Se coloca a Eneas en el lugar de creador de Lavinio, una especie de contraparte troyana de la Alba latina,[184] cuyos penates eran identificados con los troyanos. Galinsky explica este empleo y combinación de las distintas leyendas como una operación política y cultural cuyo fin era vincularse al mundo griego a través de una estirpe común. Assmann (2000: 142) analiza la función de los mitos en la configuración de la identidad cultural y los define como formas narrativas que dan cuenta de la identidad y el lugar en el mundo del "nosotros" que constituye el grupo. Las epopeyas y genealogías ocupan un lugar de relevancia entre los textos formativos encargados de consolidar los mitos identitarios. Assmann cita justamente el mito troyano en Roma como un ejemplo de mito fundante, aquel relato que, desde el pasado, funciona como referencia para el presente y el futuro.[185]

La complejidad de las relaciones entre los troyanos, los albanos y los latinos en la configuración de la identidad romana se pone de manifiesto, pues, en la profecía de Júpiter. Como explican K. Toll (1997: 35), C. Ando (2002: 123-126) y J. Syed (2005), el modo en que se trata la cuestión de la identidad cultural en *Eneida* da cuenta de los cambios en la definición de este concepto durante el siglo i a. C., sobre todo después de la guerra social.[186] La noción

---

183　Galinsky 1996: 142: "*Rome gave up her claim to have been founded by Aeneas because of chronological exigencies which, in turn, reflect a concession to the Latin tradition of Rome's foundation*".

184　Galinsky (1969: 142) explica que esta tradición surgió en la segunda mitad del siglo IV, promovida por historiadores romanos que querían apoyar los reclamos de Lavinio en detrimento de los de Alba.

185　Assmann 2000: 78-79 (edición en español 2011: 75).

186　Toll 1997: 35: "*One reason to think that the national identity of Roman Italy was new when Vergil was writing is that the unity of Italy (and of Roman citizens outside*

fue ampliándose progresivamente y en el poema se plasma esta idea de la identidad como algo simbólico.[187] Syed (2005) observa que esto es producto de la expansión del concepto de *romanitas* en tiempos de Virgilio: ya Roma era un imperio y por ello la noción de "identidad" romana no descansaba sólo en relaciones de descendencia.[188] Ser romano se postula como una identidad universal, la del *imperium sine fine*, que se extiende progresivamente.[189] Así, reflexiona Toll, todo extranjero resulta un romano en potencia. Puesto que el imperio no tiene límites ni geográficos ni temporales, todo *externus* es susceptible de ser incorporado.[190]

Italy) was recent and unsteady: his audience's generation, and their parents' and grandparents', had been torn and tortured by increasingly destructive civil wars reaching right back to the 90s B.C.E. Vergil's generation had seen the devastations finally brought to what at least might turn out to be an end, and was now, warily, diffidently, beginning to think about reconstruction".

187 Ando (2002) se ocupa no sólo de analizar el concepto de lo que se entendía como "romano" (123-124), sino también de estudiar la evolución del término *Italia* (124-127) y la contribución de *Eneida* en su configuración: "*We would thus be remiss if we did not read his poetry as a contribution to an on-going discourse about the nature of the community that then existed on the Italian peninsula*" (Ando 2002: 136).

188 Syed 2005: 218-219: "*Growing from a face-to-face community to an empire, Romans continually had to change their conception of Roman identity. A face-to-face community can rely on visual familiarity of its members to conceptualize their commonalities. A larger community such as the Greek polis needed other markers such as citizenship determined by descent. In Vergil's time, Roman identity was a far more open category, since citizenship was not dependent on descent alone. In constructing its version of Roman identity, the Aeneid uses the concept of the community of citizens descended from citizens (polis concept), but it also expands it: descent as a symbolic rather than a literal category. This is what distinguishes Romanness in the Aeneid from other group identities (Latins, Greeks, Carthaginians). While these are ethnic categories, dependent on descent of its members from other members, Romanness has been cut loose from descent as a necessary condition for membership in the group. In this the concept of Roman identity can best be compared to the modern concept of nationhood*".

189 El concepto de Roma como "cosmópolis" es objeto del estudio de Edwards y Woolf 2004. En su introducción (2004: 3) señalan que esta noción según la cual la ciudad es equivalente al mundo se extiende desde los tiempos de Cicerón en adelante. El crecimiento del imperio estuvo acompañado de una búsqueda de los orígenes en mitos cada vez más antiguos (2004: 7): "*As the power of Roman people grew so the roots of the City were dug deeper into antiquity, down beneath Romulean Rome and Evander's settlement, to the scene of Hercules' battle with the monster Cacus, and ultimately back to Troy*".

190 Toll 1997: 48: "*Readers have to remember Jupiter's promise in his opening speech:* imperium sine fine dedi *(1.279) ("I have given (to the descendants of Aeneas) rule without end"). If this promise were not mere hyperbole but an actual end which*

Como en el diálogo con Júpiter, Venus interviene nuevamente en calidad de *genetrix* de Eneas y patrona de los troyanos. Cuando están por emprender la navegación se dirige a Neptuno para que, en su calidad de dios del mar, permita que los enéadas lleguen a destino. Williams (1960 *ad loc*) señala que esta intervención está plenamente justificada: se trata de un momento crítico, ya que Eneas inicia la etapa final de su viaje. Parattore (1979: 193), por el contrario, señala que la intranquilidad de la diosa es desmedida ya que las condiciones meteorológicas son propicias para la navegación[191] y Júpiter mismo ha asegurado la llegada tanto en el discurso del libro 1 como en 5, mediante el envío de la sombra de Anquises para comunicarse con Eneas. Del mismo modo que en 1, el pedido de la diosa está acompañado de una extensa argumentación acerca de la legitimidad del reclamo: primero alude a las intervenciones de Juno (la destrucción de Troya, el naufragio, la quema de la flota) y luego se refiere al destino como respaldo, invocando a las Parcas como máxima autoridad en materia de definición acerca del *fatum* (5.796-798):

> [...] *oro, liceat dare tuta per undas*
> *vela tibi, liceat Laurentem attingere Thybrim,*
> *si concessa peto, si dant ea moenia Parcae.*

Ruego que te sea lícito dar velas seguras a través de las olas, que sea lícito llegar al Tíber de Laurento, si pido cosas ya concedidas, si las Parcas otorgan estas murallas.

Las palabras de Venus son exitosas, ya que obtiene de Neptuno la ayuda solicitada, pero no por eso son verdaderas en su totalidad. Venus afirma que Juno "abrasó las naves horriblemente y, ya perdida la flota, lo obligó a abandonar a sus compañeros en una tierra desconocida",[192] lo cual no es completamente exacto,

---

Roman Italy might properly pursue and thus adjust to, then Italy's externi were to be externi only transitorily".

191   5.763-764: *placidi straverunt aequora venti / creber et aspirans rursus vocat Auster in altum.*

192   5.794-795: *exussit foede puppis et classe subegit / amissa socios ignotae linquere terrae.*

ya que tras la plegaria de Eneas a Júpiter (5.685-599) el dios envía una lluvia que apaga el fuego y permite salvar algunas naves;[193] además, los compañeros que quedan en Sicilia deciden hacerlo por propia voluntad y fundan una nueva ciudad bajo el mando de Acestes (5.746-751).

La respuesta de Neptuno incluye, como el discurso de Júpiter, la ratificación de que el pedido de Venus se cumplirá, por lo cual no debe temer (5.812: *pelle timores*, similar a 1.257: *parce metu*), junto con la afirmación de que su pedido es legítimo (5.800: *fas omne est*). El paralelismo entre ambos pasajes se refuerza por la utilización del mismo vocativo, *Cytherea*. Asimismo, Neptuno establece un patrón que será retomado por Vulcano en el libro 8, cuando la diosa recurra a él para pedirle el escudo. El dios afirma que es adecuado solicitar su ayuda y recuerda su preocupación por Eneas y los troyanos en tiempos de la guerra contra los griegos (5.800-810):

> *fas omne est, Cytherea, meis te fidere regnis,*
> *unde genus ducis. merui quoque; saepe furores*
> *compressi et rabiem tantam caelique marisque.*
> *nec minor in terris, Xanthum Simoentaque testor,*
> *Aeneae mihi cura tui. cum Troia Achilles*
> *exanimata sequens impingeret agmina muris,*
> *milia multa daret leto, gemerentque repleti*
> *amnes nec reperire viam atque evolvere posset*
> *in mare se Xanthus, Pelidae tunc ego forti*
> *congressum Aenean nec dis nec viribus aequis*
> *nube cava rapui.*

Es completamente justo, Citerea, que confíes en mis reinos, de los que viene tu origen. Además lo merezco: muchas veces he reprimido el furor y la rabia tan grande del cielo y del mar. Y en tierra no fue menor mi preocupación por tu Eneas, pongo por testigos al Xanto y al Símois. Cuando Aquiles empujaba a las exánimes tropas troyanas persiguiéndolas hacia los muros, entregaba a la muerte a muchos miles y gemían los ríos colmados y el Xanto no podía abrirse camino ni arrastrarse hacia el mar, entonces yo de las manos del fuerte Pelida arrebaté en una nube hueca a Eneas, que no peleaba ni con dioses ni con fuerzas iguales.

---

193 5.598-599: *quattuor amissis servatae a peste carinae* ("habiendo perdido cuatro de ellas, las naves fueron salvadas de la peste").

La respuesta final del dios del mar es clara: Eneas llegará a destino pero para ello se requiere un sacrificio: *unus erit tantum, amissum quem gurgite quaeres: / unum pro multis dabitur caput* (5.814-815). Para Servio, aquí Neptuno se refiere a dos víctimas: el *unus* de 5.814 es Miseno (*Misenum dicit, de quo legimus 'inter saxa virum spumosa inmerserat unda'*) mientras que el *unum* de 5.815 es Palinuro. Con esta lectura se resuelve la posible incongruencia que surgiría de entender el segundo verso como aposición del primero: *nam falsum erit si unum voluerimus accipere: duos enim constat occisos, Misenum et Palinurum.*[194]

El modo en que se describe la reacción de Venus apoya nuestra lectura acerca del papel de la diosa y su vínculo con Eneas y los troyanos. Mientras que el dios supone que el sacrificio humano anunciado representará un dolor para Venus (de hecho, emplea el verbo *quaeres*, "lamentarás"), la diosa se regocija al escuchar la profecía: *his ... laeta deae permulsit pectora dictis* (5.816). Se comprueba entonces que, en su advocación de *genetrix*, a Venus le preocupa el cumplimiento de la promesa de la ciudad más que la felicidad individual de sus protegidos; algo similar hemos afirmado a propósito del participio *laetata* aplicado a Juno en el final del libro 12.

No nos extenderemos aquí acerca de las alegadas incongruencias entre la descripción de la muerte de Palinuro en 5.833-871 y en 6.337-371 puesto que, como observa O'Hara (1990: 23, n. 30), ellas no afectan la interpretación de la profecía sobre el fin del piloto. Para ello conviene observar el diálogo entre el fantasma de Palinuro y Eneas en el libro 6. Allí el protagonista se sorprende de verlo en el mundo de los muertos puesto que Apolo –en un episodio que no está recogido en la narración de *Eneida*[195]– había asegurado que llegaría sano y salvo a los confines ausonios.[196] El piloto asegura que efectivamente pudo llegar bien a la costa y

---

194 Por su parte, Ganiban et al. (2013: 409) subrayan que *unus erit... quem* remite al verso de Enio *unus erit quem tu tolles in caerula caeli* y que esta alusión resulta irónica, ya que en *Anales* el verso se refiere a la apoteosis de Rómulo, mientras que aquí se emplea para describir una muerte.

195 Tal vez en Delos o quizás ante un ruego de Eneas, luego de que Palinuro cayera al agua.

196 Cf. 6.343-346: *namque mihi, fallax haud ante repertus, / hoc uno responso animum delusit Apollo, / qui fore te ponto incolumem finisque canebat / venturum Ausonios* ("pues a mí en su respuesta me engañó Apolo, no hallado falaz antes, que cantaba que tú llegarías incólume a los confines ausonios").

murió después atacado por la gente del lugar, lo cual no debe de resultar nada alentador para Eneas, que está buscando llegar a Italia. Apolo ha sido deliberadamente engañoso,[197] pero ya hemos señalado en la introducción del trabajo que, a nuestro entender, lo que hay aquí es un error de interpretación por parte del receptor, fruto del equívoco debido a un cambio de perspectiva. Asimismo, no se puede dejar de señalar que incluso en las mismas palabras de Eneas se encuentra su propia interpretación de la profecía de Apolo: quizás el dios dijo otras palabras y éstas se refieren a lo que Eneas comprendió.

En suma, esta breve profecía del libro 5 contribuye a confirmar el arribo de Eneas a Italia. Resulta significativo que sea Neptuno quien lo certifique, luego del periplo de los troyanos a través del mar, ante todo si tenemos en cuenta que en *Odisea* el dios Poseidón era el principal oponente de Odiseo. En *Eneida*, esta divinidad –que ya ha intervenido para calmar la tempestad causada por Eolo–actúa nuevamente asegurando el desembarco en Italia. De manera similar, el dios río Tiberino auspiciará la llegada al sitio de la futura ciudad. El viaje de Eneas recibe, pues, el respaldo de las divinidades.

— 3 —

Conclusiones del capítulo 1

En este capítulo han sido materia de análisis las profecías con emisores y destinatarios divinos ubicadas en el nivel extradiegético de *Eneida*: la de Júpiter a Venus en el libro 1 (con referencias a los discursos de Júpiter en 10 ante la asamblea de los dioses y en 12 ante Juno) y la de Neptuno en el libro 5, también dirigida a Venus. En ambos casos es la diosa quien genera el contexto de emisión de las profecías cuando reclama que se cumpla el destino prometido a Eneas. Como respuesta, recibe una confirmación acerca del modo en que finalmente sucederán las acciones. Se ha visto que Venus actúa de esta forma en su calidad de *genetrix* de la estirpe de Eneas, procurando que se haga efectiva la herencia

---

197 O'Hara 1990: 18: "*Apollo conceals the truth; his prophecy was obviously worded so as to mislead*".

material dispuesta por el *fatum*. Así, obtiene de Júpiter la confirmación del éxito de la empresa y de Neptuno la venia para que los troyanos logren desembarcar en Italia.

El anuncio del libro 1 ha recibido especial atención puesto que es uno de los tres pasajes de *Eneida*– junto con el desfile de las almas en el libro 6 y el escudo de Vulcano en el libro 8– en los que los hechos vaticinados alcanzan el tiempo histórico de Virgilio. La confrontación con el diálogo final entre Júpiter y Juno ha permitido evaluar el lugar de la estirpe troyana en la configuración de la futura *gens* de los romanos. Hemos observado que la preponderancia de Troya en el anuncio del libro 1 se debe al contexto consolatorio en que aparece el discurso y que, no obstante esta primacía, aparecen elementos que señalan a la futura ciudad como un producto de la unión con los latinos, y no como una segunda Troya idéntica a la primera. En el pasaje del libro 12 se ha subrayado que existe una negociación entre los dioses: Juno propone una serie de condiciones para definir aquello que está dentro de las prerrogativas de Júpiter, es decir, aquello que no está ya configurado por el *fatum*. El acuerdo resultante da cuenta de la mixtura entre los elementos ya asentados en Italia y los extranjeros recién llegados, que tendrá como resultado la estirpe romana.

Tanto en los dos anuncios que han sido objeto de este capítulo como en los de los libros 10 y 12, se pone de manifiesto que el *fatum* es un texto conocido por todos los dioses. No obstante, todas las divinidades no poseen el saber sobre él en la misma medida ni tampoco pueden actuar para modificarlo de la misma forma. Los dioses tienen cierto poder para interferir en su trama ya apresurando, ya dilatando su cumplimiento: Venus actúa para concretar cuanto antes el hado prometido; sobre la posibilidad de retrasarlo habla Vulcano en el libro 8, y es, además, lo que hace Juno a lo largo de todo el poema, razón por la cual en el libro 12 Júpiter le ordena que ponga punto final a sus acciones. También retrasan el cumplimiento del *fatum* los dioses que en Italia han tomado partido por uno de los dos sectores en pugna.

No obstante ello, es Júpiter quien define cuándo y cómo se concretará finalmente. En el concilio del libro 10 afirma *abnueram bello Italiam concurrere Teucris* ("yo había prohibido que Italia se enfrentara en la guerra con los teucros"), amonestando a los dioses que se han involucrado en el conflicto bélico. Esto podría mencionarse como un elemento que colisiona con la profecía en el libro 1, en el que el dios afirmaba que Eneas *populos ferocis contundet:* si allí se mencionaba la existencia de un conflicto bélico futuro, ¿por qué en 10 el mismo dios habla de una prohibición de guerrear? Consideramos que el supuesto conflicto surge de identificar al *fatum* con la voluntad de Júpiter: no se entiende cómo primero dispone el surgimiento de la guerra y luego dice haberla prohibido. Por el contrario, si se entiende, como hemos propuesto en la primera parte del trabajo, que los designios del hado pertenecen a las Parcas y que Júpiter administra su cumplimiento, podemos comprender que el dios desautorice la guerra pero que, de todas maneras, sea capaz de prever que los dioses interferirán en esa orden. Las palabras del libro 10 en el concilio se refieren a su desaprobación, mientras que los conflictos vaticinados en 1 exhiben su conocimiento de la intervención de las divinidades en la guerra, en particular de Juno mediante el envío de Iris para sembrar la discordia.

En virtud de que las profecías estudiadas aquí poseen tanto emisores como destinatarios divinos, todos comparten el mismo código de comunicación, *i. e.,* el lenguaje divino, provisto de visión panóptica. No existe para el receptor la oscuridad que impide otorgar sentido al signo divino, fenómeno que se produce cuando quienes reciben el mensaje son personajes humanos. A estos casos nos referiremos en el próximo capítulo.

Capítulo 2
Profecías con destinatarios humanos

En este segundo capítulo nos ocuparemos de aquellos mensajes divinos cuyos destinatarios son personajes humanos. A diferencia de lo que sucede en los pasajes tratados previamente, en los que un dios con mayor saber sobre el futuro se dirigía a otro para confirmar o revelar detalles acerca del cumplimiento del *fatum*, aquí la diferencia de conocimiento entre emisor y receptor es abismal. El destinatario es un humano, con una perspectiva de conocimiento acotada; el emisor es un dios que o bien habla directamente o bien empleando como intermediario a un personaje humano que posee acceso a un saber superior. En este último caso, ese saber se fundamenta ya en sus capacidades adivinatorias (como la Sibila de Cumas en el libro 6), ya en el hecho de que se trata del espíritu de un muerto (Anquises en los libros 5 y 6).

Debido a esta diferencia cognoscitiva, el destinatario debe realizar un proceso de comprensión del mensaje, puesto que no comparte el código de los dioses. Se verifica aquí, pues, el esquema comunicativo planteado por G. Manetti para describir el proceso semiótico involucrado en la interpretación del discurso divino.

Se analizarán en este capítulo las profecías de Venus (libro 1), el fantasma de Anquises (libros 5 y 6), la Sibila de Cumas (libro 6), Fauno (libro 7), Tiberino (libro 8), Ascanio (libro 9) y la ninfa Cimodocea (libro 10). Los apartados están dispuestos, como en el capítulo 1, según el orden en que aparecen en el poema. Quedan excluidos de este capítulo los anuncios divinos de los libros 2 y 3, ya que pertenecen al discurso del narrador intradiegético; serán analizados en la Parte 3 de este estudio.

— 1 —
Venus a Eneas (1.387-401)

El encuentro entre Venus y Eneas en Cartago es el primero en el nivel del relato de *Eneida*. Luego del naufragio causado por Juno, el héroe recorre las afueras de la ciudad; allí se aparece la diosa, transfigurada en una doncella cazadora (1.314-320). Esta apariencia elegida por Venus constituye un disfraz "opuesto a sí misma", según señala Anderson (1955: 234): si bien es habitual que las divinidades no se revelen *in propria natura*, aquí Venus deliberadamente opta por un aspecto totalmente contrario al que la caracteriza. En 1.315 la repetición de *virginis* contrasta con la palabra *mater* del verso anterior, manifestando la oposición entre la identidad de la diosa y la apariencia del disfraz que Eneas percibe. La designación de la figura de la diosa como *venatrix* y las características que presenta –el arco, el cabello suelto, la túnica recogida dejando las rodillas a la vista– generan importantes paralelos con otros personajes femeninos humanos, como Nausícaa y Camila.[198] Debido a esta imagen, el troyano la denomina *virgo*, pero luego –en una reacción que, como dice Syed (2005: 59) resulta más perceptiva de lo habitual– sospecha que se encuentra ante una divinidad y aventura que, en tal caso, podría tratarse de Diana o de una ninfa (1.327-329):

> *o quam te memorem, virgo? Namque haud tibi vultus*
> *mortalis, nec vox hominem sonat; o, dea certe*
> *(an Phoebi soror? an nympharum sanguinis una?),*
> *sis felix…*

> Oh doncella, ¿cómo nombrarte? Pues no tienes rostro mortal, ni tu voz suena humana: oh, diosa ciertamente (¿acaso la hermana de Febo?, ¿acaso una de la sangre de las ninfas?), sé benévola.

Esta suposición de Eneas remite a la que formula Odiseo al ver a Nausícaa en *Odisea* 6.102-9. Anquises, cuando recibe la visita de la propia Afrodita en el *Himno Homérico a Afrodita* (vv. 92-99), en cambio, percibe su divinidad y aventura los nombres de diferentes diosas: Artemisa, Leto, Afrodita, Temis, Atenea o alguna de las Gracias.

---

198   Cf. Syed 2005: 58 sobre la importancia del detalle con que es descripta la apariencia de Venus. Acerca del disfraz de Venus en general, cf. Harrison 1973.

Venus, bajo el aspecto de la doncella Harpalice, cuenta la historia de la reina de Cartago para que Eneas sepa quién es y cómo ha llegado a fundar su ciudad. La narración presenta a Dido como un personaje de una dignidad paralela a la de Eneas.[199] Víctima de una injusticia, logró sobreponerse y, siguiendo las instrucciones de la imagen de su esposo asesinado, ha comenzado una nueva ciudad. Ha de recordarse que en esta instancia Venus todavía no ha tramado el enamoramiento de Dido por medio de Cupido, por lo cual las referencias acerca de la reina son absolutamente positivas y buscan una buena predisposición de parte de Eneas para con su anfitriona. Al finalizar su relato, Venus pregunta a Eneas y Acates cuál es su identidad, a lo que el héroe responde con un discurso (1.372-85) cuyo centro es la frase *sum pius Aeneas*.[200] Austin (1971: 137) considera que es el epíteto tradicional de Eneas y que, por ello, no implica aquí necesariamente una evaluación positiva. Galinsky, en cambio, postula en *Aeneas, Sicily and Rome* (1969) que el énfasis en la *pietas* del héroe es más bien tardío y que es obra de Virgilio, por lo cual es significativo su empleo aquí.[201]

Siempre bajo el aspecto de la doncella cazadora, Venus intenta consolar a su hijo aconsejándole marchar hacia Cartago. La confirmación del éxito se fundamenta en la interpretación del vuelo de los cisnes, signo que se analizará seguidamente.

1.1. *El* omen *de los cisnes y el anuncio de Venus*

En el final de la intervención de Venus se encuentra la parte estrictamente profética de su discurso (1.387-401):

> *Quisquis es, haud, credo, invisus caelestibus auras*
> *vitalis carpis, Tyriam qui adveneris urbem;*
> *perge modo atque hinc te reginae ad limina perfer.*
> *namque tibi reduces socios classemque relatam*
> *nuntio et in tutum versis Aquilonibus actam,*

---

199 En palabras de Quinn (1968: 106): *"Dido is presented (in Venus' long account of her misfortunes, 340-68) as a character with an initial claim upon our sympathy: like Aeneas, she is a refugee who has had to start life afresh in a new country"*.

200 Véase Anderson 1930: 4.

201 *"In that part of the Greek literary tradition, which can safely be said to be exclusive of Roman influences or reflections, Aeneas' pietas isa trait that is virtually nonexistent"* (Galinsky 1969:11). La discusión está desarrollada en profundidad en el capítulo I del estudio, titulado *"Pius Aeneas"*.

ni frustra augurium vani docuere parentes.
aspice bis senos laetantis agmine cycnos,
aetheria quos lapsa plaga Iovis ales aperto
turbabat caelo; nunc terras ordine longo
aut capere aut captas iam despectare videntur:
ut reduces illi ludunt stridentibus alis
et coetu cinxere polum cantusque dedere,
haud aliter puppesque tuae pubesque tuorum
aut portum tenet aut pleno subit ostia velo.
perge modo et, qua te ducit via, derige gressum.

Quienquiera que seas, tú que has llegado a la ciudad tiria, no respiras, creo, invisible para los dioses del cielo. Prosigue entonces y desde aquí condúcete a los umbrales de la reina. Pues te anuncio que volverás a conducir a tus compañeros y a la flota una vez recuperada y llevada, cuando cambien los Aquilones, hacia un lugar seguro, si mis padres no me enseñaron, inútiles, el arte augural en vano. Observa esos doce cisnes regocijados por su bandada, a los cuales el ave de Júpiter, deslizada desde el espacio etéreo, perturbaba en el cielo abierto: ahora en larga fila o parecen apoderarse de las tierras o despreciarlas cuando ya las alcanzaron. Así como ellos al volver juegan con sus alas estridentes y ciñen el polo con su bandada y brindan sus cantos, no de otro modo tus popas y los jóvenes de los tuyos o alcanzan el puerto o suben la desembocadura a toda vela. Continúa entonces y dirige el paso por donde el camino te lleva.

La profecía se encuentra en los versos 390-391, introducida por el verbo *nuntio*, que posee connotaciones específicamente ligadas a la transmisión de profecías: la cuarta acepción que ofrece el *OLD* es *"to give notice or warning of some future event or state"* mientras que la sexta se refiere al ámbito puntual del arte augural, *"to report omens"*. Después del naufragio, Eneas recibe la promesa de que recuperará tanto a sus compañeros como a sus naves. A continuación tiene lugar un signo confirmatorio de la profecía, que consiste en doce cisnes, las aves de Venus, perseguidos por un águila. Al liberarse de ella, revolotean y cantan, yendo del cielo a la tierra y viceversa. Venus/Harpalice afirma que del mismo modo que las aves llegan a la tierra (*terras capere*), los enéadas alcanzarán el puerto (*portum tenet*).

Como apunta Austin (1971: 140), se trata de un *augurium oblativum*, es decir, enviado por los dioses sin que los hombres lo soliciten.[202] El número de integrantes de la bandada es significativo: son doce cisnes –expresados con una denominación "mágica", *bis senos*[203]– que corresponden a las doce naves de la flota troyana. Eneas había partido de Troya con veinte naves (cf. 1.381: *bis denis Phrygium conscendi navibus aequor*, "con veinte naves de los frigios me hice al mar") y después del naufragio desembarcó en Cartago con siete de ellas;[204] desde la costa ha visto cómo se perdía una en la corriente.[205] Por lo tanto, son doce los barcos cuya suerte el héroe desconoce.

A pesar de esta precisión matemática, O'Hara (1990: 10-12) considera que la interpretación del *omen* es deceptiva, ya que Venus hace alusión al destino positivo que corrieron esas doce naves sin mencionar la que naufragó, causando la muerte de su compañero Orontes. Esta última es recordada en las palabras que poco más adelante pronuncia Acates cuando, desde la nube de invisibilidad creada por la diosa, contemplan a los compañeros llegar a la corte de Dido. Allí menciona tanto al compañero perdido (1.584: *unus abest*) como al augurio de Venus (1.585: *dictis respondent cetera matris*).

Para O'Hara la diosa es deliberadamente engañosa, puesto que esconde la muerte de Orontes subrayando solamente el éxito de recuperar las doce naves restantes. Sin embargo, a nuestro entender, no existe posibilidad de ocultamiento en este caso, ya que el naufragio de la nave de Orontes sucedió a la vista de Eneas (1.114: *ipsius ante oculos*), como el propio O'Hara señala poco más adelante. El signo de los cisnes aporta información no sobre las siete naves que Eneas ha recuperado ni sobre la que vio hundirse, sino acerca de aquellas cuyo destino es una incógnita. Desde esta perspectiva, aun cuando coincidamos con O'Hara en que la frase

---

202   Acerca de este augurio, véase Green 2009.

203   Austin 1971: 140.

204   1.170-171: *huc septem Aeneas collectis navibus omni / ex numero subit* ("hacia aquí asciende Eneas, luego de recuperar siete naves del número total"); 1.383: *vix septem convulsae undis Euroque supersunt* ("apenas quedan siete, agitadas por las olas y por el Euro"). Además, Eneas caza en Cartago siete ciervos (1.193-194: *septem ingentia… corpora*) y *numerum cum navibus aequet*.

205   1.113-117: *unam, quae Lycios fidumque vehebat Oronten, / ipsius ante oculos ingens a vertice pontus / in puppim ferit [...] rapidus vorat aequore vertex* ("a una, que llevaba a Licio y al fiel Orontes, el mar ingente la hiere desde el vértice hasta la popa delante de sus mismos ojos [...] un rápido remolino la devora con su corriente").

haud, credo, invisus caelestibus auras / vitalis carpis sí es falaz – ya
que la apertura del poema ha demostrado que el troyano es *invisus*
para Juno–, consideramos que las palabras de Venus/Harpalice no
constituyen un engaño sino todo lo contrario: es la información
que Eneas necesita en este momento para despejar su incógnita.

1.2. *El reconocimiento de la diosa:* crudelis tu quoque

Eneas no es capaz de advertir la identidad de su madre hasta
que la diosa se marcha. Sólo en ese momento se produce el reconocimiento (1.402-5):

> *Dixit et avertens rosea cervice refulsit,*
> *ambrosiaeque comae divinum vertice odorem*
> *spiravere; pedes vestis defluxit ad imos,*
> *et vera incessu patuit dea.*

Dijo y, apartándose, esparció brillo de su cuello rosado, sus cabellos
exhalaron de la cabeza un divino perfume de ambrosía; se deslizó
su vestido hasta los pies y la diosa se mostró verdadera en el modo
de andar.

La epifanía definitiva de Venus incorpora nuevos elementos a
los que ya Eneas ha detectado como propios de las divinidades. Si
antes había notado que el rostro y la voz de la muchacha no eran
mortales (1.327-328), se añaden ahora el color rosado de la piel,
el perfume de la ambrosía y la figura inigualable de Venus. Con
todo, el rasgo definitivo que propicia el reconocimiento de la diosa
es su paso: *vera incessu patuit dea*.[206] En Roma se consideraba que
la manera de caminar –*incessus*– constituía un indicio revelador
del carácter de un hombre o de una mujer. Así, en un epitafio de
época republicana citado por Fraenkel (1961: 47), se describe a
una *matrona* como *sermone lepido, tum autem incessu commodo*, "de
conversación elegante y también de andar adecuado". En *Ars
amandi*, Ovidio enseña a las mujeres a andar, puesto que *est et in
incessu pars non temnenda decoris*, "también en el modo de caminar
hay una parte no despreciable de la elegancia" (*Ars* 3.296). Por

---

206 Cf. Schilling 1982: 361: "*Virgile relève délicatement le trait piquant de ce travestis-
   sement qui donne à Vénus l'allure d'une Diane chasseresse. [...] Mais, quand elle
   le désire, Vénus se fait reconnaître sous ses traits véritables: son cou brille de l'eclat
   de la rose; ses cheveux exhalent un parfum d'ambroisie; toute sa démarche révèle
   la majesté d'une déesse*".

el contrario, con el fin de demostrar que una mujer merece sus denuestos, Catulo la define como *illa quam videtis / turpe incedere*, "aquella a la que veis caminar torpemente" (*Carmen* 42.7-8).[207]

Interesa subrayar la reacción de Eneas cuando advierte que la doncella con la que ha estado departiendo no es ni más ni menos que su madre. El reconocimiento no es motivo de alegría ni de consuelo para Eneas. Si bien un momento antes afirmó que gracias a su madre había hallado el camino para salir de Troya (1.382: *matre dea monstrante viam*), ahora le dirige palabras de reproche (1.407-409):

> *quid natum totiens, crudelis tu quoque, falsis*
> *ludis imaginibus? cur dextrae iungere dextram*
> *non datur ac veras audire et reddere voces?*

> ¿Por qué, cruel tú también, burlas a tu hijo tantas veces con falsas imágenes? ¿Por qué no está permitido unir la diestra a la diestra y escuchar y responder palabras verdaderas?

Eneas llama a la diosa con la invocación *crudelis tu quoque* (1.407), queja en la cual la diosa madre queda parangonada a las divinidades contrarias a los enéadas que han causado la destrucción de la ciudad y las penurias en alta mar. Como advierte Oliensis (1997: 306), aunque la queja de Eneas está construida sobre la base del discurso de Odiseo cuando le reprocha al fantasma de su madre en el Hades que no puede abrazarla, existe un interesante y "ominoso" eco en la repetición de *crudelis tu quoque, mater* que evoca los versos 45-47 de la *Égloga* 8:

> *saeuus Amor docuit natorum sanguine matrem*
> *commaculare manus; crudelis tu quoque, mater.*
> *crudelis mater magis, an puer improbus ille?*
> *improbus ille puer; crudelis tu quoque, mater.*

> El cruel Amor enseñó a la madre a mancharse las manos con sangre de sus hijos; oh madre, tú también cruel. ¿Más cruel la madre, o acaso aquel malvado niño? Era malvado aquel niño; oh madre, tú también cruel.

En estos versos la referencia de *mater* es ambigua: puede tratarse tanto de Medea, la madre asesina, como de Venus, la madre del cruel Amor.

---

207 Se pueden hallar otros ejemplos en Séneca, *Ep.* 114; Juvenal, Sat. 2.14; Cicerón, *Pro Caelio* 49.5.

El reclamo acerbo de Eneas se centra no tanto en las dificultades que ha debido y debe sortear, como en la imposibilidad de establecer con Venus un auténtico diálogo, un contacto cercano y desprovisto de engaños entre la madre y el hijo, como había sucedido en la última noche de Troya.[208] En la protesta se destaca la palabra *natum* (1.407): cuando Eneas la reconoce, Venus recupera su estatus maternal.[209] Si bien la diosa ya ha sido designada como *mater* en 1.314 y Eneas como *Veneris filius* en 1.325, esta identificación pertenece al discurso del narrador, no al de los personajes; sólo aquí se manifiesta abiertamente el vínculo entre ambos.[210]

La queja de Eneas surge del hecho de que no se le permita desarrollar con Venus un vínculo similar al que lo une a Anquises. No existe *pietas erga matrem*[211] pero esto se debe, fundamentalmente, a que el vínculo entre un humano y una divinidad es en esencia asimétrico. No obstante, Venus reafirma su protección cuando dicta los pasos a seguir en Cartago. Se puede señalar que hay un desajuste entre el rol maternal que Venus realmente cumple y el que Eneas imagina que la diosa debe cumplir. Es de suponer que Eneas ha entendido la frase *nusquam abero* de 2.620 como la promesa de una presencia constante de su madre a lo largo del periplo. Sin embargo, la diosa no actúa como él espera. Como observa La Penna (2002: 106), Venus hace que su hijo sienta la distancia insalvable con respecto a las divinidades: al revelarse en todo su esplendor, demuestra que la felicidad y la belleza son prerrogativas de los dioses, esferas a las que los hombres no pueden aspirar.

En el primer anuncio profético dirigido a Eneas en el nivel del relato se establece una especie de síntesis, de prototipo de los

---

208 Véase la introducción de la tercera parte. En este sentido no coincidimos con Coleman (1982: 153) cuando afirma que "*the maternal relationship allows a special intimacy both here and in Book 8*". El propio autor parece contradecirse cuando, acto seguido, señala "*indeed at 407-9 Aeneas reproaches her for having deceived him by the disguise*".

209 Cf. Oliensis 1997: 306.

210 Acerca del carácter maternal de Venus, véase el apartado 1.1.1. de esta segunda parte.

211 Ésta es la hipótesis central del artículo de Anderson: "*From Aeneas' point of view, Venus was simply impossible: at Troy she was never home, so that one might as well not have a mother; and when she did appear it was likely to be in some maddening disguise, and one didn't get a chance to have a real talk with her. [...] Aeneas can and does make sacrifice to his mother; but what he wants is to love her, in his queer, stiff way, as a son; and for this, as he himself recognizes, there is no chance*" (Anderson 1955: 236).

procesos de comunicación entre hombres y dioses. Las divinidades desean comunicarse con Eneas y por eso se constituyen en sujetos enunciadores de signos que auguran su éxito a corto y largo plazo. No obstante, el hecho de utilizar un lenguaje diferente al humano –el que Manetti denominaba el "modo enigmático"– hace imposible la transmisión de significados. El 'disfraz' de Venus oculta su identidad divina así como el lenguaje enigmático de los dioses vela el significado de sus mensajes.

— 2 —
Fantasma de Anquises a Eneas (5.719-778)

El personaje de Anquises ocupa un lugar de preeminencia en la primera parte de *Eneida*.[212] Como *pater* de Eneas, constituye el vínculo del héroe con el pasado troyano; como intérprete de los mensajes divinos, cumple una función sacerdotal de comunicación entre los enéadas y la esfera de los dioses. Ambas características de Anquises pueden observarse en los libros 2 y 3 de *Eneida*, en los que el héroe relata las circunstancias de la caída de Troya y del viaje ante el auditorio cartaginés. Es quien se resiste a abandonar su ciudad natal, prefiriendo morir con ella heroicamente, obedeciendo a un código heroico pretérito (2.638-649); luego, ante el signo divino del fuego sobre la cabeza de Ascanio (2.679-686), comprende que se trata de una directiva de Júpiter y accede a marcharse (2.701-704):

> *iam iam nulla mora est; sequor et qua ducitis adsum,*
> *di patrii; seruate domum, seruate nepotem.*
> *uestrum hoc augurium, uestroque in numine Troia est.*
> *cedo equidem nec, nate, tibi comes ire recuso.*

Ya no hay demora; lo sigo y me presento, oh dioses de la patria, a donde me conducís. Conservad mi casa, conservad a mi nieto. Vuestro es este augurio y en vuestro numen está Troya. Cedo, por cierto, y no rechazo, oh hijo, ir como tu acompañante.

Al ceder y seguir a Eneas, Anquises demuestra una mayor comprensión ante los signos divinos y una mayor sabiduría que el

---

212 Acerca del personaje de Anquises véanse muy especialmente los siguientes trabajos: Lloyd 1957c, Lee 1979 y Quint 1982.

propio rey Príamo, quien se resiste y busca luchar, incluso contra las advertencias de Hécuba (2.518-525).

A lo largo del viaje, Anquises es quien guía a Eneas y los suyos en la toma de decisiones mediante la interpretación, con mayor o menor exactitud, de los mensajes sobrenaturales (3.100-115, 3.143-146). Del personaje de Anquises en los libros 2 y 3 nos ocuparemos en la Parte 3 de este trabajo, ya que esos libros pertenecen al discurso de Eneas; nos dedicaremos aquí a sus intervenciones desde el más allá.

2.1. La comunicación con Anquises: necromancia y conocimiento

En el final del libro 3 hallamos el relato de la muerte de Anquises,[213] con que se cierra la narración de Eneas en el banquete de Cartago. Al principio del libro 5, terminada la escala en las tierras de Dido, el viento empuja la flota hacia Sicilia, donde yacen los restos de Anquises (5.47-48). Allí Eneas propone tributar honras fúnebres a su padre y establece los juegos en su memoria, cuya descripción ocupa la mayor parte del libro.

Como observaremos también en la Parte 3 a propósito de las profecías de Héctor y Creúsa, se creía que los espíritus de los muertos gozaban de un saber especial sobre el porvenir y que podían comunicarlo a los vivos. En ello se fundamentaba la existencia de la necromancia, aun cuando no hubiera un acuerdo generalizado acerca del modo en que los muertos adquirían ese conocimiento superior. D. Ogden (2001: 231) sintetiza las diferentes teorías sobre este saber sobrenatural: los pitagóricos y platónicos aseguraban que se debía a la mayor capacidad cognoscitiva del alma una vez liberada del cuerpo; otros lo adjudicaban a los poderes adivinatorios propios de la tierra, morada de los muertos; existían también quienes otorgaban este poder a algunos fantasmas, no a todos. Según Ogden, estas explicaciones se deben a un proceso de racionalización para dar cuenta de un fenómeno tradicional como la necromancia.

En el caso de Anquises, a este conocimiento especial adquirido en el más allá se añade un carácter casi divino, según explica Lloyd

---

213 3.708-10: *hic pelagi tot tempestatibus actus / heu, genitorem, omnis curae casusque levamen, / amitto Anchisen* ("aquí, empujado por tantas tempestades del mar, ay, pierdo a mi padre, a Anquises, alivio de toda preocupación y desgracia").

(1957c: 55): después de su muerte, el personaje de Anquises crece en virtud de los rituales y sacrificios realizados por Eneas, que logran una especie de apoteosis para el padre.

La estatura sobrenatural de Anquises se pone de manifiesto cuando Eneas lleva a cabo el ritual: del sepulcro surge una serpiente, recorre el altar, prueba las ofrendas y regresa al punto de partida (5.84-86):

> *dixerat haec, adytis cum lubricus anguis ab imis*
> *septem ingens gyros, septena uolumina traxit*
> *amplexus placide tumulum lapsusque per aras.*

> Había dicho esto, cuando desde la profundidad de los sepulcros una enorme y sinuosa serpiente arrastró sus siete giros, sus siete cuerpos, rodeando el túmulo plácidamente y deslizándose por los altares.

Eneas duda si se trata del *genius* del lugar o del espíritu de su padre (5.95-96). Según R. D. Williams (1960: 63), no habría mucha diferencia entre ambas opciones, ya que la serpiente representa el alma de Anquises que aparece en su propia tumba. Lo cierto es que se vincula estrechamente al carácter divino de Anquises puesto que, como explica Bouché-Leclercq (2003: 120-121), estos animales eran considerados especialmente cercanos a los misterios de los oráculos:

> *Le serpent, la sauterelle, le lézard, la souris, la belette, etc., paraissent avoir joui d'une faveur particulière. Les serpents, recommandés par leur qualité d'autochtones, fils et symboles de la Terre, pénétrèrent jusque dans la mantique solennelle des oracles.*

En 5.722-740 tiene lugar la primera de las dos profecías de Anquises. Críticos como Lloyd (1957: 52), Otis (1964: 278) y Paratore (1995: 189) han señalado que el modo en que se presenta Anquises establece un paralelismo con la visita de Mercurio a Eneas en el libro 4. Como el dios, su imagen aparece *caelo delapsa* (5.722) y declara llegar *imperio Iovis* (5.726).[214] En consecuencia, si bien podemos acordar que este mensaje de Anquises constituye un episodio de necromancia, advertimos que posee características especiales. No se trata ni del ascenso del alma desde el submundo a la tierra (como, por ejemplo, en el caso de la visita del fantasma

---

214 En el episodio de Mercurio también se describe su descenso desde el cielo (4.256-258) y se subraya que actúa como enviado de Júpiter (4.268-270).

de Héctor en el libro 2) ni del ingreso de una persona viva al mundo de los muertos (como ocurre en la catábasis del libro 6). El alma de Anquises realiza un movimiento de descenso hacia la tierra desde la esfera de los dioses, lo cual, nuevamente, subraya la jerarquía superior adquirida por el *pater* después de su muerte.

2.2. *Discurso instructivo en la profecía de Anquises*

La intervención de la sombra de Anquises cumple distintas funciones, tanto en el nivel intra como en el extradiegético. Comenzaremos con el primero. El discurso de Anquises puede dividirse en tres secciones: a. presentación (5.724-727), b. indicaciones sobre las decisiones a tomar (5.728-731) y c. orden de visitarlo en el submundo (5.731-739).

La presentación de Anquises no sólo satisface el objetivo de identificarlo, empleando el vocativo afectivo *nate* (5.724) para referirse a Eneas, sino también el de revelar ciertos mecanismos de funcionamiento de la esfera divina. En primer lugar, como se ha señalado previamente, Anquises consigna que su llegada ha sido encomendada por Júpiter. Una vez más, pues –como indicaron los Penates en Creta, Celeno en las Estrofadas y Mercurio en Cartago–, se subraya que la empresa de los troyanos está avalada por los dioses y que ellos se preocupan por que se concrete. En segundo lugar, Anquises revela que ha sido Júpiter quien ha intervenido en el episodio de la quema de las naves (5.726-727):

> *imperio Iovis huc venio, qui classibus ignem*
> *depulit, et caelo tandem miseratus ab alto est.*

Vengo hacia aquí por orden de Júpiter, que apartó de las naves el fuego y finalmente se ha compadecido desde lo alto del cielo.

Si bien Eneas eleva una plegaria a Júpiter pidiendo su ayuda cuando se extiende el incendio (5.687-692) y luego cae una lluvia que lo apaga (5.693-699), sólo aquí, en las palabras de Anquises, se confirma la intervención del dios y se explicita la relación causa-consecuencia entre la plegaria y la solución del conflicto. El espíritu del padre permite que Eneas sepa que las plegarias de los hombres son efectivamente escuchadas y respondidas, algo que el lector ya conoce a raíz del pedido de Iarbas en 4.206-221. Se dirá que Eneas ya lo sabe por el signo confirmatorio del rayo en 2.692-698; no obstante, en aquel momento sólo se halla la interpretación de Anquises (2.701-704) de que se trata de un mensaje de los dioses, pero no la confirmación fehaciente que aparece aquí.

La segunda sección recoge las indicaciones referidas a las acciones a seguir por Eneas. Anquises no aporta sugerencias propias, sino que insta a su hijo a obedecer a Nautes: *consiliis pare quae nunc pulcherrima Nautes / dat senior* ("obedece a los consejos que, bellísimos, te da el anciano Nautes"). Este personaje, caracterizado como *senior*, actúa *in loco parentis*; su edad y su sabiduría lo presentan como apto para desempeñar ese papel después de la muerte de Anquises. Eneas debe optar por continuar el viaje con algunos de sus compañeros, mientras los demás permanecen en Sicilia bajo la dirección de Acestes. Aquellos escogidos para proseguir la travesía (5.729: *lectos iuvenes*) deben cumplir con el requisito de la fuerza y la valentía, deben tener *fortissima corda*. El motivo de esta selección es que en Italia no los espera tarea fácil (5.730-731):

> *Gens dura atque aspera cultu*
> *debellanda tibi Latio est.*

> Una estirpe dura y ruda en su modo de vida debe ser debelada por ti en el Lacio.

Esta caracterización es confirmada en el libro 9 por Numano Régulo quien, para provocar a los troyanos, dice que los latinos son un enemigo superior a los griegos (9.602: *non hic Atridae nec fandi fictor Ulixes*) puesto que pertenecen a un *durum genus* (9.603). Para explicar en qué consiste esta bravura, el guerrero enumera las distintas fases de la crianza y educación de los niños en el Lacio (9.603-613): cuando son bebés, los sumergen en el agua fría del río; más adelante, les enseñan a cazar en los bosques, a domar caballos y a dominar el arco; cuando llegan a la juventud, se dedican a labrar la tierra y a guerrear. Este ímpetu no se apaga con la vejez, sino que, por el contrario, *canitiem galea premimus*.[215]

Tal como lo ha anunciado Héleno en 3 y como lo confirmará la Sibila en 6, será forzoso guerrear en Italia para conseguir el objetivo fundacional. Ciertamente, esto se contrapone con la afirmación del narrador extradiegético en 7.45-46:

---

215 Para un análisis de este discurso del libro 9, véanse Horsfall 1990, Nelsestuen 2016 y Bourdin 2017.

> *rex arva Latinus et urbes*
> *iam senior longa placidas in pace regebat.*

El rey Latino, ya anciano, regía en una larga paz los campos y las plácidas ciudades.

Si el Lacio es una tierra pacífica, entonces los troyanos son invasores que destruyen la armonía y traen la guerra. No obstante, todos estos anuncios parecen demostrar lo contrario. Incluso la expresión *bellum assidue ducunt cum gente Latina* de 8.55 parecería contradecir lo que se dice en 7.45-46. Adler (2003) postula tres interpretaciones posibles para este problema: una posibilidad es que *longa in pace* de 7.45-46 se refiera a la paz entre los propios latinos, sin referirse a los conflictos con otros pueblos vecinos; la segunda propuesta es que se hable de paz como forma de referirse a la dilación del estallido del conflicto, ya que los rútulos aún no han atacado esperando la llegada de un conductor extranjero; finalmente, podría considerarse que *longa in pace* describe el panorama que obtienen a primera vista los extranjeros que llegan al Lacio, que más adelante se revela más complejo.[216] Finalmente, propone considerar al circunstancial *cum gente Latina* como referido no al Lacio en general, sino a 'una' nación latina en particular.

El empleo del verbo *debellare* en 5.731 adelanta la famosa consigna del libro 6. Lo que Eneas deberá hacer en Italia será luego la misión de los romanos en el mundo. Esta indicación constituye en sí misma el núcleo de la profecía: no hay aquí verbos en futuro para expresar los acontecimientos que sucederán, pero la perífrasis con sentido de obligación da cuenta de la tarea que Eneas afrontará a la brevedad.

El consejo de Nautes que Anquises recomienda seguir supone una invitación a recordar la misión asignada. Su consejo se hace necesario ante la indecisión de Eneas, que puede vacilar, como ha sucedido en 5.702-703:

> *Siculisne resideret arvis*
> *oblitus fatorum, Italasne capesserat oras.*

… si asentarse en los campos sicilianos, olvidado de los hados, o si encaminarse hacia las costas itálicas.

---

216 Sobre esta cuestión, cf. especialmente Reckford 1961, Parry 1963, Nethercut 1968, Rosivach 1980, Moorton 1989, Henry 1989: 111 y Quint 2018: 118-119.

  Segunda parte: Las profecías en el relato del narrador

No coincidimos con Williams (1983: 12) cuando afirma que Eneas *"can even 'forget Fate'"* en esta circunstancia difícil. Eneas no olvida el hado sino que, por el contrario, sopesa sus opciones (el predicativo *oblitus* no está asociado al verbo principal *mutabat*, sino al verbo *resideret* de la primera de las dos alternativas, delimitadas por la estructura *–ne... -ne*) y entiende que inclinarse por la primera supone convertirse en *oblitus fatorum*. Para evitar que el héroe prefiera esta alternativa es que interviene Nautes y, como Anquises, no aparece por deseo propio sino por una voluntad superior, puesto que es Palas Atenea quien lo inspira (5.706-707)[217]:

> *haec responsa dabat, vel quae portenderet ira*
> *magna deum vel quae fatorum posceret ordo.*

> Ésta [= Palas Atenea] daba las respuestas: o bien qué cosas anunciaba la gran ira de los dioses o bien qué solicitaba el orden de los hados.

En la tercera y última parte de su discurso, Anquises solicita a su hijo que lo visite en el submundo. La indicación contiene menciones de la geografía infernal (*Ditis infernas domos*, *Averna alta*) pero especifica a qué región en particular debe dirigirse Eneas (5.733-735):

> *Non me impia namque*
> *Tartara habent, tristes umbrae, sed amoena piorum*
> *concilia Elysiumque colo.*

> Pues no me retiene el impío Tártaro, sombras tristes, sino que habito las bellas asambleas de los píos y el Elíseo.

Así como Anquises ha revelado la intervención de Júpiter en la salvación de la flota, la invitación a encontrarse con él en los *inferi* también supone una oportunidad para que Eneas adquiera un mayor saber acerca del futuro: *tum genus omne tuum et quae dentur moenia disces* (5.737: "entonces conocerás la entera estirpe de los tuyos y las murallas que serán otorgadas"). Asimismo, señala a la Sibila como el personaje que desempeñará el papel de guía por los paisajes infernales, cuestión que estudiaremos en el siguiente apartado.

Se ha entendido como una discordancia el hecho de que el alma de Anquises se presente aquí bajando del cielo y luego enuncie

---

217 Cf. Williams 1960: 175 sobre la sintaxis de los versos 706-707.

que habita en el submundo. Ya Servio, al observar esta cuestión, propuso tres explicaciones para resolverla:

> *aut… quia animae caelum tenent, simulacra vero apud inferos sunt: aut ad errorem pertinet somnii; nam et 'visa' ait: aut certe intellegamus a Iove missam potestatem aliquam, quae se in Anchisae converteret vultum; nam et ipse dicit 'imperio Iovis huc venio' et infert 'Elysiumque colo'.*

O porque las almas habitan el cielo, mientras que las imágenes están en los infiernos; o bien se debe a un error del sueño, pues también dice 'pareció'; o ciertamente entendamos que ha sido enviada por Júpiter alguna divinidad, pues él mismo dice también 'vengo hacia aquí por orden de Júpiter' y agrega 'habito el Elíseo'.

Williams (1960: 179) considera que el fantasma de Anquises se encuentra en el infierno y que esto es solamente una aparición o visión enviada por Júpiter, no su alma verdadera. Paratore (1995: 188) propone entender los campos Elíseos como una especie de sección celeste excepcionalmente colocada en el Tártaro. En todo caso, es complejo definir la ubicación de espacios como los campos Elíseos, la Isla de los Bienaventurados, etc. El especial estatus conferido al alma de Anquises podría explicar el hecho de que, aun habitando en los *inferi*, haya realizado un ascenso al Olimpo para recibir la orden de Júpiter (*imperio Iovis huc venio*) y luego un movimiento de descenso (*caelo… delapsa*) para visitar a su hijo.

2.3. *El anuncio de Anquises como elemento de verosimilitud*

En el nivel extradiegético este episodio cumple también una importante función. Tal como la aparición de Mercurio en el libro 4, se trata de una intervención sobrenatural enunciada por el narrador del relato primario. En consecuencia, respalda la verosimilitud del relato de Eneas, del que nos ocuparemos en la Parte 3. En la narración que ocupa los libros 2 y 3, Eneas da cuenta de una serie de signos, *omina* y mensajes divinos. Si fueran los únicos de *Eneida*, se podría dudar si se trata de hechos realmente sucedidos a los troyanos o una invención de Eneas para vanagloriarse ante la audiencia de Cartago. Aquí, en cambio, es el narrador extradiegético el que garantiza la existencia de este tipo de sucesos sobrenaturales.

Cabe señalar, por último, una evolución en el personaje de Eneas en lo que respecta a la interpretación de mensajes divinos.

Mientras que en otras ocasiones no comprende la finalidad de las intervenciones sobrenaturales –en el libro 2 sigue luchando aunque su madre Venus lo quiera persuadir de marcharse, en el libro 3 requiere de la ayuda de su padre para dilucidar ciertos anuncios–, aquí entiende inmediatamente qué debe hacer. Enseguida (5.746: *extemplo*) da a conocer las palabras de Anquises, se pone en marcha la fundación de la ciudad y la organización de quienes se asentarán en ella, se lleva a cabo el banquete ritual y finalmente los troyanos se embarcan (5.746-778). No hay, pues, confusión en torno a lo que Anquises le ha ordenado. Podemos postular, entonces, que Eneas, ahora a cargo de la expedición, está preparado para acceder al saber sobre su estirpe que se le comunicará en el submundo.

— 3 —
Sibila de Cumas a Eneas (6.42-145)[218]

El encuentro entre Eneas y la Sibila en el libro 6 se presenta en gran medida como una culminación de los anuncios que aparecen previamente en el relato, dado que es el primero que tiene lugar en suelo itálico, destino final señalado por las profecías anteriores.[219]

Tanto Héleno en el libro 3 como el fantasma de Anquises en el 5 se han referido a la importancia de la reunión con la Sibila y han señalado los pasos necesarios para lograrla. En las indicaciones se ponen de manifiesto dos aspectos fundamentales del personaje de la Sibila: su don profético y su vinculación con el mundo infernal. El conocimiento del destino emana de la inspiración de Apolo, dios que toma posesión de ella y la hace comunicadora del hado. La Sibila es una intermediaria humana que da a la voz de Apolo una vía de revelación.

Se trata, pues, de una instancia de adivinación natural; específicamente la adivinación por entusiasmo o cresmología. La Sibila es un personaje de sexo femenino, lo cual no es un detalle menor,

---

218 Una primera versión de este apartado fue presentada como comunicación en el XXI Simposio Nacional de Estudios Clásicos, realizado en Santa Fe en septiembre de 2010.

219 Cuando hablamos de las profecías "anteriores en el relato" nos referimos a aquellas que aparecen en los libros 1-5. Las que pertenecen a los libros 2 y 3 serán analizadas en la tercera parte.

dada la creencia antigua de que la naturaleza de la mujer tenía una mayor tendencia al delirio extático.[220] Su edad es muy avanzada, aunque desconocida: Potter (1990: 479-480) señala que en la época de Augusto predomina esta noción de la Sibila como epítome de la vejez, a diferencia de momentos anteriores, en que era frecuente su representación como *kóre*. La morada de la Sibila es una cueva retirada, que Virgilio ubica en Cumas,[221] lugar relevante porque aúna la tradición del asiento oracular sibilino junto con la leyenda del acceso al Averno que allí existía.[222] Las hipótesis sobre las fuentes empleadas por Virgilio para configurar el personaje de la Sibila son variadas. Waszink (1948: 57) considera que se combinan los rasgos de tres sacerdotisas: la de Cumas, que gozaba de un gran interés en el momento en que Virgilio escribió su poema debido a la instalación de los *libri Sibyllini* en el recientemente construido templo de Apolo en el Palatino (año 28 a.C.)[223] y a la restauración del templo y antro de Cumas llevada a cabo por Augusto y Agripa; la de Troya, famosa por haber emitido los *fata Aeneae*; la cimeria, conectada con el Averno en las versiones Nevio y Varrón. Según Zetzel (1989: 280), por su parteVirgilio añade, al carácter tradicional de la Sibila como intermediaria de Apolo, los rasgos propios de las sacerdotisas de Hécate, que realizaban cultos infernales.

3.1. *Delirio profético y discurso instructivo*

Teniendo en cuenta las características del personaje de la Sibila, podemos delimitar dos secciones en el diálogo con Eneas. En la primera de ellas (6.35-101) tiene especial relevancia la faceta de la Sibila como adivina. La revelación sobre las guerras que Eneas librará en Italia (6.83-97) está enmarcada en la descripción minuciosa de las distintas etapas y efectos de la inspiración profética. Al comienzo, la Sibila le indica a Eneas que formule sus preguntas porque Apolo se está acercando: '*poscere fata / tempus*' ait: '*deus, ecce, deus!*' (6.45-46: "¡es el momento de consultar los hados –dice–,

---

220 Flacelière 1961: 33.

221 Acerca de la Sibila de Cumas (con una tradición diferente a la de las demás Sibilas), véase *DAGR* t. IV, vol. 2, pp. 1292-3 y Bouché-Leclercq 2003: 401-5.

222 Cf. Camps 1969: 84.

223 Para un análisis de los paralelismos entre el templo de Apolo en *Eneida* 6 y el templo del Palatino, cf. Pandey 2014.

el dios, he aquí al dios!"). La repetición que observamos en *deus, ecce, deus* es, según Horsfall (2013: 101), un reflejo del lenguaje sacro y del comienzo de la posesión, lo cual se traduce también en una serie de cambios en la apariencia física de la Sibila (6.46-54):

> *cui talia fanti*
> *ante fores subito non vultus, non color unus,*
> *non comptae mansere comae; sed pectus anhelum,*
> *et rabie fera corda tument, maiorque videri*
> *nec mortale sonans, adflata est numine quando*
> *iam propiore dei.«cessas in vota precesque,*
> *Tros» ait «Aenea? cessas? neque enim ante dehiscent*
> *attonitae magna ora domus.» et talia fata*
> *conticuit.*

Quien decía tales cosas ante los umbrales de pronto no tuvo rostro, tampoco color, los cabellos no permanecieron en orden; por el contrario, su pecho estaba jadeante y se hinchaba con rabia su feroz corazón. Parecía más grande y, no sonando como un ser humano, fue insuflada por el numen del dios, ya más cercano. "¿Te demoras en tus votos y plegarias, troyano Eneas? –dice–. ¿Te demoras? En efecto, antes no se abrirán las grandes puertas de este palacio aterrador". Y habiendo dicho esto, calló.

Mientras Eneas,[224] obedeciendo la orden, invoca a Febo y le pide a la Sibila que emita sus predicciones, el fenómeno de la inspiración continúa ejerciendo sus efectos sobre la profetisa. En los versos siguientes se observan la violencia del dios, manifestada a través de los verbos *domo* y *premo*: en su primera acepción según el *OLD*, *domo* significa "domesticar", "domar" un animal colocándolo bajo el yugo; *premo*, que inicialmente puede traducirse como "oprimir", "presionar", implica también una violencia de orden sexual. La Sibila, por su parte, intenta resistirse, pero se designa su accionar con el verbo *bacchatur*, que equipara la posesión de Apolo con el delirio orgiástico de que eran víctimas las devotas de Baco (6.77-80):

> *At Phoebi nondum patiens immanis in antro*
> *bacchatur vates, magnum si pectore possit*
> *excussisse deum; tanto magis ille fatigat*
> *os rabidum, fera corda domans, fingitque premendo.*

---

224 Sobre el epíteto *Tros* que utiliza la Sibila para invocar a Eneas, véase Fletcher 2014: 197.

Entretanto la profetisa de Febo, no padeciéndolo todavía, se revuelve en su cueva como una bacante, espantosa, como si pudiera expulsar de su pecho al enorme dios: él tanto más asedia su boca rabiosa domando su pecho feroz y, al oprimirlo, lo labra.

La Sibila enuncia su profecía (6.83-97) por obra de la inspiración divina: *ea frena furenti / concutit et stimulos sub pectore vertit Apollo* ("Apolo agita esos frenos a la enfurecida y arroja látigos bajo su pecho", 6.100-101). Luego del vaticinio, el efecto del dios desaparece, dando lugar a la respuesta de Eneas (6.102-103):

Ut primum cessit furor et rabida ora quierunt,
incipit Aeneas heros:

Tan pronto como cedió el furor y descansaron las bocas rabiosas, comienza a hablar el héroe Eneas…

Se observa, pues, en esta primera parte del diálogo, que la enunciación del *fatum* se presenta como producto de la inspiración divina. Es Apolo quien habla por boca de la Sibila gracias al control que ejerce sobre su cuerpo y su espíritu.

En la segunda sección del diálogo (6.102-155) el personaje de la Sibila no se encuentra ya bajo el dominio del delirio profético. A la pregunta de Eneas acerca de cómo continuar el camino hacia los campos Elíseos (6.103-123), ella responde con las indicaciones que el héroe debe cumplir si desea alcanzar el encuentro con Anquises: la obtención de la rama áurea y el entierro del amigo insepulto. No estamos aquí ante una profecía, no hay aquí explicitación del *fatum*: se trata de un discurso instructivo que se asemeja más a las indicaciones dadas por Héleno en el libro 3 para llegar a Italia que a un anuncio fruto de la inspiración.

El pasaje a segundo plano de la capacidad adivinatoria de la Sibila coincide con el énfasis en los elementos que la vinculan a la necromancia. A partir de aquí no será intermediaria de ningún anuncio, sino guía por los caminos del submundo. Las dos órdenes que da a Eneas están estrechamente asociadas a los rituales infernales: en primer lugar, que obtenga la rama de oro, objeto consagrado a Juno[225] y ofrenda exigida por Proserpina;[226] en se-

---

225   6.137-138: *aureus…ramus / Iunoni infernae dictus sacer* ("la rama áurea, llamada 'sagrada' para Juno infernal").

226   Para un análisis detallado de los distintos significados que encierra la rama dorada, cf. el clásico estudio de Frazer, *La rama dorada* (1890). Para un análisis del objeto

gundo lugar, que se realicen las debidas ceremonias fúnebres a un cadáver que no ha recibido las honras correspondientes.[227]

La delimitación de estas dos secciones del diálogo permite observar cómo la configuración del personaje de la Sibila incorpora elementos de distintas tradiciones rituales. Aquí nos interesa especialmente la primera parte, puesto que es la única en la que existe discurso profético. Se manifiesta en ella la idea de que el conocimiento de los *fata* es una prerrogativa de los dioses (en este caso, de Apolo) y de que los hombres sólo pueden acceder a él por medio de procedimientos adivinatorios (aquí, la consulta a la Sibila) que enuncien y clarifiquen su sentido.

3.2. *Oralidad y escritura en la transmisión del* fatum

En este apartado se indagará el problema del ordenamiento del *fatum*, que atañe tanto a la organización del destino en sí cuanto a la forma en que está dispuesta su transmisión. Se estudiará el término *fatum* en su acepción de texto sobre el porvenir.

Es necesario, para tratar esta cuestión, recordar el discurso de Héleno en Butroto y, en particular, a sus instrucciones para el diálogo con la Sibila (3.443-57). Héleno explica que la costumbre de la adivina es anotar sus anuncios en hojas (3.444: *fata canit foliisque notas et nomina mandat*, "canta los hados y confía sus letras y palabras a las hojas") y luego ordenarlos dentro de su cueva (3.446: *digerit in numerum atque antro seclusa relinquit*, "los dispone en orden y los deja encerrados en la cueva"). El problema es que, cuando la puerta se abre, el viento mezcla los textos (3.450-451: *numquam deinde cavo volitantia prendere saxo / nec revocare situs aut iungere carmina curat*, "a partir de allí, ella nunca se preocupa por agarrar las hojas, que revolotean en su hueca caverna, ni por volver a llamarlas a su sitio ni por unirlas"), motivo por el cual el sacer-

---

en *Eneida*, véase el artículo de Brooks 1953.

227 El rito fúnebre debe acompañarse del debido sacrificio de animales de color negro (6.153: *duc nigras pecudes*), que son los apropiados en esta ocasión (Fletcher 1962 *ad loc.*). Sobre la elección del color de las víctimas según el sacrificio a realizarse, cf. por ejemplo Bailey 1935: 44 y *DAGR*, "*sacrificium*", p. 975.

dote le aconseja a Eneas solicitarle a la Sibila que sea ella misma quien pronuncie las profecías,[228] en lugar de escribirlas (3.457):

ipsa canat vocemque volens atque ora resolvat.

Que ella misma cante y suelte de buen grado su voz y su boca.

Así, la vía escrita se presenta como riesgosa para la adecuada transmisión del *fatum*, puesto que, al ser confiados a la escritura, los vaticinios de la Sibila son susceptibles de desordenarse. En este sentido, Fowler (1997: 269) sostiene que existe aquí una teoría de la lectura pues, a pesar de que la escritura fija las palabras, al mismo tiempo las expone a la interpretación, acertada o no, que cada lector puede derivar de ellas: el carácter estable de lo escrito se desvanece en el propio acto de lectura, indispensable para otorgarle significado a un texto. Eneas, en su papel de interlocutor de la Sibila, es aquí –como en otros momentos del poema, como sucede ante el friso del templo de Juno en Cartago, frente a las puertas esculpidas por Dédalo en el ingreso al submundo, o en el pasaje del escudo de Vulcano, que se tratará en el último capítulo– arquetipo de todo lector o receptor de un mensaje.

Cuando Eneas solicita a la Sibila que formule su respuesta en forma oral, le promete a cambio la dedicación de un santuario y la consagración de *lectos viros* a su veneración. Servio (*ad Aen.* 6.72-73) ve aquí un anuncio de la incorporación de los libros sibilinos al culto oficial romano y de la institución del colegio de los *quindecimviri sacris faciundis*, custodios e intérpretes de dichos textos. En otras palabras: se menciona aquí el futuro pasaje de los oráculos de la Sibila a la escritura que tendrá, como consecuencia, su institucionalización.

Al consultar un texto como *De divinatione* de Cicerón, se verifica que existían opiniones escépticas acerca de los versos sibilinos: en 2.110-112 el personaje de Marco señala que estos oráculos son ambiguos y no definen con claridad fechas, lugares ni personas específicas. Como resultado, permite que los intereses políticos intervengan en la interpretación de los textos, manipulando los mensajes de acuerdo con la conveniencia de quien lo utiliza. La

---

228 Heyworth y Morwood (2017: 125) apuntan que aquí Héleno utiliza el verbo *cano*, que supone la emisión de profecías en hexámetros, metro tradicional de los oráculos: se establece así un paralelismo entre la Sibila y el propio Virgilio.

  Segunda parte: Las profecías en el relato del narrador

escritura se presenta para Cicerón como un medio que habilita lecturas diferentes e incluso opuestas. Por consiguiente, cuando Héleno recomienda a Eneas que la Sibila cante en vez de escribir, trata justamente de evitar una interpretación desordenada, y por lo tanto errónea, de los hados. La palabra oral aparece como más inmediata y segura, como menos susceptible de ser malinterpretada.

La respuesta emitida por la Sibila (6.83-97) abarca los sucesos a desarrollarse en el Lacio, incluidos en la segunda parte del poema y, en particular, en los libros 7 y 8:

o tandem magnis pelagi defuncte periclis
(sed terrae graviora manent), in regna Lavini
Dardanidae venient (mitte hanc de pectore curam),
sed non et venisse volent. bella, horrida bella,
et Thybrim multo spumantem sanguine cerno.
non Simois tibi nec Xanthus nec Dorica castra
defuerint; alius Latio iam partus Achilles,
natus et ipse dea; nec Teucris addita Iuno
usquam aberit, cum tu supplex in rebus egenis
quas gentis Italum aut quas non oraveris urbes!
causa mali tanti coniunx iterum hospita Teucris
externique iterum thalami.
tu ne cede malis, sed contra audentior ito,
qua tua te Fortuna sinet. via prima salutis
(quod minime reris) Graia pandetur ab urbe.

Oh tú, que por fin te has librado de los grandes peligros del mar, aunque restan otros más graves: los dardánidas llegarán a los reinos de Lavinio (quita de tu pecho esta preocupación), pero también querrán no haber venido. Veo guerras, horribles guerras, y el Tíber espumoso por la abundante sangre. No te faltarán ni el Símois ni el Xanto ni los campamentos dorios; un segundo Aquiles ha nacido ya en el Lacio, nacido también él mismo de una diosa; tampoco se ausentará Juno, hostil a los teucros. Cuando tú seas suplicante en asuntos desfavorables, ¿a qué pueblos, a qué ciudades de Italia no rogarás? La causa de un desastre tan grande para los teucros es, nuevamente, una esposa huésped, nuevamente tálamos extranjeros. Tú no cedas ante los males sino que, cada vez más valiente, marcha contra ellos por donde tu fortuna te lo permita. El primer camino de la salvación se abrirá, cosa que tú menos crees, a partir de una ciudad griega.

Se hallan aquí tres anuncios centrales: la confirmación de la llegada al Lacio, el estallido de la guerra y la alianza con una ciudad de origen griego como condición para el triunfo. Es central la formulación de paralelismos entre el conflicto futuro y la pasada guerra de Troya: la causa reside en la disputa por una esposa y se repetirán personajes y escenarios (Aquiles, el Símois y el Xanto, los campamentos griegos). La única discrepancia es que ahora, a diferencia de la guerra anterior, una ciudad griega (la de Evandro) actuará como aliada y no como rival.[229]

La Sibila predice en su respuesta todos los principales sucesos a desarrollarse en el Lacio, exponiendo los problemas que surgirán (el estallido de una guerra similar a la troyana), sus causas (la disputa por el matrimonio con Lavinia) y su posterior desenlace (la alianza con Evandro). Existe, pues, una organización del discurso oracular basada en el orden cronológico de los acontecimientos y en las relaciones de causa y efecto existentes entre ellos.

La profecía de la Sibila de Cumas exhibe dos rasgos fundamentales que la distinguen de los otros siete anuncios que ha recibido Eneas en los libros 1-6. En primer lugar, es la única que comprende todo el arco temporal de los libros 7-8, mientras que los anuncios previos sólo mencionaban sucesos o aspectos individuales, o los sintetizaban de un modo muy general. Además, pese a estar estructurado como una enumeración de afirmaciones, este anuncio logra establecer relaciones de causa y efecto entre los acontecimientos anunciados. En este sentido, existe un *relato* del futuro. No obstante, cuando la Sibila ha finalizado su anuncio y cede el furor profético, Eneas responde (6.103-104) *non ulla laborum, / o virgo, nova mi facies inopinave surgit* ("no aparece para mí ningún aspecto nuevo o inesperado de mis labores, oh doncella"). El héroe no advierte ninguna novedad en el mensaje de la Sibila, puesto que los anuncios anteriores han revelado algunos de los aspectos parciales de su futuro mencionados aquí. No logra comprender que la diferencia de la profecía sibilina radica justamente en su capacidad de abarcar todos esos eventos en un relato organizado.

---

229 Cf. Fletcher 2014: 199: "*The significantly placed phrase* quod minime reris (97) *stresses the alteration of expectations and recalls Helenus'* tu iam rere . . . ignare *(3.381–82). Divine revelation necessarily demands a reevaluation of human knowledge, and as before, Aeneas has to reshape his conceptual categories and rethink the nature of his enterprise*".

Fantasma de Anquises a Eneas (6.752-892)

La profecía del fantasma de Anquises, con la *Heldenschau* de los futuros héroes romanos, es uno de los pasajes de *Eneida* más estudiados por la crítica. Junto con el anuncio de Júpiter en 1 y el escudo de Vulcano en 8, constituye uno de los tres momentos del poema en los que se refieren hechos y personajes de la historia romana, incluso contemporáneos de Virgilio. Colocada en el centro del poema, la catábasis oficia de enlace entre la parte odiseica, de viajes y aventuras posteriores a la guerra de Troya, y la iliádica de guerras en suelo itálico. Muchos autores la han señalado como el punto de inflexión del personaje de Eneas, que deja atrás su pasado de héroe troyano para convertirse en el fundador de la futura estirpe romana. En palabras de Fletcher (2014: 7), en este pasaje encuentra su punto culminante el proceso por el cual Eneas incorpora información acerca del destino de su viaje y, al mismo tiempo, desarrolla una conexión afectiva con él.

4.1. *El desfile de las almas en el submundo: propuestas de clasificación*

Como se ha señalado en varias oportunidades, el desfile de las almas de los futuros próceres romanos no obedece a un orden cronológico estricto, sino que se suceden personajes de distintos momentos históricos, algunos con mayor relieve que otros. La compleja ordenación del pasaje ha dado lugar a diferentes propuestas de estructuración en busca de un eje o patrón. Muchos críticos (entre otros, Scott 1925: 96-97, Austin 1977: 242, Williams 1983: 145, Cairns 1989: 61 y Clausen 2002: 134-135) han advertido la conexión Eneas-Rómulo-Augusto como el fundador de la estirpe, el fundador material de la ciudad y su segundo fundador respectivamente. Scheid (2005: 177) apunta que en esta idea de "segunda fundación" se asienta el éxito de Augusto en materia religiosa, ya que restauró la supuesta forma ancestral de *res publica*, en la que la *pietas* para con los dioses se restaura junto a la *pietas* para con los ciudadanos.

Sin embargo, en la bibliografía no hay un acuerdo generalizado en torno a los ejes que estructuran el desfile.En su tradicional comentario, Norden (1903: 307) señala que sólo los grandes grupos de héroes –los reyes albanos, los monarcas romanos y los próceres de la república– siguen un ordenamiento cronológico. En cuanto a la estructura, propone una división en ocho secciones: 1. *propositio* (6.756-759), en la que se establece la temática del discurso; 2. los reyes albanos (6.760-776); 3. Rómulo (6.777-787); 4. Augusto (6.788-807); 5. los reyes romanos (6.808-818); 6. los héroes republicanos (6.819-846); 7.epílogo (6.847-853); 8. los Marcelos (6.854-886). Una disposición similar propone Horsfall (2013: 510-511), aunque con algunas pequeñas diferencias: coloca a Bruto en la misma sección que los reyes romanos y otorga al pasaje de César y Pompeyo (6.826-835) una sección independiente de la de los héroes republicanos.

Getty (1950: 1) considera que la construcción es simétrica, con una introducción de cuatro versos (6.756-759) balanceada por la conclusión sobre la misión romana (6.847-853), seguida de la alabanza de Marcelo como epílogo (6.855-886). En el centro distingue cinco secciones *"both clearly defined and artistically connected"*: 1. Silvio y los reyes de Alba Longa (6.760-776); 2. Rómulo, Roma y la *gens Iulia* (6.777-790); 3. Augusto y sus hazañas (6.791-807); 4. los reyes de Roma posteriores a Rómulo (6.808-818) y 5. los héroes republicanos, fragmento que contiene la digresión sobre la guerra civil (6.819-845). Otis (1964: 301-303), en cambio, prefiere delimitar tres partes sobre la base de la conclusión moral que se encuentra al final de cada una de ellas: 1. Rómulo y Augusto (6.756-807), 2. la grandeza de Roma (6.808-853) y 3. Marcelo (6.854-886). Observa que las secciones 2 y 3 adelantan la segunda parte del poema, puesto que la reflexión sobre la misión de Roma y la descripción de Marcelo como prototipo del sacrificio heroico romano prefiguran las acciones de los libros 7 a 12. La primera sección, en cambio, está dedicada a la etapa histórica pre-romana y culmina con una alabanza a su fundador Rómulo y a su "segundo fundador" Augusto.

Basson (1975: 48), en su estudio acerca de los catálogos en *Eneida*, señala que la unidad del desfile no se advierte si se piensa que el final está en la declaración sobre la misión de Roma y se excluye la parte de Marcelo, como quería Getty. Este autor establece un esquema tripartito de introducción (6.752-755), conclusión (6.888-892) y una parte central (6.756-887) a la que divide en exposición del tema (6.756-759), enumeración de los héroes (6.760-886) y epílogo (6.887-892). Advierte que Virgilio ha agrupado los héroes según ciertos criterios: por ejemplo, los Decios, los Drusos, Torcuato y Camilo (6.824-825), vencedores de los galos, están seguidos de César, conquistador de la Galia (6.830); luego se inserta Pompeyo que, relacionado con oriente (6.831), establece una conexión con el saqueo de Grecia por Mumio y Paulo Emilio (6.836-40). De la conquista de Grecia se pasa a una serie de héroes de la última república que, en general, están relacionados con Cartago: Catón, los Gracos, los Escipiones, Serrano, Fabio Máximo, el viejo Marcelo (6.841-846, 6.855-859).[230]

Con el fin de simplificar la estructura del desfile, Zetzel (1997: 197) y Ross (2007: 109) establecen solamente dos grupos dentro del cuerpo principal del discurso de Anquises: por un lado, los monarcas de Alba Longa y Roma; por el otro lado, líderes militares de la república. Cada parte incluye a personajes contemporáneos: Augusto la primera y Pompeyo y César la segunda.

La disposición en serie de los futuros héroes romanos ha llevado a señalar la similitud de este pasaje con la costumbre romana de exhibir en la casa las *imagines* de los ancestros y llevarlas en procesión en las ceremonias funerarias.[231] Por su parte, Pandey (2014) ha propuesto el paralelismo entre las almas y el conjunto de estatuas exhibidas en el foro de Augusto, resaltando el carácter visual del desfile, cuestión que trataremos a continuación.

4.2. *El catálogo de los héroes romanos como* spectaculum

La experiencia de Eneas ante el desfile es esencialmente visual: las almas son un espectáculo que el héroe debe contemplar para aprender cuál será el futuro de su estirpe. Se debe recordar que en el comienzo del libro 6, cuando Eneas se había detenido a contemplar las imágenes de la puerta forjada por Dédalo, la Sibila le había advertido *non hoc ista sibi tempus spectacula poscit* (6.37), de lo que se puede inferir que eran otros los *spectacula* que Eneas debía contemplar. La sacerdotisa podía estar refiriéndose al desfile de las

---

230 Cf. Basson 1975: 53-54.

231 Por ejemplo Williams 1964: 50, Camps 1969: 88, Austin 1977: 233 y Leach 1999: 113. *"Aeneas' future descendants comprise the ancestors of all Rome. Surely also the series would have evoked for a Roman spectator some reminder of the great assemblages of sculpted portraits on view in many parts of the city"* (Leach 1999: 126).

almas que lo esperaba en el submundo, una procesión que, para Horsfall (2013: 517), encuentra sus modelos en ciertas prácticas romanas como la exhibición de los *simulacra* de los ancestros en los rituales funerarios o el mismo triunfo.

Anquises resalta una y otra vez el carácter visual de esta profecía al recordarle a su hijo la necesidad de dirigir la mirada hacia lo que ve –*vides* (6.760), *aspice* (6.771, 6.788, 6.825, 6.855), *viden* (6.779), *en* (6.781)– y señalarle detalles en el aspecto de los espíritus. En su comentario al verso 6.760, *ille (vides) pura iuvenis qui nititur hasta*, Austin dice que Anquises habla como si estuviera describiendo una estatua, resaltando el carácter visual de los retratos. Asimismo, la acción de observar a las almas se designa con el verbo *legere* (6.752-759)[232]:

> *Dixerat Anchises natumque unaque Sibyllam*
> *conventus trahit in medios turbamque sonantem,*
> *et tumulum capit unde omnis longo ordine posset*
> *adversos <u>legere</u> et venientum discere vultus.*

> Dijo Anquises y arrastra al mismo tiempo a su hijo y a la Sibila hacia el medio de la asamblea y la turba resonante, y sube a un túmulo desde donde pudiera <u>ver</u> y aprender todos los rostros de los que se acercaban en larga fila.

Eneas debe recorrer con sus ojos la fila de las almas, debe "leer" el catálogo. Según el *OLD*, esta ocurrencia corresponde a la quinta acepción del verbo *lego*: "*to pick out (sounds, sights)*". Este sentido, como el de "leer (un texto)" –la octava acepción– son desplazamientos de un sentido primario: el de "recolectar" o "reunir" cosas, por ejemplo los frutos durante la cosecha. Observar y leer son formas de escoger, de seleccionar: discernir qué elementos son importantes y cuáles se dejan de lado. En esto esencialmente radica la función de Anquises: señala las almas, dice quiénes son. No sigue un orden cronológico estricto sino que selecciona según su importancia y ordena sobre la base de conexiones entre un personaje y otro. Así se convierte en guía para la "lectura" de

---

232 En 6.34, cuando los troyanos se encuentran ante la puerta del templo de Apolo, el verbo utilizado es el compuesto *perlegerent*. Servio observa: *nec incongrue legi picturam dixit, cum graece γράψαι et pingere dicatur et scribere.*

Eneas, para quien el desfile de los futuros romanos es un texto a interpretar.[233]

En su artículo *"Who understands Vergil's prophecies?"* (1981), P. Holt plantea la cuestión acerca de cómo se interpretan los anuncios de *Eneida* en términos de problema pedagógico: ¿qué entiende un estudiante que lee hoy el poema acerca de la sucesión de héroes romanos? Este autor señala que, a diferencia del lector de la época de Augusto, que era competente para distinguir quién es cada una de las figuras de la procesión, el lector moderno no cuenta con el conocimiento histórico suficiente para identificar los personajes referidos, al menos en una primera lectura. El pasaje es deliberadamente intrincado, es una especie de invitación a adivinar quiénes conforman la procesión de los héroes.[234] Para Holt, Eneas se encuentra en la misma posición que el lector moderno: no conoce a los personajes que se le presentan, puesto que no tiene acceso al saber sobre el pasado romano.[235] Coincidimos con esta apreciación sólo parcialmente: sí puede ajustarse a la contemplación del friso de Juno en Cartago, de las puertas de Dédalo o del escudo, donde Eneas se encuentra solo ante una imagen que debe decodificar. En este caso, por el contrario, Anquises oficia de mediador; se convierte en la "guía de lectura" del desfile.[236] Sin Anquises, Eneas habría visto una sucesión de sombras sin más, como las imágenes

---

233 Véase el apartado anterior, a propósito de los oráculos de la Sibila, acerca de la oralidad y la escritura como formas de transmitir el saber acerca del destino. En cuanto a Eneas como lector o receptor prototípico de un texto verbal o plástico, se trata de una cuestión estrechamente ligada a la problemática de la écfrasis, a las que nos dedicaremos en el apartado referido al escudo de Vulcano.

234 Holt 1981: 304: *"The obscurity is deliberate, because the passage is a sort of erudite riddle aimed at the Roman reader who did not mind mixing his poetry with a quiz on mythological and historical trivia: What is it that carries sacred objects, has gray hair, comes from the Sabine country, and establishes laws? Answer: Numa Pompilius, the second king of Rome and the founder of its earliest religious institutions. The Roman reader who got the answer could congratulate himself on his knowledge, and perhaps feel one up on anyone who missed"*.

235 Holt 1981: 304-305: *"Aeneas does, after all, come to Vergil's spectacle in a position very much like that of the modern student, lacking a Roman education and a sense of the Roman past. If anything, Aeneas is worse off than the modern student, for he has no commentaries or encyclopedias to help him"*.

236 Fletcher 2014: 7: *"unlike the other two great prophecies in the poem—Jupiter's words to Venus in Book 1 and the description of Aeneas' shield in Book 8—Anchises' tour of Aeneas' descendants is the only time someone explains to Aeneas at length in explicit terms what is at stake in his journey"*.

del escudo; aquí accede a saber de quién se trata en cada caso en virtud de la intervención de Anquises. Retomando el esquema semiótico de Manetti, la procesión de las almas sería un signo al cual Anquises otorga significado en su carácter de mediador. Ciertamente, las palabras de Anquises constituyen un discurso que Eneas debe comprender, pero suponen un avance con respecto a la visión del desfile sin ningún tipo de guía que la acompañe.

4.3. Las Somni portae *y la adquisición de conocimiento en el submundo*

Ahora bien, ¿qué conocimiento adquiere Eneas? En el comienzo de su discurso el padre ha anunciado *te tua fata docebo* (6.759), es decir, ha prometido la existencia de un aprendizaje por parte de Eneas. No obstante, en la segunda parte del poema no existen alusiones a este encuentro del submundo ni a lo que allí el héroe ha aprendido. Podría interpretarse como una referencia a ese episodio la frase de los versos 12.110-111: *tum socios maestique metum solatur Iuli / fata docens* ("entonces consuela a sus compañeros y el miedo del triste Iulo enseñando los hados"). Sin embargo, no resulta específica: no necesariamente supone una referencia a la catábasis del libro 6, ya que Eneas ha recibido diferentes anuncios relativos a sus hados y podría estar recordando cualquiera de ellos.[237]

Consideramos que este problema se vincula de manera directa con la salida de Eneas por la puerta de marfil, en el pasaje final del libro 6. No nos extenderemos aquí sobre la descripción de las puertas y el significado de los términos *verus, falsus, umbrae* e *insomnia*, sobre los cuales la crítica se ha extendido ampliamente.[238] Interesa indagar, por el contrario, qué significa y qué consecuencias tiene que Eneas ascienda del infierno por esa puerta y no por la otra. Podemos agrupar las distintas perspectivas sobre el pasaje de las puertas de la siguiente manera:

---

237 Cf. La Penna 2005: 277.

238 Acerca del pasaje de las puertas del sueño, véanse especialmente: Everett 1900, Getty 1933, Brooks 1953, Rolland 1957, Otis 1959, Reed 1973, Tarrant 1982, Gotoff 1985, West 1990, Goold 1992, Mayer 1993, Molyviati-Toptsis 1995, Fratantuono 2007 y Setaioli 2010.

   Segunda parte: Las profecías en el relato del narrador

a. Algunos críticos afirman que Eneas sale por la puerta de marfil porque, sea lo que sea un *falsum insomnium*, claramente no es una *vera umbra*.[239] Esta perspectiva se fundamenta en una operación de descarte: si bien resulta problemático definir de forma unívoca el concepto de *falsum insomnium*, *verae umbrae* se refiere, sin duda alguna, a los espíritus de los muertos. Puesto que Eneas está vivo, resulta forzoso salir por la segunda puerta.

b. En otros trabajos hallamos la opinión de que Eneas sale por la puerta de marfil porque, en alguna medida, <u>es</u> un *falsum insomnium*. Otis (1959: 176), por ejemplo, opina que toda la catábasis es un sueño que no puede tomarse literalmente[240] y por ello Eneas queda asimilado a los *falsa insomnia*.

c. Finalmente, algunos consideran que Eneas no es una *vera umbra* pero tampoco es un *falsum insomnium*[241] y que, por lo tanto, hay que buscar otro tipo de explicación para este pasaje. Un motivo posible para la salida por la segunda puerta se encuentra en el papel del fantasma de Anquises. Mientras que por la puerta de cuerno salen las sombras porque "se les otorga una fácil salida" (*facilis <u>datur</u> exitus*, en voz pasiva), por la segunda puerta ascienden los *falsa insomnia* que los Manes envían (*falsa... <u>mittunt</u> insomnia <u>Manes</u>*). Los Manes son los agentes de la acción y Anquises, que pertenece a este grupo, sólo es capaz de abrir la puerta de marfil y así dejar salir a su hijo.

En los tres tipos de respuesta arriba enunciados se busca explicar el motivo por el cual Eneas sale por la puerta de marfil, es decir, se trata de detectar en el personaje de Eneas alguna característica intrínseca que justifique su salida por allí: ya su exclusión del grupo de las *verae umbrae*, ya su pertenencia al conjunto de los *falsa insomnia*, ya su relación con Anquises. Se asume a priori que tiene que haber un motivo para que Eneas salga por allí y entonces se indaga cuál es ese motivo, operación que, llamativamente, no se realiza para explicar por qué Eneas puede retirar la rama dorada o ver a los dioses mientras destruyen Troya o ingresar a Cartago

---

239 Así lo señalan Duebner 1866 (citado en Reed 1973), Rolland 1957, Ooteghem 1948 (citado en Otis 1959), Otis 1959, Clausen 1964, Reed 1973, Austin 1977, Tarrant 1982, Henry 1989, Horsfall 1995.

240 Véase Otis 1964: 304.

241 Cf. Henry 1989: 138.

envuelto en una nube. Se podría responder que puede hacer estas cosas por la virtud de la *pietas* o por los favores y beneficios que le concede su madre divina. ¿No se puede responder que la salida por la puerta de marfil obedece a las mismas razones, y que es una especie de privilegio otorgado a Eneas –por los dioses o por el mismo fantasma de Anquises, ya que son los Manes los que tienen acceso a esa puerta–, que no se ve obligado a recorrer nuevamente el mundo infernal para poder salir? Otra cuestión sorprendente en los análisis de este pasaje es la ausencia de explicaciones acerca de la salida de la Sibila. Los estudios se concentran en dilucidar por qué sale Eneas por la puerta de los *falsa insomnia* y parecen olvidar que el héroe no sale solo, sino en compañía de la sacerdotisa. ¿Acaso puede decirse que la Sibila de Cumas es un 'sueño falso'?

Por otra parte, cabe señalar que, si Eneas cumpliera con algún requisito que lo asociara con las puertas infernales, es decir, si su naturaleza estuviera de algún modo ligada a una de las dos puertas, no sería tan sorprendente su presencia en el submundo, que es señalada repetidamente como excepcional. En efecto, cuando desea ingresar, la Sibila, además de advertirle la dificultad del retorno, le anuncia que contemplará *regna invia vivis* (6.154), es decir, "reinos inaccesibles para los vivos". El barquero Caronte también señala el carácter inapropiado de la visita de Eneas (6.388-91):

> *quisquis es, armatus qui nostra ad flumina tendis,*
> *fare age, quid venias, iam istinc et comprime gressum.*
> *umbrarum hic locus est, somni noctisque soporae:*
> *corpora viva nefas Stygia vectare carina.*

> Quienquiera que seas, tú que te acercas armado a nuestros ríos, vamos, desde ahí di ya a qué vienes y refrena tu paso. Éste es el lugar de las sombras, del sueño y de la noche soporífera: no es lícito transportar cuerpos vivos en la nave estigia.

De las palabras del barquero se puede extraer una interesante conclusión: la definición *umbrarum hic locus est, somni noctisque soporae*, en la que de nuevo se retoma la asociación entre el sueño y la muerte, implica necesariamente la no pertenencia de Eneas a ninguna de las categorías que habitan ese espacio. Caronte explica de quiénes es el infierno para subrayar la idea de que Eneas es un visitante extraño. No es, por consiguiente, ni una *umbra* ni un *somnus*.

También Anquises, al recibir a su hijo en los campos felices, se sorprende de que haya podido vencer los obstáculos para llegar a ese lugar, aun cuando así le hubiera indicado en la aparición del libro 5 analizada en el apartado 2.1.2 (6.687-689):

venisti tandem, tuaque exspectata parenti
vicit iter durum pietas? datur ora tueri,
nate, tua et notas audire et reddere voces?

¿Finalmente has llegado y tu piedad, esperada por tu padre, ha vencido el duro camino? ¿Se permite contemplar tu rostro, hijo, y escuchar y responder voces conocidas?

El padre ha convocado al hijo a realizar este viaje, como lo recuerda Eneas más abajo (6.695-8), y sin duda estaba esperando su llegada, pero de todos modos señala como excepción que esté permitido (*datur*) encontrarse nuevamente a pesar de las dificultades que el héroe ha vencido (6.692-3).

Si, como se observa, la presencia de Eneas es vista por los habitantes del infierno como sorprendente, extraña e incluso inadecuada, ¿por qué ha de existir un motivo lógico para su salida por la puerta de marfil? Eneas no pertenece a ninguno de los tipos de seres o criaturas para los que las puertas están diseñadas, su salida es absolutamente excepcional.[242] Si se lo compara con otros héroes protagonistas de catábasis (Orfeo, Pólux, Teseo, Hércules, a los que el propio Eneas recuerda al pedir permiso para ingresar[243]), se comprueba que comparte con ellos las características que la Sibila presenta como requisitos para descender y luego regresar al mundo de los vivos – la ascendencia divina (*dis geniti*), la virtud heroica (*ardens virtus*) y el amor de Júpiter (*quos aequus amavit Iuppiter*)– pero, a diferencia de sus precedentes, Eneas no retorna regresando a la entrada sino que sale por las puertas. La propia Sibila afirma que la mayor dificultad de la impresa es *revocare gradum*, "volver sobre los pasos" (i. e., hacia el lugar por donde se ingresó) sin mencionar las puertas del sueño como posibilidad. Esta omisión no se debe, a nuestro entender, a que no las conozca, sino a que ninguno de los héroes que fueron al infierno

---

242 Así lo cree Horsfall (1995: 147): "*We need to distinguish the Gate's normal traffic (whether or not we claim to understand exactly what that is) from Aeneas, who in no way corresponds with it*".

243 6.116-123.

y regresaron al mundo de los vivos las ha utilizado como vía de retorno. En efecto, al revisar algunas versiones del episodio de catábasis de dichos héroes, podemos comprobar que el camino de regreso a la vida o bien no es mencionado (como en el caso del mito de Cástor y Pólux[244]) o bien se describe como un movimiento en dirección contraria al del ingreso al submundo (Orfeo, Hércules, Teseo[245]), pero no aparece nunca vinculado con las puertas. Eneas se distingue, pues, por este privilegio.

Desde nuestro punto de vista, resulta interesante indagar no por qué el héroe sale por esa puerta –hemos visto que se trata de algo excepcional– sino qué implica esto para la continuación del relato. En este sentido, adherimos a la propuesta de Gotoff (1985: 36), quien postula que la salida de Eneas por la Puerta de los sueños falsos se vincula con lo que el héroe hará –o no hará– a partir de lo que ha presenciado.Algunos críticos consideran que la salida por la puerta de los *falsa insomnia* es un comentario autorial sobre el carácter falso, o al menos engañoso, del discurso de Anquises en los infiernos (Otis 1959: 176 y 1964: 305, Hunt 1973: 53[246] o Kirsopp Michels 1981: 143[247]), y de allí deducen una lectura pesimista del pasaje según la cual la futura gloria de Roma es una mera ilusión. Desde otra perspectiva, algunos estudiosos han señalado que la asociación de la catábasis con la experiencia onírica deriva en la imposibilidad de que Eneas recuerde lo que ha aprendido en el submundo. En efecto, Anquises le ha revelado no sólo el futuro de su estirpe a través del desfile de los futuros próceres romanos, sino también la dinámica de las almas (su ingreso al infierno en la muerte, su juzgamiento, su reencarnación) pero Eneas no recuerda lo que ha aprendido, o por lo menos no lo refiere a otros personajes.

Consideramos que este enfoque es más adecuado debido a que apunta al problema del conocimiento adquirido por Eneas en el

---

244   Cf. Apolodoro, *Biblioteca* III.11.2 y *Odisea* 11.298-304, donde se señala que cambian cada año su ubicación en el cielo y en los infiernos, pero no qué espacios recorren para hacerlo.

245   Cf. Virgilio, *Geórgicas* 4.485-486 acerca de Orfeo (*pedem referens*) y la descripción del ascenso de Hércules por Juno en Séneca, *Hercules furens* 47-56 (*ad superos refert; reverti; retro via*).

246   Afirma que el descenso a los infiernos "*is essentially a fifth dream vision*".

247   "*That they leave Hades by one of the Gates of Sleep may be explained if we accept the hypothesis that Vergil intended the whole journey through the underworld to be interpreted as a dream from which Aeneas now wakes*".

submundo y del grado de comprensión sobre el desfile al que es capaz de acceder.

Enmarcado en esta tendencia, Gotoff (1985: 38-39), por ejemplo, entiende que la salida por la segunda puerta es un recurso narrativo para negarle a Eneas el privilegio de este conocimiento sobrenatural. Por consiguiente, lo que ha visto es *falsus* para su percepción, pero de ninguna manera para la de la audiencia. Descarta entonces la visión pesimista según la cual la visión en sí misma es falsa; recalca que se trata de un recurso vinculado a hacer una afirmación sobre la percepción de Eneas, no sobre la veracidad de la visión. En términos similares se refiere Goold (1992: 123), quien destaca el nivel de ignorancia en que Eneas se mantiene, sin que Virgilio le conceda un saber sobrehumano sobre el futuro.

Este tipo de estudios realiza un aporte fructífero porque analiza el significado de *falsa insomnia* y sus connotaciones de irrealidad, engaño, visión, falsedad etc. sólo con respecto a la perspectiva del personaje de Eneas –es decir, en el nivel intradiegético– y no a la del lector de *Eneida*. Se entiende que el ámbito del sueño y de la muerte es especialmente adecuado para la transmisión de verdades cósmicas e históricas, cuya importancia pertenece a un nivel de conocimiento que trasciende lo humano,[248] pero no por ello se adjudica el carácter ilusorio al episodio del descenso en su totalidad.

El pasaje a través de la puerta de marfil es el mecanismo que permite que Eneas se vuelva *immemor* luego de lo que ha contemplado en el submundo.[249] Ahora bien, ha de señalarse si existen evidencias de que dicho aprendizaje se ha producido efectivamente. Aun cuando el pasaje esté configurado como un monólogo de Anquises, sin que se incluyan los pensamientos y las reflexiones de Eneas, existen indicios para sostener que su discurso es recibido y comprendido por su hijo.

En 6.854 se establece una pausa de un verso, luego de enunciar la misión de los romanos y antes de pasar al pasaje de los Marcelos. Allí el narrador dice:

---

248   Cf. Fletcher (1941: 102): "*When he sends Aeneas out by the 'gates of sleep' there is a suggestion that truths about the after-life can only be expressed in terms of dream and vision*".

249   Boyle 1986: 149, Henry 1989: 17.

sic pater Anchises, atque haec mirantibus addit.

Así [dice] el padre Anquises y agrega estas palabras para los que se maravillaban.

El discurso ha causado asombro y admiración no sólo en Eneas sino también en la Sibila.[250] Si bien esta reacción emocional no implica de por sí la comprensión del discurso,[251] sí pone de manifiesto el hecho de que ambos escuchan y prestan atención a las palabras de Anquises.

El segundo indicio de que Eneas está atento al desfile y al discurso de su padre se encuentra luego de la presentación del viejo Marcelo (6.855-859). Al ver acercarse la sombra del joven Marcelo, advierte que se caracteriza por su gallarda figura y sus armas pero a la vez por su rostro triste.[252] Decide entonces preguntar de quién se trata (6.863-864):

quis, pater, ille, virum qui sic comitatur euntem?
filius, anne aliquis <u>magna de stirpe nepotum</u>?

¿Quién es, padre, aquel varón que así acompaña al que se va? ¿Acaso algún hijo de la gran estirpe de descendientes?

Eneas pregunta si la sombra que se acerca pertenece o no a su prole, es decir, si se incluye en el conjunto descripto y definido por Anquises. Esto supone que ha interpretado en forma adecuada el mensaje de su padre, adquiriendo un saber sobre el futuro que constituye una prerrogativa de los dioses o de sus intermediarios, los sacerdotes y adivinos.

Finalmente, existe un comentario del narrador extradiegético que confirma, una vez más, el aprendizaje del héroe. Luego del pasaje sobre el joven Marcelo y antes de la salida a través de las *Somni portae*, se resume de este modo la experiencia del submundo (6.886-892):

> *sic tota passim regione vagantur*
aëris in campis latis atque omnia lustrant.
quae postquam Anchises natum per singula duxit
incenditque animum famae venientis amore,

---

250 Cf. Austin 1977: 265.

251 Observaremos algo similar en el pasaje del escudo que trataremos en último término.

252 6.861-862: *egregium forma iuvenem et fulgentibus armis, / sed frons laeta parum et deiecto lumina voltu.*

exim bella viro memorat quae deinde gerenda,
Laurentisque docet populos urbemque Latini,
et quo quemque modo fugiatque feratque laborem.

Así se pasean por la región entera en los extensos campos del aire y
todo lo recorren. Después de que Anquises ha guiado a su hijo por
cada uno de los lugares y ha inflamado su ánimo con el amor de la
gloria venidera, rememora luego las guerras que el varón debe afrontar, le enseña no sólo los pueblos de Laurento y la ciudad de los latinos
sino también de qué modo rehuir y soportar cada uno de sus trabajos.

Esta clausura certifica que Anquises ha logrado transmitir sus
conocimientos a Eneas (*memorat, docet*) y que lo ha hecho de forma
completa, mostrándole todas y cada una de las zonas infernales
(*tota, omnia, per singula*[253]). Asimismo, la comunicación del saber
logra el efecto deseado: *incendit... animum famae venientis amore*;
en palabras de Fletcher (2014: 207), la posibilidad de entrever el
futuro de Roma servirá para incitar a Eneas a la acción, pues a
partir de ahora estará luchando por algo real, que ha visto con sus
propios ojos. Eneas, que tantas veces durante la primera parte del
poema se ha visto desanimado o indeciso, cobra ahora las fuerzas
necesarias para continuar con su empresa. Se cumple entonces la
promesa de la sombra de Anquises cuando en el libro 5 le había
pedido que bajara al infierno (5.737): *tum genus omne tuum et quae
dentur moenia disces.*[254]

— 5 —

Fauno a Latino (7.81-101)[255]

Con la profecía del dios Fauno ingresamos en la segunda parte
de *Eneida*, aquella centrada en los conflictos bélicos en suelo itálico
a la que el propio narrador denomina *maius opus* (7.37-45).

---

253 Paratore 1995: 365: "*proprio perché tornavano ad aggirarsi per tutte le distinte
sezioni che la reggia di Plutone separava dal Tartaro e che erano fornite di 'lumen'
e di 'aether'*".

254 Norden (1903: 44-45), Austin (1977: 274) y Paratore (1995: 365-366) señalan que
se encuentra aquí una incongruencia propia de la falta de revisión de *Eneida*: en
3.458-460 Héleno había anunciado que la Sibila iba a anunciar lo que finalmente
aquí dice Anquises (*illa tibi Italiae populos venturaque bella / et quo quemque modo
fugiasque ferasque labores / expediet*).

255 Una versión preliminar de este apartado es el señalado en Cairo 2013c.

Este anuncio ofrece una oportunidad excelente para evaluar el proceso de transmisión del significado planteado por Manetti, ya que se presentan aquí las diferentes posibilidades de interpretación que cada personaje es capaz de otorgar a un mismo texto profético. Se pone de relieve, pues, la ambigüedad como rasgo característico de los mensajes divinos.

La profecía de Fauno se enmarca en una situación de incertidumbre. No se trata, como en la mayoría de los casos, de un mensaje espontáneo del dios, sino de una respuesta solicitada por Latino mediante el ritual de la *incubatio*. El rey acude al dios en razón de los portentos sucedidos en su palacio, cuyo significado no ha sido dilucidado por los sacerdotes; la palabra de Fauno se busca como guía de un curso de acción ante las circunstancias inciertas. Sin embargo, la ambigüedad de su respuesta dará lugar a diferentes lecturas por parte de Latino y su esposa Amata. A continuación reseñaremos, en primer lugar, el contexto de confusión que motiva la consulta del rey y los elementos rituales que allí se observan, para pasar luego al texto de la profecía y las distintas interpretaciones otorgadas a ella.

5.1. *Los signos en el palacio de Latino y la consulta a Fauno*

Las acciones del libro 7 se ponen en marcha con el desembarco de los troyanos en Italia y su llegada a los reinos del Lacio. En virtud de estos sucesos, ocurren dos portentos en el palacio de Latino (7.59-80). El primero (7.59-67) consiste en un enjambre de abejas que se apodera de la copa del laurel consagrado a Febo. El segundo (7.71-78) ocurre mientras el rey y su hija Lavinia están cumpliendo un rito frente al altar: el fuego se apodera de la princesa y envuelve sus cabellos y vestiduras con llamas y humo. Las interpretaciones que formulan los sacerdotes de palacio no son concluyentes. En el primer caso (7.68-70):

continuo vates «externum cernimus» inquit
«adventare virum et partis petere agmen easdem
partibus ex isdem et summa dominarier arce.»

A continuación dice el vate: "Vemos que se acerca un varón extranjero y que un ejército busca las mismas regiones desde esos mismos lugares y domina la más alta fortaleza".

Ante el segundo signo (7.78-80):

id vero horrendum ac visu mirabile ferri:
namque fore inlustrem fama fatisque canebant
ipsam, sed populo magnum portendere bellum.

Dijeron que era verdaderamente horrendo y admirable de ver: pues anunciaban que ella misma [= Lavinia] sería ilustre por su fama y sus hados, pero que para su pueblo anunciaba una guerra enorme.

El empleo de la conjunción *sed* en 7.80 marca que estos presagios pueden recibir tanto una valoración negativa como positiva.[256] Si se entiende la llegada del extranjero y su ejército como una invasión al Lacio, y el fuego y el humo como señales de destrucción, se trata de anuncios de peligros pero, por otro lado, el ascenso de las abejas a la cúspide del árbol sagrado y el fuego que distingue a Lavinia auguran un destino glorioso. Reckford (1961) apunta que ambos signos remiten a otros que han tenido lugar en la primera parte del poema: las abejas recuerdan a los cartagineses que construían la ciudad de Dido, mientras que el fuego sobre la cabeza de Lavinia recuerda el signo de Iulo en Troya en 2.681-686.

En todo caso, la valoración de los signos no resulta unívoca e inconfundible. Ambos despiertan la admiración y consternación de quienes los presencian (cf. *mirabile dictu* en 7.64 y *visu mirabile* en 7.78). Lo auspicioso y lo nefasto se unen en estos portentos, y una interpretación no descarta a la otra. Al fin y al cabo, la guerra y la destrucción son el precio del triunfo y el renombre futuro.

La ausencia de una interpretación unívoca en los signos del palacio lleva al rey Latino a pedir el auxilio del dios Fauno, su padre.[257] Se trata de una divinidad romana muy antigua, que recibía culto en el Palatino como deidad bienhechora (su nombre se explicaba como derivado de *qui favet*), protectora de los rebaños y los pastores, que luego fue asimilada al Pan griego.[258] Este aspecto rústico del dios es, según Rosivach (1989: 140-1), el que se

---

256   Cf. Reckford 1961: 258-260, Lee 1979: 69 y La Fico Guzzo 2005: 216.

257   Existen varios pasajes del libro 7 en donde se alude a este vínculo entre Fauno y Latino: 7.47 (se afirma que Latino es *Fauno et nympha genitum Laurente Marica*), 7.213 (Ilioneo llama a Latino *genus egregium Fauni*) y 7.368 (Amata se refiere a la profecía como *Fauni...iussa parentis*).

258   Cf. *DAGR*: "*Faunus*" (t. II, pp. 1021-4), Bailey 1935: 35ss., Rosivach 1980: 140-141, Turcan 2000: 63ss., Grimal 2001: 193-194, Bouché-Leclercq 2003: 902ss, Wiseman 2006: 519-520 y Lowen 2011: 107-111.

subraya en la presentación de Latino a fin de explicar, mediante su genealogía, el carácter pacífico de su reinado (7.46-47):

> *Rex arua Latinus et urbes*
> *iam senior longa placidas in pace regebat.*

El rey Latino, ya anciano, gobernaba los campos y las plácidas ciudades con una paz duradera.

El segundo aspecto de Fauno es el de dios oracular, atributo que se revela en el pasaje que aquí analizamos, donde es llamado *fatidicus genitor* (7.82). Servio explica su nombre como derivado de la palabra griega φωνή, ya que este dios no anuncia a través de signos, sino mediante su propia voz, como se verifica en este pasaje; por su parte, Varrón, en *De lingua latina* 7.36, conecta el nombre de Fauno con el verbo *fari*.[259]

Ante el pedido de Latino, *subita ex alto vox reddita luco est* ("una súbita voz se escuchó desde lo profundo del bosque", 7.95). Este tipo de profecías, en las que se prescinde de todo intermediario entre los dioses y el ser humano receptor, es lo que Bouché-Leclercq (2003: 901ss) denomina "vaticinio al modo itálico". Si lo pensamos en términos del esquema comunicativo de Manetti, se elimina el componente del hombre o mujer en estado de posesión que oficia de canal de comunicación: existe un signo emitido por el dios que llega directamente al destinatario, encargado de adjudicarle un significado adecuado mediante el proceso de interpretación. Podemos hallar otro ejemplo de este tipo de adivinación en el anuncio de Apolo en 3.93-98, que trataremos en la tercera parte del trabajo.

Se otorga aquí un lugar de relevancia a la mención y descripción de elementos rituales, de modo de conferir al pasaje una atmósfera religiosa. El escenario de la consulta de Latino es el *lucus*, bosque sagrado (7.82), en donde se encuentra la fuente de Albunea (7.83). Se trata de un sitio oracular tradicional (7.85-86):

> *Hinc Italae gentes omnisque Oenotria tellus*
> *in dubiis responsa petunt.*

Aquí piden respuestas los pueblos itálicos y toda la tierra enotria en momentos de vacilación.

---

259   Cf. Wiseman 2006: 520, n. 27 y Bettini 2008: 314-315, n. 1.

El pedido se acompaña de un sacrificio realizado según las prescripciones rituales (7.93: *rite*). Nótese el uso del verbo *macto*, "inmolar", y la descripción de la cantidad y tipo de animales empleados (*centum lanigeras... bidentis*, "cien ovejas lanudas de dos años").

Por otra parte, la invocación se efectúa de acuerdo con un procedimiento específico que, tradicionalmente, han seguido los pueblos itálicos para solicitar las respuestas de Fauno. Es central el paralelismo establecido entre la conducta habitual del sacerdote (7.86-91: *sacerdos... cum tulit et... incubuit stratis somnosque petivit*) y las acciones de Latino (7.92-95: *hic et tum pater ipse petens responsa Latinus... iacebat*), para señalar la observación de un ritual. Se trata de la *incubatio* o ἐγκοίμησις, una forma especial de oniromancia.[260] Aquí los sueños proféticos no son enviados por los dioses de manera fortuita, sino como respuesta a una pregunta definida formulada por el consultante. Para obtener la contestación del dios, era necesario que quien la pidiera observara una serie de comportamientos relativos a la comida, la bebida y al modo de dormir, a fin de preparar el cuerpo adecuadamente.[261] Latino, en este caso, cumple con la costumbre de recostarse sobre las pieles de los animales sacrificados para lograr acceder al contacto con lo divino (7.86-95):

> huc dona sacerdos
> cum tulit et caesarum ovium sub nocte silenti
> pellibus incubuit stratis somnosque petivit,
> multa modis simulacra videt volitantia miris
> et varias audit voces fruiturque deorum
> conloquio atque imis Acheronta adfatur Avernis.
> hic et tum pater ipse petens responsa Latinus
> centum lanigeras mactabat rite bidentis,
> atque harum effultus tergo stratisque iacebat
> velleribus: subita ex alto vox reddita luco est.

Una vez que trajo hacia aquí las ofrendas, bajo la noche silenciosa se recostó sobre las pieles extendidas de las ovejas sacrificadas y buscó los sueños, el sacerdote ve que muchas imágenes revolotean de modos sorprendentes, oye varias voces, disfruta del coloquio de los dioses y

---

260 *DAGR*: "*incubatio*" (t. III, pp. 458-60), Bouché-Leclercq 2003: 221, Horsfall 2016: 11-13.

261 Cf. Cic. *Div*. 1.60.

le habla al Aqueronte, en el profundo Averno. Aquí también entonces el mismo padre Latino, buscando respuestas, inmolaba según el rito cien ovejas lanudas de dos años y, apoyado sobre sus lomos, yacía en las pieles extendidas; una súbita voz se escuchó desde lo profundo del bosque.

La correcta realización de los pasos da como resultado la comparecencia del dios, que otorga al rey una respuesta acerca de Lavinia. Asimismo, la descripción de las acciones de Latino ubica su consulta en el ámbito de la *divinatio*, en la cual ciertamente cabe esperarse cierto grado de ambigüedad que el receptor debe dilucidar.

5.2. La profecía de Fauno: posibilidades de interpretación

La contestación del dios ante el pedido del rey es la siguiente (7.96-101):

ne pete conubiis natam sociare Latinis,
o mea progenies, thalamis neu crede paratis;
externi venient generi, qui sanguine nostrum
nomen in astra ferant, quorumque a stirpe nepotes
omnia sub pedibus, qua sol utrumque recurrens
aspicit Oceanum, vertique regique videbunt.

No busques unir a tu hija con matrimonios latinos, oh mi progenie, ni confíes en los tálamos preparados; vendrán yernos extranjeros, para que con la sangre lleven nuestro nombre hasta los astros, y los descendientes de su estirpe verán que son destruidas y gobernadas a sus pies todas las cosas que el sol contempla al recorrer uno y otro océano.

El mensaje puede resumirse en tres puntos principales: a. la orden de no casar a Lavinia con un latino ni a confiar en los matrimonios ya pactados, b. la revelación de que el esposo de Lavinia será un extranjero y c. la aseveración de que ese yerno hará que el renombre de Latino y su pueblo llegue a los astros y de que sus descendientes contemplarán el dominio de todo el mundo conocido.

No conocemos cuál es la reacción inmediata de Latino ante estas palabras ni qué significado les otorga. El narrador sólo dice que el mensaje del dios se expande rápidamente por la acción de la Fama (7.102-106):

haec responsa patris Fauni monitusque silenti
nocte datos non ipse suo premit ore Latinus,
sed circum late volitans iam Fama per urbes
Ausonias tulerat, cum Laomedontia pubes
gramineo ripae religavit ab aggere classem.

Estas respuestas y advertencias del padre Fauno, dadas en la noche silenciosa, no las contuvo en su boca el mismo Latino sino que, revoloteando ampliamente en derredor, ya la Fama las había llevado por las ciudades ausonias, cuando la juventud descendiente de Laomedonte amarró su flota en un montículo de la costa cubierto de hierba.

A continuación, el relato se traslada a las acciones de los troyanos luego de su desembarco. Unos versos más adelante (7.160ss) regresa al palacio de Latino en virtud de la embajada enviada por Eneas. Ilioneo manifiesta la identidad de su capitán (7.221: *Troius Aeneas tua nos ad limina misit*)[262] y explica que los troyanos han llegado a ese lugar por orden de los dioses con el fin de aliarse con los latinos (7.231-240):

non erimus regno indecores, nec vestra feretur
fama levis tantique abolescet gratia facti,
nec Troiam Ausonios gremio excepisse pigebit.
fata per Aeneae iuro dextramque potentem,
sive fide seu quis bello est expertus et armis:
multi nos populi, multae (ne temne, quod ultro
praeferimus manibus vittas ac verba precantia)
et petiere sibi et volvere adiungere gentes;
sed nos fata deum vestras exquirere terras
imperiis egere suis.

No seremos inconvenientes para tu reino, vuestra fama no se transmitirá insignificante, no se borrará la gracia de una hazaña tan grande ni los ausonios se arrepentirán de acoger a Troya en su regazo. Juro por los hados de Eneas y por su diestra poderosa ya en la prueba de las alianzas, ya en la guerra y en las armas: muchos pueblos, muchas estirpes (no nos desdeñes porque presentamos en las manos lazos y palabras de ruego) nos han solicitado para sí y querer unirnos a ellos. Pero los hados de los dioses nos han empujado con sus órdenes a buscar vuestras tierras.

---

262   Nakata (2012: 344) subraya que en esta embajada Ilioneo destaca el elemento troyano de su identidad, no el itálico, "*to keep their options open as they negotiate with Latinus [...] to benefit from Latinus' own circumstances*".

Luego de estas palabras, Latino reflexiona acerca de las posibles conexiones entre el discurso del mensajero y la profecía de Fauno (7.249-258):

Talibus Ilionei dictis defixa Latinus
obtutu tenet ora soloque immobilis haeret,
intentos volvens oculos. nec purpura regem
picta movet nec sceptra movent Priameia tantum
quantum in conubio natae thalamoque moratur,
et veteris Fauni volvit sub pectore sortem:
hunc illum fatis externa ab sede profectum
portendi generum paribusque in regna vocari
auspiciis, huic progeniem virtute futuram
egregiam et totum quae viribus occupet orbem.

Ante tales palabras de Ilioneo, Latino tiene su rostro fijado en la mirada y se adhiere al suelo, inmóvil, haciendo girar sus ojos atentos. Al rey no lo conmueven tanto la púrpura pintada ni los cetros de Príamo como se detiene en el matrimonio y el tálamo de su hija, y bajo su pecho medita la predicción del viejo Fauno: que éste, aquel yerno lanzado por los hados desde una sede extranjera, era anunciado y llamado al reino con similares auspicios, que éste tendría una progenie egregia por su virtud que ocuparía con sus fuerzas el orbe entero.

Escuchando el discurso de Ilioneo, Latino encuentra en Eneas un referente para los *externi generi* anunciados por Fauno y en la fama de los troyanos la posibilidad de una gloriosa descendencia. Según su interpretación, el mensaje del dios indica a. que Lavinia no debe casarse con Turno (cuya nacionalidad rútula quedaría comprendida dentro de *Latinis*), con quien ya se ha concertado el matrimonio; b. que Eneas es el extranjero anunciado, puesto que viene de Troya;[263] c. que a través de la sangre de Lavinia, es decir, de su descendencia, se originará una estirpe ilustre cuya fama llegará a los cielos y dominará el orbe.

Ciertamente, esta interpretación es aceptable, puesto que, como sabe el lector, el matrimonio entre Eneas y Lavinia ya ha sido señalado como el origen del futuro linaje romano en profecías previas: Júpiter promete el triunfo de Eneas luego de las guerras en el Lacio

---

263 Nakata (2012: 349) subraya una cuestión central: si bien el oráculo de Fauno hablaba de *externi generi*, aquí Latino reflexiona sobre *externa ab sede*. Es decir, coloca la geografía por encima de la genealogía como factor que definirá el futuro esposo de Lavinia.

  SEGUNDA PARTE: Las profecías en el relato del narrador

y señala el éxito de sus descendientes (1.257-96), el fantasma de Creúsa anuncia para Eneas una *regia coniunx* en Hesperia (2.776-89), la Sibila de Cumas afirma que en Italia comenzará la guerra en torno a una esposa (6.83-97) y la sombra de Anquises menciona a *Lavinia coniunx* (6.763-6).[264] Lo reconoce, incluso, Juno en 7.313: *immota manet fatis Lavinia coniunx* ("la esposa Lavinia permanece inamovible por los hados"). Sin duda, se trata de una unión que está incluida en la trama del *fatum*.[265]

Ahora bien, a nuestro entender existen en el poema elementos para sostener una lectura alternativa de esta profecía en la cual Turno constituyera el referente de *externi generi* y Eneas el personaje aludido por medio de *conubiis Latinis*. Fundamentamos nuestra hipótesis no sólo en la característica ambigüedad de los anuncios divinos, que resulta desconcertante hasta para los propios sacerdotes en el caso de los portentos del palacio y por lo tanto permite más de una intepretación de las profecías, sino también en la dificultad que supone en *Eneida* la delimitación de lo romano y lo extranjero.[266] El complejo entramado de identidades étnicas y culturales que conviven y se enfrentan en el poema impide definir sencillamente a Turno como "latino" y a Eneas como "extranjero", tal como se deduce de sus respectivas genealogías.

Reckford (1961: 260) y Thomas (2000: 401) advierten que el anuncio es ambivalente al señalar que la "sangre" mencionada en 7.98 puede ser un sinónimo de "descendencia" o "linaje", pero también la sangre concreta que se derramará en la batalla. De hecho, de las diez acepciones que presenta el *OLD* para el sustantivo *sanguis*, sólo las tres últimas se refieren a sangre como sinónimo

---

264 Según Cairns (1989: 155) la repetida mención de Lavinia a lo largo de las distintas profecías es una técnica para expresar la importancia del personaje de la princesa latina.

265 Así lo entiende la mayoría de los críticos que ha considerado este pasaje, por ejemplo Quinn 1968: 178 ("*Latinus, however, has been warned by portents that his daughter must not be married to Turnus, but to a foreign husband*"), Putnam 1970: 421 ("*Faunus' prophecy that the future Romans will see all things 'turn' beneath their feet*"), Fordyce 1977: 79 ("*The reference is to Aeneas only*") y Horsfall 1995: 156 ("*we know that the externus vir [...] is in fact Aeneas*").

266 Esta cuestión ha sido tratada especialmente en los estudios de Anderson (1957), Cairns (1989), Mackie (1991), Toll (1997), Syed (2005), Thomas (2005), Reed (2007), Barchiesi (2007), Bettini (2008) y Nakata (2012).

de estirpe o descendencia;[267] las siete primeras se refieren a la sangre en sentido concreto, como líquido que fluye por el cuerpo y que da vida y fuerza (acepciones 1, 4, 5, 6 y 7) y en particular (acepciones 2 y 3) la sangre derramada ya violentamente, ya en un sacrificio. Un sondeo de las ocurrencias del sustantivo *sanguis* en *Eneida* revela 65 apariciones, de las cuales sólo 15 se vinculan con claridad al sentido figurado de "descendencia" o "estirpe", en general en contextos en los que se mencionan los orígenes de un personaje.[268] La gran mayoría (48 ocurrencias) aluden a la sangre como líquido y, en general, en pasajes de enfrentamiento bélico (no es extraño que abunden las apariciones en el libro 2 y en los libros 9 a 12) o de matanza ritual.[269] En el sentido de sangre como sustancia concreta, el nombre de Latino y los suyos se haría conocido no por su estirpe, sino por las terribles guerras que protagonizarán.

Por otra parte, la recomendación *thalamis neu crede paratis* puede constituir una exhortación a no continuar apoyando la unión de Lavinia y Turno, pero también puede ser leída como una advertencia de que el matrimonio ya concertado por el hado y los dioses (*i. e.*, con Eneas) resultará ambivalente, puesto que, además de gloria, implica destrucción y sufrimiento.

Sin embargo, aun cuando señala estas ambigüedades, Reckford continúa identificando *externi generi* con Eneas y *conubiis Latinis* con el matrimonio entre Lavinia y Turno. Creemos que es posible invertir los referentes y considerar a Eneas como latino y a Turno como extranjero, ya que a lo largo del poema existen referencias que permiten esta lectura. Asimismo, diversos estudios críticos han demostrado que la identificación de un origen unívoco para estos personajes resulta una tarea compleja, si no imposible.

---

267   *OLD, sanguis*: 8: *Blood regarded as running through a family, race, etc., and expressing relationship, parentage, or descent. b blood-relationship, consanguinity. / 9: A family, race, class, etc./ 10 A person or persons standing in blood relationship, offspring, progeny).*

268   1.19, 1.235, 1.329, 1.550, 2.74, 3.608, 4.191, 4.230, 5.45, 5.299, 6.125, 6.500, 7.49, 8.142 y 10.203.

269   2.72, 2.116, 2.118, 2.210, 2.277, 2.366, 2.502, 2.532, 2.551, 2.582, 2.639, 2.662, 2.667, 3,28, 3.30, 3.33, 3.67, 3.259, 3.622, 5.78, 6.87, 7.318, 8.261, 8.645, 9.64, 9.333, 9.349, 9.422, 9.456, 10.24, 10.452, 10.487, 10.520, 11.8, 11.24, 11.82, 11.88, 11.382, 11.394, 11.422, 11.592, 11.633, 11.668, 11.720, 12.29, 12.36, 12.51 y 12.79.

La idea de que Italia es la patria de Eneas, a pesar de que el héroe haya nacido en Troya, se menciona una y otra vez en *Eneida*. En Delos, la voz de Apolo ha indicado *antiquam exquirite matrem* en 3.96; gracias a la profecía de Creúsa (2.776-89), se sabe que el destino del viaje es Hesperia. Sin embargo, Anquises cree que Apolo se refiere a Creta, la tierra natal de Teucro, y hacia allí prosiguen el viaje. Los Penates se aparecen entonces a Eneas en sueños y le advierten que ha tomado un rumbo equivocado, ya que debe dirigirse a Italia, "antigua madre" en donde nació Dárdano, origen de la estirpe troyana (3.161-8). El destino final es confirmado por la arpía Celeno en las islas Estrofadas (3.253-4), por Héleno durante el encuentro en Butroto (3.381) y por el fantasma de Anquises en Sicilia (5.730). Habiendo llegado a Italia, Eneas invoca, en el diálogo con Evandro, sus orígenes comunes (*cognati patres*, 8.132), con lo cual es bien recibido por el soberano. Todas estas referencias contribuyen a presentar la llegada de Eneas al Lacio no como una invasión extranjera sino como un regreso a la patria de los ancestros.[270]

La ascendencia extranjera de Turno es también mencionada repetidamente. Es hijo de la ninfa Venilia (10.76) y de Dauno, rey de Ardea (10.688, 12.22, 12.90, 12.723, 12.785 y 12.932ss),[271] cuyos orígenes se remontan a Ínaco, el dios río que fue el primer rey de Argos. Turno posee, pues, ancestros griegos.

La posibilidad de entender la identidad nacional de formas diferentes se evidencia en la lectura que la propia reina Amata realiza del oráculo de Fauno. Cuando se entera de que Latino ha decidido dar a Eneas la mano de su hija Lavinia, saca a relucir los parentescos griegos de Turno. Con esta lectura, el anuncio de Fauno se refiere a él (7.367-372):

> *si gener externa petitur de gente Latinis,*
> *idque sedet, Faunique premunt te iussa parentis,*
> *omnem equidem sceptris terram quae libera nostris*
> *dissidet externam reor et sic dicere divos.*

---

270 Cf. Syed 2005: 209: "*By invoking Aeneas' Italian ancestry, both Latinus and the Trojans implicitly destabilize the claim that Aeneas is a foreigner and hence fit to marry Lavinia, because in one sense Aeneas is an Ur-Italian*".

271 Para un análisis detallado de los orígenes de Turno, véase especialmente el artículo de Mackie 1991.

et Turno, si prima domus repetatur origo,
Inachus Acrisiusque patres mediaeque Mycenae.

Si para los latinos se busca un yerno de un pueblo extranjero, y esto sigue en pie, y te presionan las órdenes de tu padre Fauno, creo que, ciertamente, toda tierra que está libre de nuestros cetros es extranjera y que así lo dicen los dioses. Y Turno, si se busca el primer origen de su casa, tiene como antecesores a Ínaco, a Acrisio y al centro de Micenas.

Syed (2005: 209) señala dos puntos importantes en este argumento de Amata a favor de Turno. En primer lugar, resulta curioso que la reina defienda la extranjería de Turno sin entrar en cuestionamientos acerca de los ancestros de Eneas.[272] Además, como observa Reed (2007: 69), las diferentes versiones de la genealogía de Turno suscitan una paradoja: si es extranjero, entonces Eneas, por descender de Dárdano, tiene más derechos sobre la tierra latina; si es itálico, en cambio, no califica para ser el yerno anunciado por Fauno.

En segundo lugar, el pasaje "muestra cómo los ancestros y la identidad étnica pueden ser manipulados, o al menos interpretados de distintas maneras, con el fin de adecuarse a propósitos individuales".[273] La caracterización de Turno como extranjero, que se acentúa gradualmente a lo largo de la segunda mitad del poema, apoya la posibilidad de identificarlo con el *externus gener* que anuncia Fauno. Asimismo, si nos volvemos a la interpretación del portento de las abejas que formula el vate, observamos que la frase *summa dominarier <u>arce</u>* (7.70) anticipa la apertura del libro 8, en el que comienza la guerra cuando Turno exhibe el estandarte

---

272 Syed 2005: 209: "*The Aeneid does not allow Amata to use Aeneas' descent from Italian Dardanus as an argument against his foreignness. Aeneas' Italian descent thus does not enter into a field of contestation within the poem; it is affirmed rather than questioned*". Sobre la argumentación de Amata, véase también Pogorzelski 2012: 265-268 y Chillet 2017.

273 Syed 2005: *ibidem.* Del mismo modo, Thomas (2000: 401): "*Faunus' prophecy becomes a text, open to readings that suit the needs of interested parties*". Una observación similar realiza Casali (2020: 300) cuando analiza las contradicciones entre las distintas genealogías de los reyes laurentinos presentadas en los libros 7 y 8 de *Eneida*: "*One should not try to neutralize these contradictions, let alone explain them away by invoking the poem's incompleteness. These inconsistencies are motivated by the different points of view of the different characters of the poem: each of them have their own political and cultural interests in inventing and presenting a certain version of the past*".

desde el alcázar de Laurento (*belli signum Laurenti Turnus ab* <u>*arce*</u> */ extulit et rauco strepuerunt cornua cantu*, 8.1-2).

Como ha señalado Cairns (1989: 109-128), los símiles con que ambos capitanes son descriptos en el libro 12 lleva al máximo la oposición entre Eneas como latino y Turno como extranjero. Los dos símiles vinculados a Eneas contienen referencias itálicas, mientras que los de Turno incluyen sólo referencias no itálicas: Eneas es comparado con *pater Appenninus* en 12.701-703; al perseguir a Turno (12.749-757), se asemeja a un *vividus Umber* (perro de caza natural de Italia). Turno, en cambio, es asimilado en 12.4-8 a un león herido en los campos de Cartago, en 12.331-336 a Marte en el paisaje tracio del río Hebro y en 12.365-367 al viento norte Edonio (es decir, tracio). Los tres puntos geográficos asociados a Turno no son, pues, itálicos. La progresiva "extranjerización" de Turno está acompañada de la "italianización" de Eneas.[274]

Por otra parte, si bien Latino identifica a Eneas con el "yerno extranjero" por su carácter troyano, ignora otros elementos del discurso de Ilioneo que contradicen esta lectura. Cuando el emisario explica por qué los troyanos han venido a esta tierra, manifiesta los orígenes itálicos de Eneas (7.239-242)[275]:

> *sed nos fata deum vestras exquirere terras*
> *imperiis egere suis.* <u>*hinc Dardanus ortus,*</u>
> <u>*huc repetit*</u> *iussisque ingentibus urget Apollo*
> *Tyrrhenum ad Thybrim et fontis vada sacra Numici.*

Pero los hados de los dioses nos han conducido con sus poderes a buscar vuestras tierras. <u>De aquí surgió Dárdano y hacia aquí regresa</u>, y con sus enormes mandatos Apolo nos empuja hacia el tirreno Tíber y a los sagrados vados de la fuente del Numico.

Se observa, una vez más, el carácter problemático de la nacionalidad de Eneas, que hace de él tanto un extranjero que viene de Troya como un latino que retorna a la tierra patria. Aquí Latino elabora su interpretación considerando unos elementos del

---

274 Cf. Toll 1997: 44. Wimperis (2020: 158) subraya que el carácter extranjero de Turno se fundamenta no sólo en los ancestros griegos, sino también en el hecho de que sea de Ardea, una tierra que no se encuentra bajo el dominio de Latino: la identidad local, desde el punto de vista de esta autor, es preponderante en la representación de los enemigos de Eneas.

275 Williams (1972: 184) nota que se utilizan aquí las mismas palabras empleadas por los penates en 3.167.

discurso de Ilioneo en desmedro de otros; Amata, como hemos visto, propondrá una nueva lectura del oráculo presentando argumentos diferentes.

Resulta llamativo, entonces, que muchos críticos no reconozcan el carácter ambiguo de la profecía y consideren que Fauno se refiere exclusivamente a Eneas cuando habla del *externus vir*. La lectura de Amata no es considerada válida aun cuando en el poema se subraye una y otra vez que Eneas no es un extranjero en Italia, sino que regresa a la tierra de sus orígenes. La profecía aparece como ambigua y susceptible de distintas significaciones, lo cual advierte al lector, una vez más, sobre el problema de otorgar al texto un sentido único.

— 6 —
Tiberino a Eneas (8.18-85)

Entre el cierre del libro 7, con la apertura de las puertas del templo de Jano y el catálogo de guerreros latinos, y el comienzo del 8, en el que Turno envía a una embajada a Diomedes para solicitar auxilio contra los troyanos, se despliega el estallido del conflicto bélico en el Lacio.

En 8.18 el foco se desplaza hacia Eneas y a sus pensamientos motivados por las circunstancias:

> *Talia per Latium. quae Laomedontius heros*
> *cuncta videns magno curarum fluctuat aestu,*
> *atque animum nunc huc celerem nunc dividit illuc*
> *in partisque rapit varias perque omnia versat.*

> Tales cosas sucedían por el Lacio. El héroe laomedontio, al ver todo esto, vacila en un gran mar de preocupaciones, y divide su espíritu rápidamente ora hacia aquí, ora hacia allí, lo arrastra hacia distintas partes y lo agita por todos lados.

Cairns (1989: 70-71, 101) apunta que éste es uno de los pasajes en que el héroe aparece como prototipo del buen rey. Por un lado, como en 1.208-209, se reserva las preocupaciones para su fuero interno, sin manifestarlas a los demás; por otro lado, como hombre de concordia, no sólo está apesadumbrado por la existencia de la guerra, sino por el hecho de que sea una guerra civil (8.29: *tristi* *turbatus pectore <u>bello</u>*). En este aspecto es en el que contrasta con Turno, el jefe instigador de la discordia.

La aparición en sueños de Tíber recuerda las anteriores visiones oníricas del poema que suceden durante la noche: Héctor y Creúsa en 2, los Penates en 3, Anquises en 5.[276] La frase *tum sic adfari et curas his demere dictis* de 8.36 que funciona como apertura es la misma que precede a las apariciones de Creúsa y los Penates en 2.775 y 3.153 respectivamente. Esta repetición léxica da cuenta de un paralelismo temático, puesto que en aquellos anuncios era central el tema del destino del viaje de Eneas.[277] Mientras que en el discurso de los Penates se señala Italia en general como la tierra prometida, en el caso de Creúsa el río es mencionado con su nombre específico (2.781-782):

et terram Hesperiam venies, ubi Lydius arva
inter opima virum leni fluit agmine Thybris.

... y llegarás a la tierra Hesperia, donde el Tíber lidio fluye con suave corriente entre campos abundantes de hombres.

Como apunta Fratantuono (2016: 98-99), el empleo del nombre etrusco *Thybris* en el discurso de Creúsa evoca un origen más antiguo y misterioso que el latino *Tiber*. Asimismo, el adjetivo *Lydius* anuncia el posterior estallido de la guerra en Italia, puesto que en 8.479-480 Evandro menciona a una *Lydia gens* "sobresaliente en la guerra" y en 10.155 Eneas busca aliados de una estirpe llamada *Lydia*.

6.1. Las indicaciones de Tiberino en la llegada a Italia

En el principio del libro 8 se encuentra una profecía emitida por una divinidad itálica, como en el caso de Fauno en el libro 7. Se trata de un espíritu ancestral, motivo por el cual se le adjudica el adjetivo *senior* en 8.32[278] y, como todas las divinidades fluviales y marinas, recibe el epíteto de *caeruleus* (8.64).[279] Del carácter divino emana su capacidad profética, que lo lleva a afirmar, en 8.49, *haud*

---

276   Eden 1975: 16.

277   Putnam 1965: 109-110.

278   Eden 1975: 22, Gransden 2003: 83.

279   Clausen (2002: 158) señala que aquí el río se describe así porque aparece en su calidad de divinidad, no como elemento del paisaje del mismo modo que en 7.31.

incerta cano. Como observa Quint (2018: 143), el libro se abre con la intervención del Tíber y se cierra con el Araxes, representado en el escudo: comienza con el río de Roma y finaliza con una corriente remota, cuya conquista dará testimonio de la expansión prometida a los descendientes de Eneas.

Lo primero que hace Tiberino es confirmar que el lugar donde está Eneas es efectivamente el destino de su viaje, certificando de esta manera el cumplimiento de los anuncios recibidos con anterioridad (8.39):

> *hic tibi certa domus, certi (ne absiste) penates.*

Aquí tienes una morada segura (no desistas), seguros penates.

Eneas ha llegado, por fin, a la tierra hesperia largamente anhelada; la repetición de *certa / certi* pone el énfasis en la seguridad de este cumplimiento.[280] En segundo lugar, afirma que Eneas debe permanecer tranquilo y no tener miedo de la guerra, puesto que "todas las irritaciones e iras de los dioses se han retirado" (8.40-41: *tumor omnis et irae / concessere deum*). Estos versos han sido muy discutidos, puesto que semejante afirmación no condice con las acciones desplegadas por Juno a lo largo del poema y en especial en el libro anterior, en el que ha instigado el estallido de la guerra a través de su mediadora, Iris. Eden (1975: 25) opina que la falta de veracidad no constituye una fuente relevante de objeciones ya que era esperable que un dios mintiera con el objetivo de animar a un mortal.[281] Lyne (1987: 83) y Gransden (2003: 84-85) coinciden con esta apreciación. El enunciado de Tiberino no es literalmente verdadero pero de todos modos resulta efectivo y logra reconfortar a Eneas, objetivo primordial en esta situación de desconcierto. O'Hara (1990: 31-35), por el contrario, coloca el acento en la verdad del anuncio puesto que su hipótesis de lectura de las profecías está centrada en su carácter deceptivo. Lo que dice Tiberino *"is simply not true"*[282] y logra animar a Eneas en tanto le hace creer que

---

    Allí el narrador lo define como *multa flavus harena*. Sobre la apariencia del dios en este pasaje y en la iconografía antigua, cf. Meyers 2009: 234-238.

280 En términos de Fratantuono (2016: 108), *"Tiberinus addresses the Trojan hero in language that is explicitly designed to soothe his anxieties"*.

281 Eden 1975: 25: *"Misrepresentation is permitted and expected"*.

282 O'Hara 1990: 32.

la ira de los dioses puede ser controlada y vencida (8.61: *supera*) mediante la plegaria y el sacrificio.

Si bien coincidimos en que la afirmación de Tiberino no es verdadera, podemos presentar dos objeciones al planteo de O'Hara. En primer lugar, no es cierta en esta instancia de la trama pero se cumplirá al final del poema, puesto que en el libro 12 Juno, aun con condiciones, dará su anuencia. El problema estaría, en todo caso, en el empleo del verbo *concedo* en pretérito perfecto, mediante el cual el dios río presenta la acción como ya ocurrida. No obstante, puede alegarse aquí que interviene la visión panóptica de los dioses.[283] Tiberino contempla la acción en el futuro de su cumplimiento.[284]

En segundo lugar, no es cierto que la *pietas* de los hombres no reciba ninguna respuesta ni recompensa: ¿cómo se explica, por ejemplo, la lluvia de Júpiter sobre las naves luego de que Eneas elevara una plegaria solicitando ayuda ante el incendio? Si bien Juno sólo al final del poema abandonará su oposición a que los troyanos se asienten en Italia, no es adecuado presentar los rituales humanos como acciones vanas que no encuentran en la esfera divina ningún tipo de respuesta.

En tercer lugar, Tiberino establece un signo que hará las veces de ratificación de su mensaje, para evitar cualquier sospecha sobre la veracidad de su intervención, tal como indica en 8.42: *ne vana putes haec fingere somnum* ("para que no pienses que un sueño ha fingido estas cosas vanas"). Eneas encontrará una cerda blanca rodeada de sus treinta crías que le señalará el sitio donde Ascanio fundará Alba Longa (8.43-48).[285] De esta forma, el dios río pone a disposición de Eneas algo que el lector conoce desde el comienzo del poema gracias a la profecía de Júpiter a Venus.[286]

Finalmente, Tiberino le enseña a Eneas (8.50: *docebo*) de qué manera proceder para vencer las adversidades.[287] Debe buscar como aliado al rey Evandro (8.51-56) y elevar ofrendas a Juno para que

---

283 Manetti 1987: 29 y 2010: 15.

284 Cf. Fratantuono 2016: 110: "*Tiberinus – an eminently Roman god – unveils a future that in his timeless vision is in some sense already accomplished*".

285 Sobre el signo de la cerda blanca y sus antecedentes en la tradición, cf. Putnam 1965: 113, Eden 1975: 27-28, Henry 1989: 110 y Smith 2005: 48.

286 Cf. 1.267-277.

287 Cf. Otis 1964: 333 y Fratantuono 2016: 110-111.

cesen sus iras (8.59-61). Para Putnam (1965: 112), la repetición del verbo *supero* indica una conexión entre el Tíber y la ira de Juno: el río parece estar diciendo que su corriente no puede ser vencida, que Eneas no puede remontarla, hasta que se hagan los sacrificios a Juno, lo cual sucederá después de llevarlos a cabo, en 8.84-87.

La indicación sobre las preces a Juno ya había sido dada por Héleno, pero el pacto con Evandro constituye una novedad. Como bien observa Henry (1989: 110), lo que Tiberino propone es que Eneas, de una vez y para siempre, se reconcilie con sus viejos enemigos divinos y humanos, Juno y los griegos, los destructores de Troya. Se cumple así lo anunciado por la Sibila en 6.96-97: *Via prima salutis* / (*quod minime reris*) *Graia pandetur ab urbe* ("el principal camino de la salvación se abrirá, <u>cosa que tú menos crees</u>, a partir de una ciudad griega").

Así, se observa que una divinidad local avala la presencia de Eneas en Italia no en calidad de invasor, tal como quiere Turno, sino como un nativo que regresa a su patria (8.36-37):

O sate gente deum, Troianam ex hostibus urbem
qui revehis nobis aeternaque Pergama servas

Oh, hijo de la estirpe de los dioses, que nos traes de regreso a la ciudad troyana de los enemigos y conservas eterna a Pérgamo.

En esta invocación Tiberino reconoce la ascendencia latina de Eneas y, mediante la expresión *revehis nobis*, lo coloca en el lugar de un héroe local, de un restaurador esperado en el Lacio.[288] Se refuerza, pues, nuestra propuesta de lectura de la profecía de Fauno. ¿Puede ser Eneas considerado un *externus*, luego de estas palabras de Tiberino que ofician como respaldo de las divinidades de la tierra itálica a los troyanos? En palabras de Thornton (1976: 116), "el díos río de su futuro hogar se transforma en su primer aliado".

6.2. *El* omen *de la cerda blanca y su significado*

El auxilio otorgado por la divinidad nativa a Eneas se manifiesta en otro elemento central. Tiberino describe el signo que se aparecerá a Eneas y al mismo tiempo proporciona las claves para

---

288 Cf. Fordyce 1977: 208.

   SEGUNDA PARTE: Las profecías en el relato del narrador

su interpretación; es decir, se coloca en el lugar de intermediario para dar un significado a la visión de la cerda blanca junto a su cría, que puede considerarse un *omen* en sentido amplio.

Cicerón (*Div.* 1.102) define los *omina* como una clase particular de adivinación como proveniente de la palabra humana:

> *Neque solum deorum voces Pythagorei observitaverunt, sed etiam hominum, quae vocant omina.*

> Y los pitagóricos observaron no sólo las voces de los dioses, sino también las de los hombres, a las que denominan"*omina*".

Bouché-Leclercq asocia este tipo adivinatorio con el cledonismo griego, es decir, con la disciplina dedicada a interpretar "la palabra humana empleada por la Providencia como signo enigmático" (2003: 126).[289] El *omen* propiamente dicho es, pues, la emisión de la voz humana que oficia de vehículo al mensaje divino; de aquí la orden *favete linguis* durante el desarrollo de los rituales. Era esencial el lugar del receptor, quien debía otorgarles un sentido positivo (*bonum, faustum, acceptum, laetum*) o negativo (*malum, infastum, adversum, obscaenum*) a las palabras escuchadas.

Sin embargo, la adivinación ominal no se limitaba a los signos a través de la palabra, sino que se extendía a otros tipos de presagios fortuitos.[290] En este sentido amplio analiza el concepto Bailey (1935: 11ss), quien lo define como "indicaciones accidentales" acerca del futuro.

La aparición de la cerda blanca, pues, pertenece al mismo tipo de signos que las serpientes que salen del mar y matan a Laoconte en el libro 2, los caballos que observan los troyanos al llegar a Italia en el libro 3 o el fuego que se apodera de los cabellos de Lavinia en el libro 7. Ahora bien, en dichos casos los signos o han sido interpretados de modo incorrecto o han sido tan confusos y ambiguos que los humanos no han podido adjudicarles un significado único. Aquí, en cambio, por primera vez Eneas será capaz de reconocer el signo gracias a la descripción de Tiberino, de conocer el significado del *omen* y de actuar adecuadamente, elevando plegarias a las ninfas[291] y al río, y realizando el sacrificio

---

289   Acerca de la cledonomancia, cf. *DAGR*, t. II, 296 y Flacelière 1993: 15-17.

290   Bouché-Leclercq 2003: 917.

291   Sobre la plegaria a las ninfas del lugar, cf. Fratantuono 2019: 74.

correspondiente (8.68-85). Eneas avanza en su conocimiento: como observa Smith (2005: 49), ha pasado de la visión deceptiva de una falsa Troya en Butroto, donde por primera vez se ha nombrado el signo de la cerda, a una visión verdadera de un Lacio verdadero, en el que el *omen* se confirma.[292]

Como consecuencia de la realización de los ritos, el dios cumple la promesa realizada en 8.57-58 (*ipse ego te… ducam*, "yo mismo te conduciré") y suaviza su corriente para que los enéadas puedan llegar a la ciudad de Evandro (8.86-96). El libro 8 comienza con el fundador de la estirpe remontando el río de la futura ciudad de Roma y se cierra con el escudo de Vulcano, donde Augusto, segundo fundador de la ciudad, doblega los ríos de los últimos confines del imperio.[293]

— 7 —

Apolo a Ascanio (9.638-663)

La profecía pronunciada por Apolo en el libro 9 acerca del futuro de Ascanio es un anuncio que no ha recibido un tratamiento profundo por parte de la crítica. Fuera de los análisis que proporcionan los comentarios del libro 9 (Williams 1972, Dingel 1997, Hardie 2000), los estudios acerca de *Eneida* tratan este episodio al pasar sin detenerse demasiado en su carácter profético; incluso Quinn (1968: 208) afirma que es un episodio aislado que no pertenece a la trama principal.

Quienes se ocupan de tratarlo atienden fundamentalmente al personaje de Ascanio y su intervención en la batalla.[294] En el capítulo 2 de la tesis defendida en la Universidad de Tennesse en 2008, A. Warren explora la configuración del personaje de Ascanio a lo largo de los doce libros del poema para demostrar que es él

---

292   Cf. Fratantuono 2016: 112-113, sobre la respuesta de Eneas al anuncio del dios.

293   8.726-728: *Euphrates ibat iam mollior undis, / extremique hominum Morini, Rhenusque bicornis, / indomitique Dahae, et pontem indignatus Araxes* ("marchaban ya el Éufrates de olas más suaves, los morinos, últimos de entre los hombres, el Rin de dos cuernos, los dahos indómitos y el Arajes, indignado por su puente").

294   Cf. Fowler 1919: 89-91, Lyne 1987: 193-206 y O'Hara 1990: 145-147. Sobre el personaje de Ascanio en particular a lo largo de *Eneida*, véanse el artículo de Feldman (1953) y, fundamentalmente, el estudio de Rogerson (2017), que lo examina exhaustivamente.

"the primary prophetic concern of the poem" (2008: 29) y señala que se evidencia la voluntad de señalarlo como la cabeza de la estirpe que dará origen a Roma. Por su parte, A. Rogerson (2017), en un volumen dedicado exclusivamente al hijo de Eneas, observa que, junto a esa idea de Ascanio como esperanza y promesa de continuidad, hallamos constantes ansiedades en torno a él: distintas circunstancias lo amenazan, poniendo en riesgo ese futuro anunciado; su esencia infantil lo hace vulnerable, dilatando siempre a un momento posterior al fin del relato la concreción de su ingreso a la vida adulta.

Se puede considerar que la escasa atención que ha recibido el pasaje del discurso de Apolo se debe a que el mensaje con contenido profético es breve y se refiere a hechos ya anunciados en pasajes previos del poema (9.641-644):

macte nova virtute, puer, sic itur ad astra,
dis genite et geniture deos. iure omnia bella
gente sub Assaraci fato ventura resident,
nec te Troia capit.

Sé honrado por tu nueva virtud, niño, así se va hacia los astros, oh descendiente de dioses y ancestro de dioses. Todas las guerras que han de venir según el hado, se detendrán por derecho bajo la estirpe de Asáraco. Troya no te contiene.

Las palabras de Apolo confirman el importante lugar de Ascanio como intermediario entre la ascendencia troyana y la futura Roma a través de Alba Longa,[295] algo a lo que se había referido Júpiter en el libro 1. O'Hara (1990: 145-147) señala que hay incongruencias entre las palabras de Júpiter a Venus en el libro 1 y el discurso de Anquises en el libro 6. En el primer caso, puesto que el dios quiere consolar a Venus, exagera el rol de Ascanio, señalando que será el fundador de Alba Longa y diciendo que esta ciudad será gobernada *gente sub Hectorea*, lo cual implica que los reyes de Alba serán sus descendientes. Si observamos la profecía de Anquises en el submundo, notamos que es Silvio el ancestro de los reyes albanos pero, lógicamente, Júpiter no le nombrará a Venus la importancia del hijo de Eneas y Lavinia.[296]

---

295 Como apuntan Feldman (1953: 309) y Warren (2008: 32), Ascanio es denominado una y otra vez como *spes* (4.274, 6.364, 10.524 y 12.168).

296 Sobre los distintos mitos en torno a los hijos de Eneas, cf. Rogerson 2017: 15-36.

La invocación de Apolo *dis genite et geniture deos* no sólo da cuenta del ingrediente divino en la estirpe (Ascanio es el nieto de Venus y será ancestro del *divus Iulius*) sino que también se vincula al cierre del discurso: *nec te Troia capit*, "Troya no te contiene / no te abarca / no te supera". El significado de esta frase es explicado por Servio: el dios le dice a Ascanio *maior es quam patria*, es decir, que supera en fama a la propia Troya debido a la descendencia ilustre que tendrá.[297] Por otra parte, *sic itur ad astra* promete ya la fama eterna de la estirpe, ya la apoteosis concreta de Iulo[298]: en el segundo caso, estaríamos ante la primera instancia del poema en que este honor se promete al hijo de Eneas.[299]

En todo caso, en este episodio se confirma el incipiente heroísmo de Ascanio. A pesar de que en su segundo discurso (9.653-656) Apolo lo refrena y le impide pelear en ese momento, puesto que todavía es un niño (*parce, puer, bello*), confirma el paulatino crecimiento del hijo de Eneas. En 9.641 habla de su *nova virtute*: recordemos que la *virtus*, como su nombre lo indica, es una cualidad intrínsecamente viril.[300] Se observa, pues, que en el momento de ausencia de su padre Iulo da los primeros pasos para convertirse en héroe.[301]

La cuestión del crecimiento de Iulo es tratada ya por Fowler (1919), quien la señala como uno de los problemas a los que se enfrentaba Virgilio en la segunda parte del poema. El personaje no podía crecer repentinamente y pasar de ser un niño en Troya a un adulto en Italia: su maduración es gradual y por ello tanto el espíritu de Palinuro en 6.364 como Mago en 10.524 hablan de *surgentis Iuli*. Lyne (1987: 193) y Rogerson (2017) marcan como signo del crecimiento progresivo la inclusión de Iulo en las escenas de cacería (4.156ss, 7.477ss), puesto que la caza se considera una actividad de iniciación al mundo adulto. En virtud de este punto

---

297 Cf. Dingel 1997: 240. Casali (2009: 316) propone una lectura irónica de esta frase.

298 Véase Hardie 2000: 206.

299 Encontramos referencias a la apoteosis de Eneas en 1.259-260 y 12.794-795.

300 Hardie 2000: 206.

301 Rogerson 2017: 162: "*The suggestion that Ascanius is moving on to adulthood, transcending his past, continues as Apollo descends from the heavens in disguise and addresses the young prince by the patronymic Aenide (653), the first and only time in Virgil's epic that Ascanius is given this honorific title, which suggests that he finally has become worthy of being called his father's son*".

intermedio entre la niñez y la vida guerrera en que se encuentra Iulo, Apolo prohíbe que se involucre en la batalla, algo que, según Fowler (1919: 89) y Rogerson (2017: 163), es un modo de salvarlo de su destino. Ascanio permanece así al margen de la lucha; sólo participa de las acciones subsidiarias, como el sacrificio junto a Latino y la curación de las heridas de Eneas, ambas en el libro 12. El episodio previo de Niso y Euríalo contribuye a tomar conciencia de que Iulo está en el umbral de la vida adulta y que sus posibles excesos lo colocan en una situación de peligro;[302] Maurach, sin embargo, entiende que ofrece un punto de comparación en lo que respecta al heroísmo de los jóvenes.[303] El dios Apolo contribuye a evitar las posibles extralimitaciones y, una vez que el joven ha matado a Numano,[304] dictamina *sit satis, Aenide, telis impune Numanum / oppetiise tuis* (9.653-654).[305]

El problema de la inmadurez de Iulo y su falta de preparación para la batalla se manifiesta también en la situación comunicativa que plantea la transmisión del futuro. El episodio está conformado por dos discursos de Apolo. En el primero (9.641-644), citado más arriba, el dios está ubicado en el cielo (*desuper, nube sedens*)[306] y desde allí profetiza el futuro glorioso de Iulo al observar su hazaña y el festejo de los troyanos; el segundo (9.653-656) tiene lugar en la tierra, cuando el dios se transfigura y, tomando el aspecto del anciano Butes, escudero de Anquises, habla al joven directamente para exhortarlo a abandonar la lucha. Si bien sólo el primer

---

302 Fowler 1919: 89-92.

303 Maurach 1968: 359: "*Es ist die virtus des —Unterschied zu Euryalus und Nisus— unpatetischen und uneigennützigen Tuns des Notwendigen, und zwar im Einklang mit den Göttern, wie die Epiphanie besonders deutlich zeigt*".

304 Para un análisis del discurso de Numano, véanse especialmente el artículo de Horsfall en Harrison 1990 y el trabajo de Casali 2009. Syed 2005: 196 y Wimperis 2020: 165-167 se ocupan de la cuestión de la extranjería en este pasaje.

305 "Que sea suficiente, hijo de Eneas, que Numano haya muerto por tus dardos sin que recibas castigo". Hardie (2000: 208) apunta que resulta apropiada esta búsqueda de la mesura en el dios tradicionalmente asociado con la idea de *sophrosýne*. En palabras de Rogerson (2017: 163): "*Rather than a true initiation, then, this episode is a 'flirtation with adulthood', the latest in a string of moments in the Aeneid where Ascanius is promised maturity but denied it*".

306 Debido a esta ubicación de Apolo, Casali (2009: 313) lo vincula a la representación que encontramos en la viñeta de Accio del escudo (8.703-705) y concluye que el dios no aparece aquí en su advocación de dios profético (Apolo délfico) o de la inspiración poética (como en Calímaco) sino como el Apolo protector de Augusto.

discurso constituye una profecía, el segundo resulta relevante para evaluar el grado de comprensión del anuncio, como se verá a continuación.

Es evidente que Ascanio no escucha el primer mensaje del dios, dado que no existe ninguna respuesta ni acción de su parte como consecuencia de lo dicho por Apolo. Se estaría en presencia, por lo tanto, de una profecía sólo advertida por el lector de *Eneida*, en la que ni siquiera existen interlocutores divinos –como en el caso del diálogo Júpiter-Venus en el libro 1 o Venus-Neptuno en el 5–. No obstante, esta lectura puede objetarse si se tiene en cuenta que ambos discursos son introducidos por *adfatur Iulum* como predicados de "Apolo". Esta frase es importante no sólo porque designa al joven con el nombre que lo conecta con la *gens Iulia*,[307] sino también porque pone de manifiesto que tanto el primer como el segundo discurso lo colocan en el lugar del interlocutor: el propio verbo *adfor* implica la existencia de un destinatario.

Cabe tomar en consideración que, pese a que Ascanio escuche el segundo discurso de Apolo –transfigurado como Butes–, son los héroes adultos quienes advierten la presencia divina y aseguran el cumplimiento de sus mandatos (9.656-663):

> sic orsus Apollo
> *mortalis medio aspectus sermone reliquit*
> *et procul in tenuem ex oculis evanuit auram.*
> *agnovere deum proceres divinaque tela*
> *Dardanidae pharetramque fuga sensere sonantem.*
> *ergo avidum pugnae dictis ac numine Phoebi*
> *Ascanium prohibent, ipsi in certamina rursus*
> *succedunt animasque in aperta pericula mittunt.*

Habiendo comenzado así, Apolo abandonó el aspecto mortal en medio de sus palabras y se desvaneció hacia la brisa tenue, lejos de la vista. Reconocieron al dios los capitanes dardanios y advirtieron sus dardos divinos y su aljaba que resonaba en la fuga. Entonces, por las palabras y la decisión de Febo, apartan a Ascanio, ávido de lucha, y ellos mismos se lanzan nuevamente a los combates y envían sus almas hacia los evidentes peligros.

El hecho de que no sea Ascanio quien reconoce al dios apunta a su inmadurez, razón por la cual los adultos deben hacerlo por

---

307 Dingel 1997: 239, Hardie 2000: 205. Cf. 1.267-268.

 Segunda parte: Las profecías en el relato del narrador

él.[308] A diferencia de Eneas –que reconoce a Venus al partir en 1.402-406 y a Mercurio en 4.276-280–, Turno –que identifica a Iris en 9.14-17– o la nodriza Pirgo–que ve a Iris cuando convence a las mujeres de quemar las naves bajo el aspecto de Béroe en 5.644-652–, Iulo no posee la capacidad de advertir la presencia divina. Asimismo, los adultos deben dirigir la acción a partir de lo ordenado por Apolo, puesto que Ascanio tampoco entiende sus palabras y continúa *avidum pugnae*, "ávido de lucha".[309]

En este pasaje, si bien Apolo celebra la matanza de Numano como una acción loable, entiende que se trata solamente de un primer paso en el camino hacia el heroísmo. Como señalan Hardie (2000: 206) y Rogerson (2017: 163), dentro de la invocación *macte nova virtute puer* se establece un juego de palabras en la yuxta-posición de *virtute* y *puer* por medio del cual puede medirse la distancia entre la corta edad de Ascanio y la *virtus* como rasgo característico del *vir*. Apolo sabe que el heroísmo de Iulo es inci-piente y por eso desciende al campo de batalla para ordenar que se detenga. Recordemos que, a lo largo del poema, las divinidades se lanzan al mundo de los mortales cuando es indispensable y urgente transmitir un mensaje o introducir un cambio en el curso de las acciones. Así, por nombrar sólo algunos ejemplos, Venus se aparece ante Eneas en 1 para narrarle la historia de Dido antes de que ingrese a la ciudad de Cartago; Mercurio baja en el libro 4 para urgir la partida del héroe, actuando como intermediario de Júpiter; en 5, cumpliendo las órdenes de Juno, Iris incita a quemar las naves.

En este caso, pues, no se trata, como sugiere Lyne (1987: 202), de una indecisión de Apolo, que primero felicita a Iulo y luego lo insta a desistir. Consideramos, por el contrario, que el dios celebra el ímpetu guerrero del joven pero, sabedor de que aún no está en condiciones de participar de la lid como un varón adulto, decide intervenir y refrenarlo, lo cual, a su vez, es una forma de preservarlo para que en el futuro efectivamente sea *geniture deos*.[310]

Podemos concluir, entonces, que en este pasaje se ponen de relevancia dos características del heroísmo en *Eneida*. En primer

---

308 Dingel 1997: 239, Hardie 2000: 205. Cf. 1.267-268.

309 Cf. Block 1984: 126.

310 Para una lectura de este episodio en clave metapoética, cf. Casali 2009: 301-302.

lugar, el hecho de que se trata de un aprendizaje gradual vinculado con la moderación. No en vano hallamos en las palabras de Apolo resonancias de otras definiciones del heroísmo en el poema: por un lado, *sit satis* (9.653) recuerda la afirmación *sat patriae Priamoque datum* del fantasma de Héctor (2.291), cuando exhorta a Eneas a partir de Troya indicando que sus acciones allí ya han llegado a su fin;[311] por otro lado, en *cetera parce, puer, bello* (9.656) hallamos un eco de la consigna de Anquises, *parcere subiectis et debellare superbos* (6.853). Tanto Héctor como Anquises postulan para Eneas un paradigma según el cual la moderación constituye un rasgo fundamental. En segundo lugar, el héroe de *Eneida* se caracteriza por su comunicación con la esfera divina, no sólo mediante los sacrificios y plegarias que eleva a los dioses, sino también a través de la interpretación de los mensajes y signos que los dioses le transmiten. Aquí, con Eneas ausente, Ascanio no es capaz de comprender el mensaje de Apolo, ni siquiera cuando el dios decide descender a la tierra para hablarle directamente. Aún no es capaz de erigirse en un interlocutor válido para el lenguaje divino, lo cual es también una prerrogativa de la *virtus* heroica.

— 8 —
Cimodocea a Eneas (10.236-245)[312]

En la última sección de este capítulo nos dedicaremos a analizar el anuncio de Cimodocea a Eneas, ubicado en el libro 10, el último que recibe el héroe, lo cual indica, de algún modo, que la etapa del viaje está completamente cerrada. Mientras el capitán navega, regresando de su incursión al reino de Evandro, se le aparece el coro de las ninfas –aquellas en las que habían sido transformadas las naves en el libro 9– y nada en derredor. Una de ellas, Cimodocea, caracterizada por su cualidad profética (10.225: *fandi doctissima*) pone a Eneas al corriente de la situación en el campamento y emite un anuncio acerca de lo que sucederá al día siguiente (10.236-245):

---

311 Hardie 2000: 208.

312 Una versión preliminar de este apartado fue presentado como comunicación en las Jornadas de Cultura Grecolatina del Norte Grande Argentino, realizadas en la Universidad Nacional del Nordeste en agosto de 2013.

at puer Ascanius muro fossisque tenetur
tela inter media atque horrentis Marte Latinos.
iam loca iussa tenent forti permixtus Etrusco
Arcas eques; medias illis opponere turmas,
ne castris iungant, certa est sententia Turno.
surge age et Aurora socios veniente vocari
primus in arma iube, et clipeum cape quem dedit ipse
invictum ignipotens atque oras ambiit auro.
crastina lux, mea si non inrita dicta putaris,
ingentis Rutulae spectabit caedis acervos.

Entretanto el niño Ascanio[313] es retenido por el muro y las fosas, entre los dardos y los Latinos enfurecidos por Marte. Ya la caballería árcade, mezclada con la fuerte etrusca, tiene en su poder los lugares indicados; definida está la decisión de Turno: presentarles las tropas centrales para que no se unan con los campamentos. Vamos, levántate, y al llegar la aurora ordena que tus aliados sean convocados a la batalla y toma el escudo invicto que el mismo ignipotente te ha dado y ha rodeado con oro en los bordes. El día de mañana, si no consideras vanas mis palabras, verá enormes montañas de cadáveres rútulos.

Cimodocea alienta, pues, a Eneas con el anuncio de éxitos bélicos en la jornada que comienza. Si bien, como ha apuntado O'Hara (1990: 43), estas palabras se repetirán más adelante en un contexto absolutamente diferente,[314] auguran aquí un amanecer de triunfo. El éxito de Eneas se asentará en dos elementos fundamentales que conforman el paradigma heroico del poema: la *virtus* guerrera –que se manifiesta no sólo en la habilidad del héroe para luchar sino también en su capacidad para obtener aliados– y la relación estrecha con los dioses, basada en la devoción de Eneas, que acata sus mensajes (*mea si non inrita dicta putaris*) y recibe a cambio el favor divino (*clipeum cape quem dedit ipse / invictum ignipotens*).

Este anuncio, como el de Apolo tratado en la sección previa, no ha gozado de la atención de la bibliografía crítica en la misma

---

313 Nótese que Ascanio sigue siendo denominado *puer* entre los dioses, marcando su inmadurez para participar de la batalla, lo cual confirma la motivación de Apolo para retirarlo. Puede hallarse otro ejemplo en el discurso de Juno en el concilio (10.70).

314 En 10.509 se repite de manera casi textual la última frase de la ninfa, pero en el marco del lamento por la muerte de Palante: *o dolor atque decus magnum rediture parenti, / haec te prima dies bello dedit, haec eadem aufert, / cum tamen ingentis Rutulorum linquis acervos!* (¡Oh tú que has de devolverle a tu padre un dolor y una gran gloria, este primer día te entregó a la guerra y este mismo te saca de ella, pero dejas enormes montones de rútulos!).

medida que las grandes profecías acerca del futuro de Roma. No obstante, resulta central para nuestro trabajo, en el que consideramos la emisión y recepción de profecías desde una perspectiva semiótica.

En primer lugar, exhibe, una vez más, la continua comunicación que las divinidades mantienen con Eneas. En esta ocasión –como en la aparición de Tiberino, que hemos estudiado más arriba– se presentan debido a que el héroe está preocupado por las circunstancias[315] y le transmiten lo necesario para disipar sus inquietudes.[316] Cimodocea se dirige a él diciendo *vigilasne, deum gens, / Aenea? Vigila* (10.228-229), palabras que evocan, como ha señalado ya Servio, la fórmula que utilizaban las sacerdotisas de Vesta para interpelar al *rex sacrorum*.[317] Así, se evidencia que la ninfa reconoce la jerarquía de Eneas dentro del plano humano y que los dioses acompañan al héroe en su empresa.[318]

En segundo lugar, pone en conocimiento de Eneas la interpretación adecuada del signo de transformación de las naves, acaecido en 9.117-122:

> *et sua quaeque*
> *continuo puppes abrumpunt vincula ripis*
> *delphinumque modo demersis aequora rostris*
> *ima petunt. hinc virgineae (mirabile monstrum)*
> *[quot prius aeratae steterant ad litora prorae]*
> *reddunt se totidem facies pontoque feruntur.*

A continuación cada una de las popas rompe de las orillas sus cables y busca alta mar a la manera de los delfines, luego de sumergir su

---

315 Cf. 10.217: *neque enim membris dat cura quietem* ("pues la preocupación no da descanso a sus miembros").

316 Cairns (1989: 71, n. 30) subraya que Eneas está preocupado pero calmo y que en esto se marca un contraste con Turno. Se trata de otro de los rasgos que colocan a Eneas como portardor de los rasgos del buen rey que estudia Cairns.

317 Servio *ad loc.*: *Vigilasne deum gens Aenea vigila: verba sunt sacrorum; nam virgines Vestae certa die ibant ad regem sacrorum et dicebant 'vigilasne rex? vigila'. Quod Vergilius iure dat Aeneae, quasi et regi et quem ubique et pontificem et sacrorum inducit peritum.* Véase también Henry 1989: 114 y O'Hara 1990: 41. Fantham (1990: 116) señala que en esta visión de las ninfas como 'proto-vestales' hay que recordar la importancia de estas divinidades en la mitología de Roma: Marica, Juturna y Carmenta son madres y hermanas de líderes romanos.

318 Fantham (1990: 114) hace notar que se trata de la última experiencia de Eneas en el mar y que la epifanía da cuenta de una concordia o armonía entre ese ámbito y los troyanos.

rostro. Luego (¡prodigio admirable!) se transforman en rostros de doncellas y se dirigen al mar todas las que antes habían estado junto a la costa como broncíneas proas.

El lector conoce la razón de esta metamorfosis.[319] Previamente, el narrador ha interpelado a las Musas para saber cómo fue salvada la flota del fuego y a continuación ha relatado el pacto entre Júpiter y Cibeles según el cual el dios ha concedido que los barcos construidos con la madera del bosque del Ida se transformen en ninfas al llegar a Italia (9.77-106). Este relato se cierra con la confirmación de que ha llegado el momento para dicho suceso;[320] acto seguido, aparece la voz de la diosa dando la orden para que se lleve a cabo (9.114-117).

El prodigio deja estupefactos a los presentes: *obstipuere animis Rutuli* (9.123). Como en otras ocasiones en que sucede un prodigio, quienes lo presencian quedan sobrecogidos –como sucede en 2.680 (fuego sobre la cabeza de Ascanio), 3.26 (arbusto del que mana sangre en Tracia), 7.78 (incendio de la cabellera de Lavinia) y 8.530 (aparición de las armas de Eneas en el cielo)–; sin embargo, Turno ensaya una interpretación positiva para explicar el porqué de la transformación.[321] Es de destacar que Turno comprende que se encuentra ante un signo de los dioses y que dicho signo no vale por sí mismo sino en tanto se le otorgue una interpretación. En consecuencia, propone una lectura y la comunica a sus compañeros (9.128-132):

> *Troianos haec monstra petunt, his Iuppiter ipse*
> *auxilium solitum eripuit: non tela neque ignis*
> *exspectant Rutulos. ergo maria invia Teucris,*
> *nec spes ulla fugae: rerum pars altera adempta est,*
> *terra autem in nostris manibus.*

---

319 Sobre este episodio, cf. Fratantuono 2019: 77.

320 9.197-108: *ergo aderat promissa dies et tempora Parcae / debita complerant* ("por lo tanto había llegado el día prometido y las Parcas habían cumplido los plazos debidos").

321 Véase O'Hara 1993: 102-104, que vincula esta lectura de Turno con la que formula Eneas ante los signos del cielo previos a la llegada de su armadura. Allí también hay estruendos y rayos y el héroe tranquiliza a sus compañeros con una interpretación optimista. Sin embargo, a nuestro entender, la intervención de los dioses (Venus en 8 y Cimodocea en 10) deja en claro qué interpretación es adecuada y cuál no.

Estos prodigios se dirigen a los troyanos, a ellos el mismo Júpiter les quita el auxilio acostumbrado: ni los dardos ni el fuego esperan a los rútulos. Por lo tanto, los mares son inaccesibles para los teucros y no existe ninguna esperanza de huida: se les ha quitado una parte del mundo, mientras que la tierra está en nuestras manos.

Turno comete aquí el error que Manetti denominaba equívoco basado en un cambio de perspectiva. Entiende que el hecho de que las naves se conviertan en ninfas significa un abandono de los troyanos por parte de su medio de transporte y, en consecuencia, su derrota en tierra frente a los latinos. El lector, en cambio, sabe que la metamorfosis se produce en el día prometido (*promissa dies*) por Júpiter a Cibeles y que, en consecuencia, expresa el inminente triunfo de los troyanos una vez llegados a la tierra que los dioses les han señalado.

Cimodocea, pues, transmite a Eneas la interpretación correcta del *omen* ocurrido en el libro 9. Antes de proceder a emitir su anuncio, explica su identidad y el porqué de la transformación (10.230-235):

> *nos sumus, Idaeae sacro de vertice pinus,*
> *nunc pelagi nymphae, classis tua. perfidus ut nos*
> *praecipitis ferro Rutulus flammaque premebat,*
> *rupimus invitae tua vincula teque per aequor*
> *quaerimus. hanc genetrix faciem miserata refecit*
> *et dedit esse deas aevumque agitare sub undis.*

Nosotras somos el pino de la cumbre sagrada del Ida, ahora ninfas del mar, tu flota. Cuando el pérfido rútulo nos oprimía lanzando hierro y fuego, rompimos a nuestro pesar tus cadenas y te buscamos por el mar. La madre, compadeciéndose, nos hizo nuevamente este rostro y concedió que fuéramos diosas y que transcurriéramos nuestra vida bajo las olas.

Fantham (1990: 108) señala que el prefijo *re-* del verbo *refecit* (10.234) hace referencia a que, al transformarse en ninfas, los pinos recuperan la naturaleza divina original que tenían cuando formaban parte del bosque sagrado del Ida y que perdieron al ser convertidos en naves. De allí que también en 9.122, cuando se describe la metamorfosis, aparezca el verbo *reddunt*.[322]

---

322 Fratantuono (2019: 78) subraya este retorno de las ninfas como un regreso a su esencia troyana: "*The new Trojan nymphs are strangers in Italy, like Aeneas; there*

   SEGUNDA PARTE: Las profecías en el relato del narrador

A pesar de la revelación de Cimodocea, a Eneas se lo caracteriza como *ignarum* en 10.228 y como *inscius* en 10.249, mientras que la ninfa es *doctissima* (10.225) y *haud ignara* (10.247). Se mantiene, pues, el abismo de conocimiento entre dioses y hombres, sin que el héroe haya experimentado un progreso significativo en este sentido a lo largo del poema. Lo que Eneas sí comprende es que las ninfas se relacionan con Cibeles; de allí que luego, en 10.251-255, eleve sus plegarias a esta diosa (cf. Benario 1967: 27, Krugelund 1976: 43, Henry 1989: 114-115, Fantham 1990: 116 y O'Hara 1990: 44). La calificación de *inscius* al final de la profecía implica que no comprende qué sucederá ese día en la batalla. Así, este pasaje confirma lo que hemos señalado a propósito de la catábasis de Eneas: el modo en que ha regresado del submundo ha causado el olvido de lo aprendido y, por ende, mantiene al protagonista en el nivel de ignorancia propio de los mortales.

Ahora bien, teniendo en cuenta que, en el nivel extradiegético, el lector del poema ya sabe que las ninfas son las naves metamorfoseadas gracias a la intervención del narrador y que en el intradiegético Eneas no comprende la información recibida –ya que continúa siendo *inscius* a pesar de las palabras de Cimodocea–, ¿cuál es la funcionalidad de esta profecía?

Nuevamente el anuncio tiene consecuencias sobre el personaje de Eneas. El efecto no se produce en el plano cognoscitivo ya que, al no comprender las palabras, no incorpora nuevos datos, pero sí en el nivel de las acciones. Primero, la profecía cumple el objetivo de estimular al héroe (10.249-250): *stupet inscius ipse / Tros Anchisiades, animos tamen omine tollit* ("el mismo troyano hijo de Anquises queda pasmado, sin entender, pero el signo le levanta el ánimo"). Segundo, logra que Eneas realice determinadas acciones: solicitar la protección de Cibeles (10.252: *alma parens Idaea deum*) y preparar a sus compañeros para la batalla (10.258-259: *sociis edicit signa sequantur / atque animos aptent armis pugnaeque parent se*). Se observa así que el adjetivo *inscius* se aplica a Eneas en lo referente al saber proposicional sobre el futuro –debido a que no comprende el alcance de las palabras de la ninfa, no sabe que el triunfo estará acompañado de la muerte de Palante– pero de ninguna

---

is no further need for Trojan ships, and the mercreatures can be assumed to return, as it were, to Phrygian waters".

manera supone que el discurso de Cimodocea haya sido vano: ha comprendido la intervención de Cibeles en la metamorfosis y la estrategia de Turno a la que debe enfrentarse. De hecho, pocos versos más adelante, cuando llega al campamento, Eneas "levanta con la mano izquierda su ardiente escudo" (10.261-262: *clipeum… sinistra / extulit ardentem*), tal como la diosa le ha indicado (10.242: *clipeum cape*). Asimismo, a pesar de que el lector ya conozca el origen de la metamorfosis de la flota troyana, las palabras de Cimodocea sirven para confirmar, una vez más, la voluntad de los dioses para comunicarse con Eneas y los suyos y transmitirles su saber sobre el futuro.

— 9 —

Conclusiones del capítulo 2

En este capítulo han sido objeto de estudio las profecías del nivel extradiegético de *Eneida* emitidas por un dios con el objeto de comunicar algo a un personaje humano. Con la excepción de los anuncios de Fauno (libro 7) y Apolo (libro 9), dirigidos a Latino y Ascanio respectivamente, los vaticinios tienen como destinatario a Eneas.

Al retomar el modelo comunicativo de Manetti, se comprueba que existen variaciones en el modo en que se produce el significado. En la mayoría de los casos, el signo es enviado de manera directa por el sujeto enunciador, el dios, al destinatario, el hombre. Sucede así en los anuncios de Venus en 1, Anquises en 5, Fauno, Tiberino, Apolo y Cimodocea. De allí la gran posibilidad del malentendido, puesto que es el personaje humano, con su capacidad limitada, quien debe llevar a cabo el proceso de interpretación. En el caso de la Sibila de Cumas, en cambio, la sacerdotisa oficia de canal para la voz de Apolo. Cuando Eneas, siguiendo el consejo de Héleno, le solicita que pronuncie sus mensajes en vez de escribirlos, evita que se añadan eslabones a la cadena comunicativa, ya que al signo enviado por Apolo se añadiría el signo escrito del mensaje de la Sibila, cuyo canal escrito pone en riesgo la comunicación pues es susceptible de desordenarse. Finalmente, en el episodio del descenso a los *inferi*, nos encontramos con una modalidad distinta de transmisión del *fatum*, puesto que no hay un discurso de un dios que funcione como signo, sino que todo el desfile de las almas es un mensaje acerca del futuro romano. Después de cumplir con los ritos correspondientes, Eneas accede a contemplar esta visión, que funciona como un texto a interpretar. El alma de Anquises opera de intermediaria, ya que proporciona la información necesaria para identificar las almas que pasan ante la vista de Eneas.

En cuanto al contenido de las profecías, supone en general la combinación de información sobre el futuro con las instrucciones acerca de la conducta que debe adoptar el receptor: en 1, Venus alienta a Eneas a continuar y le da información sobre Dido y Cartago; en 5, el alma de Anquises le aconseja que siga las sugerencias de Nautes y luego concurra al submundo; en 6, la Sibila indica los pasos necesarios para concretar dicho encuentro entre padre e hijo; en 7, Fauno dice qué debe hacer Latino en relación con la boda de Lavinia; en 8, Tiberino ordena cómo actuar con respecto a Juno; en 9, Apolo refrena a Ascanio; en 10, la ninfa Cimodocea explica qué hacer en el regreso a la batalla.

Constituye una constante la manifestación de la voluntad de los dioses para que Eneas y los suyos conozcan no sólo el porvenir sino también ciertos mecanismos de funcionamiento del mundo divino. Uno de los más importantes de ellos es el modo como las almas son juzgadas y clasificadas en el submundo y luego regresan a la vida terrenal; sin embargo, no se permite que Eneas conserve este aprendizaje mediante la salida por la puerta de marfil. Pero también le es dado conocer las intervenciones de los dioses en el nivel humano, como cuando la sombra de Anquises informa que ha sido Júpiter quien ha traído la lluvia para apagar el fuego de las naves o cuando Cimodocea explica los motivos de la metamorfosis de las naves en ninfas. Asimismo, Eneas aprende que, a pesar de esta cercanía generada por la comunicación, existe una distancia insalvable y una imposibilidad de contacto pleno, como se observa en el episodio de Venus transfigurada en el libro 1.

El rasgo compartido por todos los anuncios es la dificultad inherente al proceso de interpretación. Si tomamos como ejemplo el pasaje correspondiente a Ascanio, se observa que, en virtud de la inmadurez del niño, son los guerreros más experimentados quienes comprenden el mensaje. No obstante, los límites de la capacidad humana y el riesgo de malinterpretar los anuncios en virtud de su ambigüedad se ponen de manifiesto en todos los casos. Nos hemos extendido sobre este punto a propósito del anuncio de Fauno, para el cual Latino y Amata postulan interpretaciones absolutamente opuestas, lecturas que son posibles sobre la base de la problemática de las genealogías en *Eneida*. Pero también en los demás casos puede observarse la dificultad inherente a la comunicación con los dioses: por ejemplo, Venus, Tiberino y Cimodocea revelan el sentido adecuado de los *omina* (los cisnes en 1, la cerda blanca en 8, el signo de la flota en 9) porque los signos en sí mismos no son claros.

El problema de los alcances de la interpretación humana se examinará también en el próximo capítulo de la Parte 3, dedicado a la profecía contenida en el escudo de Vulcano. Hemos decidido apartarla de las estudiadas aquí puesto que el canal no verbal de su emisión supone la consideración del recurso de la écfrasis épica.

Capítulo 3

Écfrasis y profecía:
el escudo de Vulcano[323]

La descripción del escudo forjado por Vulcano en el final de *Eneida* 8 ha recibido el constante interés de la crítica por distintos motivos. En primer lugar, predomina el análisis del pasaje en tanto écfrasis, es decir, como descripción de un objeto plástico en el marco de una narración. Los trabajos que estudian este aspecto atienden fundamentalmente a la convivencia de sistemas semióticos diferentesen la écfrasis (el verbal y el visual) y a la consideración del escudo como obra de arte producida por un artista y contemplada e interpretada por un observador. En ellos se subrayan fenómenos como la focalización[324] y la capacidad o incapacidad de Eneas para dilucidar el significado del escudo. [325] En muchos casos este episodio es vinculado con otros del poema en que Eneas observa una representación visual, como por ejemplo el friso del templo de Juno en Cartago (1.446-493) o las puertas

---

323 Este capítulo, con algunas variantes, ha sido publicado en el número 28 (2013) de *Myrtia. Revista de Filología Clásica* de la Universidad de Murcia.

324 Cf. Weiden Boyd 1995: 74 ("*The most definitive thing about an ecphrasis, i. e., the one thing that distinguishes it from other types of descriptive or visual narrative, is its explicit multiplicity of viewers/readers/audiences*"), Fowler 1991: 29 ("*There is no neutral, zero-focalized way of linearizing a visual scene: a point of view is necessarily inscribed*") y Barchiesi 1997: 280 ("*The problem of 'who views the images?' is intertwined with the problem of 'who tells the story?', and helps the reader to realise the importance of point of view and subjectivity. When the description has a focaliser, that is to say a character in the narrative who views the artifact, the reader needs to be aware that her perception of the images is mediated by the narrative voice, or voices, as well as by the perspective of the focaliser*").

325 Véanse Lyne 1987: 209, Barchiesi 1997: 275-7, Zetzel 1997: 201, Putnam 1998: 153-4, Boyle 1999: 160, Smith 2005: 58 y Beck 2007: 533-4.

esculpidas por Dédalo en el santuario de Apolo (6.14-33).[326] El escudo de Vulcano se presenta entonces como objeto por excelencia para proponer una reflexión sobre la interpretación del texto de *Eneida* en particular y del arte en general.[327]

El escudo pertenece al conjunto de profecías de *Eneida* y se asimila, por la extensión temporal y por la relevancia de los hechos históricos romanos que profetiza, al anuncio de Júpiter en el libro 1 y al desfile de héroes romanos en el libro 6; supone también una lectura de la historia de Roma (Quint 2018: 26ss). Muchos trabajos se abocan al análisis del contenido específico y detallado de las viñetas que conforman el escudo[328] y las vinculan con el discurso histórico, en especial el de Tito Livio.[329] Es notorio el interés por la viñeta central, que presenta el triunfo de Augusto en Accio, fundamentalmente en virtud de su interpretación política en tanto punto culminante de la historia romana y victoria definitiva de Occidente sobre Oriente.[330]

Nuestro interés por el escudo radica en su carácter de texto profético y en el modo en que Eneas puede o no adquirir el conocimiento que trasmite. Sin embargo, el hecho de que el escudo sea un artefacto, es decir, un objeto físico –y no un discurso oral como los anuncios previos del poema– nos obliga a considerar los trabajos teóricos sobre la écfrasis como "modo literario" específico (Heffernan 1991: 298) ya que, a nuestro entender, un análisis del contenido del escudo no puede ignorar la disposición espacial de las viñetas que lo forman. Como afirma Kurman en su artículo acerca de la écfrasis en la épica (1974: 6), *"in the shield of Aeneas we can see [...] a syncretism of ecphrasis with prophecy"*.

---

326 Thomas 1983: 180-2, Fowler 1991: 31-3, Barchiesi 1997: 275, Beck 2007: 539 y Hardie 1998: 76.

327 En términos de Beck (2007: 535), *"ecphrasis –a description of one kind of art within a different kind of work of art– is an inherently reflexive and self-referential process. This quality makes ecphrasis a spot where larger ideas about interpretation are to be found. It urges us to apply ideas broadly from this particular passage about interpretation to the work as a whole"*. Hallamos consideraciones similares en Fowler 1991: 33, Barchiesi 1997: 277, Putnam 1998: 2 y Penwill 2005: 45-6.

328 Cf. Putnam 1965: 148, Hardie 1986: 350, Cairns 1989: 97, Henry 1989: 118 y Putnam 1998: 120-146.

329 Cf. Gurval 1995, Harrison 1997: 71-75, Clausen 2002: 182-3, Penwill 2005: 40 y Feldherr 2011: 12-13.

330 Cf. Quint 1993: 23-8, Toll 1997: 45, Zetzel 1997: 199, Adler 2003: 187, Syed 2005: 178-80, Reed 2007: 105, Pogorzelski 2012: 263-264 y Wimperis 2020: 147-148.

— 1 —
Écfrasis y lectura

Como es sabido, el término "écfrasis", derivado de ἐκφράζω, "describir", se emplea en teoría literaria para designar la descripción de una obra de arte en el marco de una composición poética.[331] Desde la perspectiva teórica de la narratología, la écfrasis es un ejemplo típico de la "pausa descriptiva" (Fowler 1991: 25), que se caracteriza, según Genette (1983: 83-84), por el hecho de que "alguna sección del discurso narrativo se corresponde con una duración diegética inexistente". La acción narrada se detiene para dar paso a la descripción, sin que exista una acción durativa en la trama (Barchiesi 1997: 272).

No obstante, en el interior de la descripción se pueden hallar acciones.[332] En este sentido, Heinze señala que en Virgilio, cuando aparece la descripción, "se acerca a la narración de ser posible".[333] Heffernan (1993: 5-6) se refiere a esta débil frontera entre narración y descripción. Si bien podemos afirmar que en tal o cual pasaje predomina uno de los dos modos, se torna complejo definir la écfrasis como descripción pura. Cada una de las viñetas del escudo de Vulcano encierra el relato de un suceso, aun cuando la reiteración de verbos como *fecerat* (8.630), *addiderat* (8.637), *aspiceres* (8.650) nos recuerde constantemente que no estamos en presencia de los hechos mismos, sino de una imagen creada por el dios Vulcano.[334]

---

331 Las definiciones revisadas son muy similares: "*the description in verse of an object of art*" (Kurman 1974: 1); "*the exposition, that is, of a work of art within poetry*" (Thomas 1983: 175); "*ekphrasis is the verbal representation of graphic representation*" (Heffernan 1991: 299, reformulado en 1992: 3 como "*ekphrasis is the verbal representation of visual representation*"); "*a literary description of a work of art*" (Barchiesi 1997: 271); "*the formal description of a work of art*" (Hardie 1998: 75); "*a verbal representation of a visual artifact*" (Beck 2007: 534). En todas se puede encontrar la presencia de lo visual junto a lo verbal, la convivencia de dos modos de representación.

332 Fowler 1991: 29: "la escena visual funciona como historia para el relato de la descripción verbal".

333 Heinze 1903: 389: "*ist sie der Erzählung nach Möglichkeit angenähert*".

334 Feldherr 2011: 5: "*Vergil chooses to describe the shield not at the moment of its creation, as Homer had, but at the moment when it is viewed. Yet for all that, the scene of creation is made very present to the reader, if not to the viewer, through such introductory phrases, in the pluperfect, as* fecerat *(8.628, 710),* extuderat *(8.665), or* finxerat *(8.726)*".

En la descripción existen indicaciones de la posición de cada una de las viñetas. A través de ellas el carácter lineal de la descripción textual da cuenta de la circularidad del objeto representado y permite dilucidar la disposición de las imágenes. Ya se ha dicho que la representación del triunfo de Augusto ocupa la zona central en virtud de que la descripción de la imagen comienza con la frase *in medio* (8.675). A su vez, dentro de esta imagen puede identificarse posiciones de distintos personajes, ya que Cleopatra aparece *in mediis* (8.696) y Apolo tiende su arco desde la parte superior (*desuper*, 8.705).

Entre las viñetas anteriores y la de Accio se representa el mar (8.671-674):

Haec inter tumidi late maris ibat imago
aurea, sed fluctu spumabant caerula cano;
et circum argento clari delphines in orbem
aequora verrebant caudis aestumque secabant.

Entre ellas se extendía la imagen áurea del mar revuelto, sus aguas azules se cubrían de espuma con blancas olas; alrededor delfines claros de plata barrían el mar en círculos y surcaban la superficie con sus colas.

Putnam señala que este elemento establece un diálogo con el escudo de Aquiles en *Ilíada*. El océano que Homero había colocado en el borde exterior del escudo para delimitar la representación del universo aparece aquí en torno a Accio, nuevo episodio central del cosmos romano.[335]

Si ya quedan identificados la batalla de Accio en el centro y el océano en derredor, resta reconocer la disposición de las cinco primeras viñetas descriptas. Hemos individualizado las distintas viñetas a partir de los indicadores espaciales que marcan el comienzo de la descripción de cada una de ellas. La primera ocupa los versos 8.630-634 y muestra a Rómulo y Remo en la cueva de la loba. La segunda se inicia con *nec procul hinc* (8.635) y contiene el rapto de las sabinas y el posterior pacto entre Rómulo y Tacio. La tercera, inaugurada por *haud procul inde* (8.642), muestra la guerra contra los albanos. La cuarta viñeta comienza con el circunstancial *in summo* (652) y representa la invasión de los galos

---

del año 390 a.C.; dicha frase marca a un tiempo la ubicación de Manlio, el vigía romano colocado en el alcázar (652: *custos Tarpeiae arcis*) y la disposición de la viñeta en el sector superior del escudo.[336] Finalmente, el inicio de la descripción de la quinta viñeta está marcado mediante *hinc procul* (666), "lejos de allí", lo cual permite deducir que se encuentra en la parte inferior del escudo, la más lejana u opuesta a aquella que mostraba la invasión de los galos; aquí se ubica la representación de Catón y Catilina en los infiernos. Como observa Feldherr (2011: 14), es a través de esta indicación – el señalamiento del submundo como opuesto al sector superior – que se hace clara la circularidad del escudo. Por lo demás, resulta apropiado que los infiernos aparezcan en la parte más baja del escudo.

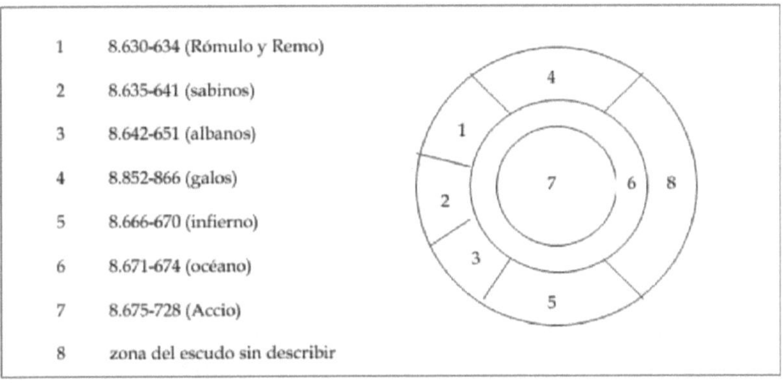

Las tres primeras viñetas (que muestran a Rómulo y Remo, el conflicto con los sabinos y la guerra contra los albanos respectivamente) parecen ser vecinas entre sí. Entre la primera y la segunda media el circunstancial *nec procul hinc* (635), "y no lejos de aquí", y entre la segunda y la tercera aparece *haud procul inde* (642), "no lejos de allí". En consecuencia, las tres estarían situadas en el espacio delimitado por las imágenes de la invasión gala y del infierno, en uno de los laterales del escudo. De aceptar esta hipótesis, se concluirá entonces que falta la descripción de las imágenes exhibidas en el otro costado. El carácter incompleto de la écfrasis ya ha sido señalado por Hardie (1986: 346) y Putnam

---

336 Cf. Serv. A. 8.652 (*in summa clipei parte*) y Gransden 2003: 170.

(1998: 120): Vulcano ha seleccionado qué episodios de la futura historia de Roma incluir en su representación y a través de la écfrasis sólo tenemos acceso a algunos de ellos.

— 2 —
**El centro y el contorno:
la viñeta de Accio como organizadora de la interpretación**

Thomas (1983: 176ss) señala la importancia de la viñeta central para la interpretación de la écfrasis: "el centro de un objeto en efecto define, o permite la reconstrucción visual de la obra de arte". A partir de la comprensión del centro se construye el significado del objeto de arte en su totalidad. Ésta es, según Thomas, una característica fuertemente marcada en las écfrasis de Virgilio, algo que demuestra a través del análisis de la écfrasis del templo de Juno, en la que se destaca la importancia del *peplum* que las troyanas llevan a Atenea. El gusto por la estricta axialidad y la simetría es un rasgo definitorio del arte augusteo, como lo demuestra Galinsky (1996: 200) a propósito de la organización de las imágenes en espacios públicos como el *Ara Pacis* y el foro de Augusto.

La importancia del centro del escudo de Vulcano es obvia. Encontramos allí a Augusto venciendo en Accio a una turba oriental que tiene a la cabeza a Antonio y su *Aegyptia coniunx*, la lucha de los olímpicos a favor de los romanos, la ceremonia del triunfo con el correspondiente desfile de los vencidos. No nos extenderemos en las resonancias políticas de esta escena, que ya han sido exhaustivamente estudiadas. Resulta interesante plantear la viñeta de Accio como clave de lectura del escudo, como elemento que organiza su interpretación. Último elemento en el orden lineal de la descripción, su ubicación central en el orden circular invita a una reinterpretación de las viñetas organizadas a su alrededor mediante la vinculación de cada una de esas imágenes con la representación central.

Existen trabajos que han intentado hallar un denominador común de todas las imágenes, un tema que las recorra otorgándole unidad al escudo. Otis (1964: 341) considera que el eje del escudo es la oposición entre *virtus, consilium* y *pietas*, por un lado, y la violencia, por el otro, a lo largo de la historia romana. Putnam

(1965: 150) plantea que el tema es la violencia que termina conduciendo a la paz. Quinn (1968: 50), por su parte, señala que las imágenes del escudo ilustran dos cuestiones, la descendencia de Eneas a través de Ascanio y las guerras que dichos descendientes librarán, pero no propone un tema común a todas ellas. En su introducción al *Commentary* de Fordyce, Walsh (1977: xxix) apunta que las imágenes generan una secuencia de crecimiento a través de las luchas itálicas, por lo cual el escudo se vincula estrechamente con la parte "iliádica" del poema. Según Williams (1990: 24), las imágenes comparten su impacto visual y la representación de los valores romanos. Harrison (1997: 70) propone que todas las imágenes tienen en común el hecho de representar situaciones en que Roma logra escapar de un grave peligro.

Estas propuestas sin duda contribuyen a la interpretación del escudo pero muchas veces no resultan del todo convincentes. ¿Podemos encontrar, por ejemplo, la violencia que conduce a la paz, como afirma Putnam, en la imagen de Rómulo y Remo? ¿De qué peligro escapan los romanos, al decir de Harrison, en la imagen infernal de Catilina y Catón? Creemos que buscar una sola temática predominante a través de todo el escudo constituye una tarea infructuosa, porque la multiplicidad de temas y motivos impide hacer una generalización que abarque e incluya a todas las viñetas.

Nuestra propuesta consiste, entonces, no en hallar un solo tema o patrón común a todas las viñetas sino en identificar qué elementos unen a cada una de las que se encuentran en el contorno con la imagen central. El triunfo de Accio, descripto en último término, constituye el punto culminante del escudo porque amplía tópicos y elementos presentados en cada una de las viñetas de alrededor. Vincular cada imagen con la zona del medio supone realizar una lectura organizada a partir del centro y así recuperar en la interpretación la dimensión espacial, circular, del escudo que aprecia el observador imaginario en primer término. Como observa Gransden (2003: 162), "la écfrasis está organizada como secuencia cronológica: tal organización 'linear' no podía mantenerse en un escudo, puesto que el ojo del observador se dirigía naturalmente hacia el centro en primer lugar".

A continuación se revisarán las cinco primeras imágenes de la écfrasis – es decir, las que se hallan en el contorno del escudo– para determinar qué vínculo establece cada una con la viñeta de Accio.

2.1. *Rómulo y Remo (8.630-634)*

La primera viñeta muestra a los mellizos fundadores de Roma en torno a las ubres de la loba que los rescató del peligro de muerte. Se subraya aquí la ascendencia divina de los niños por medio de la descripción de la caverna de la loba como *Mavortis antro* (8.630). En la batalla de Accio Marte aparece en dos oportunidades (*instructo Marte* en 8.676 y *saevit medio in certamine Mavors* en 8.700); si bien puede considerarse que estas dos menciones son dos alusiones a la guerra, también es cierto que Marte es uno de los dioses (junto con Neptuno, Venus, Minerva y Apolo) que luchan por los romanos. Asimismo, la violencia asociada al dios –que en la viñeta de Accio aparece en su cortejo de manera explícita, constituido por las *Dirae*, la Discordia y Bellona– resuena en la imagen de Rómulo y Remo, en virtud de que la mención de Marte recuerda el nacimiento de los mellizos a partir de la violación de Rea Silvia.

Por último, aparecen en la primera viñeta dos tópicos que se amplían en la imagen central. Por un lado, se halla aquí el tema de los mellizos (*geminos*, 8.631), que se plasma más adelante no sólo en la llama doble que exhalan las sienes del *princeps* (*geminas... flammas*, 8.680) sino también en la cuestión del enfrentamiento fraternal. Tal como Rómulo finalmente matará a su hermano Remo, así Augusto hace la guerra contra Antonio, otro romano.

Por otro lado, el verbo empleado para describir cómo la loba lame los cuerpos de los niños y les da forma (*<u>mulcere</u> alternos et corpora <u>fingere</u> lingua*, 8.634) se retoma al final de la écfrasis para hablar de la obra de Vulcano (*hic Nomadum genus et distinctos Afros...<u>finxerat</u>*, 8.724-726), que es llamado *Mulciber* (8.724), "el que suaviza". Bartsch (1998: 330) cita una frase de Donato según la cual Virgilio asimilaba su tarea poética a la acción de una osa que lame a sus oseznos para darles forma: *carmen se ursae modo parere dicens et lambendo demum effingere* (*Vita Donati* 22). El crítico propone que esta comparación define el trabajo de Virgilio sobre la materia histórica romana como un esfuerzo por "domar" o "suavizar" algo que, en potencia, puede llegar a ser salvaje. Así como la loba da forma a los gemelos y Vulcano suaviza los metales para confeccionar su escudo, el poeta debe estetizar la violencia de la historia romana.

2.2. El conflicto con los sabinos (8.635-641)

La segunda imagen descripta es la que representa el rapto de las mujeres sabinas y el posterior pacto entre Rómulo y Tito Tacio a partir del cual se produce la unificación de los pueblos y se establece la alternancia entre gobernantes romanos y sabinos. Este relato legendario está representado en la viñeta de modo tal de configurar un prototipo de Accio. En primer lugar, en los dos casos se describe el episodio como una guerra (*novum bellum* en 8.637 y *Actia bella* en 8.675). En segundo lugar, se señala como causa del conflicto una unión matrimonial irregular: las sabinas son *raptas sine more* (8.635) mientras que Antonio es enfrentado junto a su *Aegyptia coniunx*, situación descripta como *nefas* (8.688). Tanto la expresión *sine more* como el término *nefas* apuntan a una anormalidad incluso en lo atinente a la esfera religiosa. Finalmente, la resolución del conflicto es festejada mediante la celebración ritual: en el primer caso, Rómulo y Tacio firman un pacto (*foedera*, 8.641) y ante el altar (*ante aram*, 8.640) sostienen las pateras (*pateras tenentes*, 8.640) luego de realizar un sacrificio animal (*caesa porca*, 8.641); en el segundo caso, la victoria de Accio da ocasión a un triple triunfo (*triplici triumpho*, 8.714), a sacrificios para los dioses (*dis Italis votum immortale sacrabat* en 8.715 y *terram caesi stravere iuvenci* en 8.719) y a juegos públicos (*ludis*, 8.717) en medio de la algarabía general (*laetitia… plausuque fremebant*, 8.717).

2.3. El castigo de Metio Fufecio y la guerra contra Porsena (8.642-651)

En la tercera viñeta se encuentra la representación de dos episodios, el conflicto con los albanos en tiempos de Tulo Hostilio, que finaliza con el descuartizamiento de Metio Fufecio, y el asedio de Porsena, que culmina con las demostraciones de heroísmo de Cocles y Clelia.[337] Cada una de las situaciones representadas resalta un aspecto que luego encontraremos en la batalla de Accio. En el castigo de Metio se subraya su traición, tanto mediante la apelación parentética *at tu dictis, Albane, maneres!* (8.643) como a

---

337 Decidimos considerar que ambos hechos se encuentran dentro de una misma viñeta debido a que entre ellos no existe una fórmula de transición del tipo *nec procul hinc*.

través del adjetivo *mendacis* (8.644). Metio era un albano que prometió apoyar a los romanos contra Veyos pero al final se pasó al bando contrario y por eso Tulo Hostilio decidió castigarlo; puede entonces considerarse una prefiguración de Antonio, romano que traiciona a su patria –hay que recordar nuevamente la expresión *nefas*– y lucha con las huestes orientales. En la descripción de la viñeta del sitio de Porsena se resalta la voluntad de regresar a la monarquía (*Tarquinium eiectum iubebat / accipere*, 8.645-646) y la resistencia de los romanos, que se lanzan a las armas a favor de la libertad (*Aeneadae in ferrum pro libertate ruebant*, 8.648). En la viñeta de Accio también tenemos a un monarca (en este caso Cleopatra, denominada *regina* en 8.696) contra quien luchan los romanos en virtud de sus ideales. Aquí Augusto aparece secundado *cum patribus populoque penatibus et magnis dis* (8.679).

2.4. *La invasión de los galos (8.652-666)*

Hallamos aquí una viñeta en la que se adelanta la temática de la guerra contra una fuerza extranjera; ya se ha visto que, si bien en Accio ambos capitanes son romanos, Antonio y los suyos son representados con rasgos orientalizantes, de manera de presentar una guerra civil en términos de conflicto entre Roma y otras naciones. La defensa de los romanos frente a los galos está presidida por Manlio, ubicado en lo alto del Capitolio (*stabat pro templo et Capitolia celsa tenebat*, 8.653), así como Augusto encabezará la avanzada *stans celsa in puppi* (8.680). Nuevamente, como en la viñeta del rapto de las sabinas, el triunfo sobre los galos se festeja con celebraciones rituales: aparecen los salios y los lupercos (*exsultantis Salios nudosque Lupercos*, 8.663).[338]

La mención de los salios resulta de especial relevancia por distintos motivos. En primer lugar, alude a una práctica ritual ancestral romana que incluía "escudos lanzados desde el cielo" (*lapsa*

---

338 Consideramos, siguiendo a Harrison (1997: 73) y Putnam (1998: 132), que la imagen de los salios y los lupercos pertenece a la viñeta del ataque de los galos, como representación de los festejos por la salvación de la ciudad. Otros autores (por ejemplo Ravenna 1988: 740 y Penwill 2005: 38) la consideran una sección separada, en virtud de que el verso 8.663 comienza con el adverbio *hic*. Desde nuestro punto de vista, con este deíctico no se realiza un tránsito a una nueva viñeta sino que la referencia se encuentra en la misma imagen que se viene describiendo, es decir, como sinónimo de *ibidem*.

ancilia caelo, 8.664) para recordar el escudo recibido por Numa,[339] pero que en este contexto adquieren una nueva connotación ya que remite al escudo que desde el cielo le trae a Eneas su madre Venus.[340] En segundo lugar, se vincula con la viñeta de Accio y con la figura de Augusto en particular debido a que el nombre del *princeps*, según él mismo lo narra en el párrafo 10 de sus *Res Gestae*, fue incorporado al canto ritual de estos sacerdotes:

Nomen meum senatus consulto inclusum est in saliare carmen.

Mi nombre fue incluido en el canto de los salios por decisión del senado.

Otro vínculo con la imagen central se establece a través de las figuras femeninas. Las matronas cargan aquí los objetos sagrados (*castae ducebant sacra per urbem / ...matres*, 8.665-666), como lo harán en la viñeta de Accio, donde su participación también es individualizada (*omnibus in templis matrum chorus*, 8.718).

2.5. Catón y Catilina en los infiernos (8.666-670)

La breve quinta viñeta describe a dos personajes de la época republicana, Catilina y Catón, en distintas zonas del submundo. Mientras el primero sufre su castigo eterno (*minaci / pendentem scopulo*, 8.669-670) apartado de las sombras de los piadosos (*secretosque pios*, 8.670), el segundo continúa dando leyes en el más allá (*his dantem iura Catonem*, 8.670). Nuevamente, entonces, aparece aquí el tema de los gemelos, de los dos personajes que son uno la contracara del otro, como lo serán Augusto y Antonio en Accio. La labor legislativa de Catón establece un paralelismo con el *princeps*, cuyo papel civilizador sobre los bárbaros es central en la descripción de Accio.

Proponemos, pues, una lectura del escudo en la que la disposición espacial de las imágenes cobra un papel decisivo: la viñeta de Accio, última en el orden lineal del texto descriptivo y central se-

---

339 Sobre los salios, la institución de sus rituales por Numa y la descripción de sus ceremonias, véanse Serv. *A.* 8.664, Daremberg et Saglio (1877-1919: tomo IV, 1014-1022), Turcan (2000: 57), Beard, North y Price (2009: I.1, I.43, II.5, II.126-128) y Rüpke (2009: 100, 179).

340 Gransden 2003: 172: "*the image of a magic shield appears on Aeneas' shield, which has itself descended from heaven*".

gún su ubicación visual, se erige como clave de interpretación del escudo, ya que cada una de las imágenes que la circundan puede leerse como una prefiguración, un adelanto de lo que luego será Accio. El triunfo de Augusto aparece como punto culminante al que se dirigen cada uno de los episodios históricos representados.

— 3 —

Imagen y profecía:
rerum ignarus imagine gaudet

Como se ha señalado al comienzo de este capítulo, el pasaje final del libro 8 tiene la particularidad de presentar una profecía a través de una écfrasis. Ahora bien, esta lectura sólo puede producirse en el nivel extradiegético, ya que sólo comprende esta relación el lector de *Eneida* que conoce la historia de Roma y que es capaz de advertir cómo y por qué han sido representados estos eventos. La forma circular contribuye a la interpretación de la historia de Roma como un todo ordenado, como un relato susceptible de ser estructurado;[341] el lector puede apreciar esta totalidad y entonces comprender el carácter profético del texto del escudo.

Eneas, en cambio, destinatario intradiegético del escudo, se define por la incapacidad de entender lo que ve, puesto que es calificado de *ignarus* (8.730). Esta caracterización lo contrapone absolutamente a Vulcano, definido como *haud vatum ignarus* en los versos que preceden a la écfrasis (8.626-629):

> *Illic res Italas Romanorumque triumphos*
> *haud vatum ignarus venturique inscius aevi*
> *fecerat ignipotens, illic genus omne futurae*
> *stirpis ab Ascanio pugnataque in ordine bella.*

> Allí los sucesos itálicos y los triunfos de los romanos había hecho el dios ignipotente, no desconocedor de los vates ni ignorante de la edad venidera, allí en orden la estirpe entera de la futura descendencia de Ascanio y las guerras libradas.

---

341 Feldherr 2011: 22: "*...understanding the "circular", cosmic dimensions of Roman history as a manifestation of an order fully capable of giving structure to the future as well as the past. The viewer is thus privileged not simply to see the future but to step outside of time and see history made whole*".

   SEGUNDA PARTE: Las profecías en el relato del narrador

Vulcano y Eneas representan dos extremos en la posibilidad de conocimiento del destino.[342] Servio (*ad. A.* 8.627) señala que la frase *haud vatum ignarus* significa *futurorum non inscius*, es decir, que "no ignorante de los vates" implica "no ignorante de aquello que los vates saben", es decir, el porvenir. Vulcano, como dios, tiene acceso al saber sobre el futuro. Fordyce (1977: 270-271), en cambio, entiende que se minimiza con esta frase el poder del dios, ya que su conocimiento deriva de otra fuente. Sin embargo, no es la primera vez en *Eneida* que esto ocurre: en el libro 1 Venus no conoce el *fatum* y le pregunta a Júpiter qué sucederá; en 3, la arpía Celeno dice que conoce el futuro porque se lo trasmitió Apolo, y a él Júpiter previamente.

En todo caso, habría que definir qué entendemos aquí por *vates*. Puede tratarse de los "adivinos", es decir, de aquellos que por medio de la práctica de la *divinatio* acceden al saber sobre el futuro; en tal caso, lo que Vulcano no ignora es la comunicación del *fatum* por medio de vaticinios y anuncios. Pero también podría entenderse *vates* como forma de designar a los poetas en tanto conocedores privilegiados del universo y del porvenir; de hecho, el yo poético usa ese término para referirse a sí mismo cuando solicita la ayuda de la musa en 7.41: *tu vatem, tu, diva, mone.* De interpretarlo así, podríamos afirmar que Vulcano forja su escudo a partir del conocimiento transmitido por la tradición literaria: los poetas se elevan a un nivel de conocimiento que resulta superior, incluso, al de los dioses. Casali (2006: 186) elige esta segunda opción y sostiene que Vulcano refleja la figura del poeta Virgilio.

Acerca de la caracterización de Eneas como *ignarus* la bibliografía crítica ha formulado propuestas de interpretación diversas. O'Hara (1990: 121) postula que Eneas debe mantenerse necesariamente en un nivel de ignorancia para seguir adelante en el cumplimiento de su misión; no saber la verdad es lo que posibilita alegrarse ante lo que ve (*miratur rerumque ignarus imagine gaudet,* 8.730). Postula que, desde el punto de vista de los dioses, es imposible para un ser humano conocer el futuro y aún persistir. En términos similares lo entienden Boyle (1999: 160) y Rossi (2010: 146), quienes observan que sólo es posible alegrarse por las imágenes (*gaudet imagine*) porque se ignora la realidad (*rerum*

---

342 Cf. Fratantuono 2015: 14-15.

ignarus). Putnam (1998: 153-154), por su parte, propone dos formas opuestas de entender la relación entre *ignarus* y *gaudet*: o bien Eneas se alegra porque, en caso de comprender el significado de las imágenes, encontraría placer en ver cumplidas las promesas acerca de su futura descendencia, o bien se alegra sólo porque ignora y conocer lo que realmente muestra el escudo no le produciría felicidad.

En todo caso, en las propuestas de estos tres críticos se observa una constante: la evaluación del pasaje en términos de oposición entre *gaudet* e *ignarus*. O bien Eneas, desde una perspectiva pesimista sobre el destino romano, se alegra porque ignora, ya que saber el futuro sólo le produciría dolor, o bien, desde un punto de vista optimista, se alegraría en caso de conocer qué trasmiten las imágenes, ya que en el escudo se celebra el triunfo romano. El acto de alegrarse se presenta como indisolublemente ligado al conocimiento o ignorancia de lo que las imágenes significan.

En este tipo de lecturas se plantea, además, una dicotomía absoluta entre saber y no saber, no considerando la posibilidad de que Eneas tenga, como apunta A. Feldherr (2011: 21), una capacidad cognitiva parcial que "no se disuelve en una vacuidad absoluta". Para analizar esta cuestión hay que tener en cuenta tres elementos fundamentales. En primer lugar, ha de recordarse en qué punto de la trama se halla Eneas, qué sabe acerca de su futuro y de su descendencia al momento de recibir el escudo. En segundo lugar, cabe comparar la reacción ante el escudo con la forma en que Eneas ha respondido a las otras obras de arte a las que se ha enfrentado anteriormente. Por último, corresponde evaluar cuál es la importancia del escudo en esta instancia de la trama de *Eneida*.

En primer término, entonces, interesa recapitular qué sabe Eneas acerca del *fatum* en el momento en esta instancia de la acción. Siguiendo el orden cronológico de la historia, es preciso empezar por los sucesos de Troya referidos en el libro 2. En virtud de las apariciones de los fantasmas de Héctor (2.268-297) y Creúsa (2.771-794), Eneas sabe que debe buscar una nueva ciudad para los Penates troyanos y que su destino está en Hesperia, donde lo espera una boda real luego de sortear un largo viaje. El signo de la llama sobre la cabeza de Ascanio (2.679-691) y la posterior confirmación de Júpiter (2.692-704) demuestran que la empresa fundacional cuenta con la sanción divina. Pero al mismo tiempo, gracias a la intervención de Venus que le permite acceder a la visión de Juno, Atenea, Júpiter y Neptuno destruyendo la ciudad (2.567-623), Eneas aprende que los dioses pueden ser inclementes cuando intervienen en los asuntos humanos.

En el libro 3 se encuentran las distintas vicisitudes del viaje hasta llegar a Cartago. Eneas recibe a lo largo de su trayecto las profecías de Apolo (3.69-120), los Penates (3.147-179), la arpía Celeno (3.192-269) y Héleno (3.356-471), que comunican a. que hay que regresar a la tierra patria para fundar la nueva ciudad, b. que el destino del viaje es Italia, c. que se reconocerá el punto de llegada cuando un hambre atroz los obligue a devorar sus propias mesas y cuando vean a una cerda blanca echada junto a su cría y d. que una vez en Italia es necesario recibir instrucciones de parte de la Sibila de Cumas. Estos datos, como suele suceder con los textos proféticos, no se brindan de manera clara. La consigna *antiquam exquirite matrem* dada por Apolo (3.96), interpretada por Anquises como referida a Creta (3.103-117) –y entendida correctamente sólo a raíz de la intervención de los Penates–, obliga a una serie de marchas y contramarchas que demuestran que los personajes humanos suelen dar interpretaciones erradas a los mensajes divinos. Otra particularidad a tener en cuenta es el olvido de lo escuchado con anterioridad, *i. e.*, que el objetivo era Italia era claro ya en la profecía de Creúsa del libro 2.

El siguiente anuncio que Eneas recibe en orden cronológico es el de la sombra de Anquises (5.700-778), que adelanta el estallido de guerras en Italia; esto es confirmado por la Sibila (6.83-97). A continuación, durante el descenso a los infiernos, Anquises revela la descendencia de Eneas al identificar y describir las almas que esperan su ascenso al mundo de los vivos, en el que formarán parte de la historia romana (6.752-892). Ya en suelo itálico, Eneas recibe la visita del dios río Tiberino, quien reitera la imagen de la cerda blanca como signo del punto de llegada y recomienda establecer una alianza con Evandro (8.18-85).

Si bien, como hemos señalado en la sección 2.3.3, dejamos de lado la revelación del submundo, puesto que el pasaje final de las puertas del sueño cancela la posibilidad de que Eneas recuerde lo que ha aprendido en los infiernos, podemos afirmar, adhiriendo a la observación de Feldherr, que Eneas tiene cierto conocimiento de lo que sucederá. Sabe que debe fundar una ciudad, que allí debe instalar a los Penates troyanos y que su descendencia será ilustre. Sabe también que los dioses obran entre los hombres, que se comunican con ellos y que sus anuncios se cumplen: al momento de recibir el escudo, Eneas ya ha identificado el objetivo de su viaje mediante el signo de las mesas (7.107-122) y el hallazgo de la cerda blanca (8.81-85) y ya ha concertado el pacto con Evandro (8.102-369).

Sin embargo, a pesar de toda esta información con la que Eneas cuenta al contemplar el escudo, el narrador lo califica como *ignarus*. Este adjetivo no implica, a nuestro entender, un desconocimiento absoluto del porvenir, sino que se vincula, por el contrario, con una ignorancia de que el escudo en sí constituye una profecía. En los casos mencionados previamente, Eneas, aun cuando no comprendiera el significado de los anuncios, sí advertía que se trataba de instancias de revelación del destino –ya por el carácter sobrenatural de la situación, como en los sueños o en la aparición del fuego de Ascanio o en la visión de fantasmas, ya por la presencia de un sacerdote como Héleno o la Sibila–. Aquí, en cambio, a pesar de saber que se trata de un objeto maravilloso, por haberlo recibido de Venus, nada indica que realmente haya comprendido que las viñetas del escudo constituyen un texto profético.

En todo caso, Eneas podría *suponer* que las imágenes aluden a su futura descendencia. Incluso podríamos aventurar que es capaz de advertir que en la viñeta central hay una batalla de la que participan los dioses y que en la parte superior del escudo hay un alcázar atacado por un ejército extranjero; quizás hasta podría darse cuenta de que en la parte inferior hay una imagen del submundo. De lo que no es capaz Eneas es de *identificar* las imágenes que ve. No sabe que los dos niños en torno a la loba son los fundadores de Roma, ni que las mujeres de la segunda viñeta son las sabinas raptadas durante el reinado de Rómulo, ni que el hombre castigado con el desmembramiento es Metio Fufecio, ni que el protagonista de la imagen central es Augusto. Por ello Eneas es *ignarus*: su desconocimiento no es total pero no puede atribuir una designación clara a cada imagen, identificando los nombres de sus protagonistas y su ubicación cronológica, como sí puede hacerlo el lector del poema.

En este sentido, podemos retomar nuestras conclusiones acerca del episodio de la catábasis en el libro 6. Allí también Eneas se encontraba ante un *spectaculum,* ante una experiencia visual que requería interpretación. Pero la presencia de Anquises funcionaba como mediadora de la comprensión. El padre señalaba quién era –o mejor, quién iba a ser– cada una de las almas del infierno, indicaba sus rasgos más prominentes, explicaba qué importancia iba a tener en la historia de Roma. Aquí, por el contrario, Eneas no puede distinguir ni identificar quiénes son los personajes del escudo, aun cuando varios de ellos hayan aparecido en el submundo.[343]

Para evaluar la respuesta de Eneas habíamos planteado, en segundo término, la comparación de este episodio con otros momentos del poema en los que el protagonista contempla una obra de arte visual: el pasaje del friso en el templo de Juno, en Cartago (1.453-497) y el de las puertas forjadas por Dédalo en Cumas (6.14-39). Pese a que esta cuestión ha sido tratada por varios críticos en las últimas décadas,[344] atenderemos aquí a los aportes de Weiden Boyd (1995), Putnam (1998), Bartsch (1998) y Kirichenko (2013), que la han examinado exhaustivamente como objeto central de sus investigaciones.

Estos autores analizan las écfrasis como metáforas del arte en general y del texto de *Eneida* en particular. Weiden Boyd (1995: 74) señala que en este pasaje Virgilio ofrece un modelo de lectura e interpretación del poema según el cual el mundo que representa es difícil de comprender. Putnam, en términos similares, habla de las écfrasis de *Eneida* como sinécdoques de los procesos de lectura que llaman la atención sobre la riqueza y la multiplicidad de significados del texto (1998: 10). Bartsch (1998: 328) y Kirichenko (2013: 66), por su parte, afirman que las obras de arte descriptas señalan a *Eneida* en su totalidad como texto paralelo. Al colocar ante el lector una instancia en que una obra de arte es observada e interpretada, se estimula la reflexión sobre la recepción del propio texto poético y sobre el papel del lector en la tarea de atribuir significado a lo que lee.

---

343 Ford Wiltshire (1989: 30) señala que, si bien Eneas es *ignarus* y no comprende el significado del escudo, el final del libro 8 señala un interesante cambio de perspectiva. Al salir de Troya Eneas cargaba sobre sus hombros a su padre anciano, ahora lleva el futuro de los romanos: existe un cambio de perspectiva del pasado al futuro. "*It is still an unknown and open future, but he can embrace it now with some confidence and perhaps even with a fleeting moment of joy*".

344 Cf. Perkell 1999: 45, Boyle 1999: 160, Syed 2005: 67.

Acerca del arte en la época de Augusto y el papel activo del receptor para comprender la multiplicidad de interpretaciones que ofrece, resulta imprescindible la lectura del capítulo "Art and Architecture" del estudio *Augustan Culture* de Karl Galinsky. En su análisis de las imágenes del *Ara Pacis Augustae* (Galinsky 1996: 149-150) formula una serie de observaciones acerca del compromiso del observador en el proceso de interpretación que pueden aplicarse tanto a la lectura del escudo como a la de *Eneida* en su totalidad: a. la multiplicidad de signficados será advertida en distintos niveles según la competencia del observador; b. con la restauración augustea de los *mores maiorum* se establece una genuina polisemia en los símbolos e imágenes del arte; c. la comprensión total de todas y cada una de las facetas de una obra de arte presupone un alto nivel de educación y sofisticación.

El pasaje del friso en el templo de Juno (1.453-497) cobra una relevancia especial porque constituye la primera écfrasis del poema en la que Eneas cumple el papel de observador y, por esta razón, se establece como patrón para la interpretación de las écfrasis subsiguientes.[345] Sobre este pasaje se han elaborado distintas propuestas de interpretación pero la predominante es aquella según la cual Eneas no sabe leer las escenas representadas y entiende como una celebración a la fama de los troyanos y como una exhibición de compasión por el dolor humano lo que en realidad es una exaltación de Juno como destructora de la ciudad.[346] Si se juzga el episodio del escudo a la luz de la interpretación, adheriremos a las propuestas mencionadas anteriormente. Eneas sólo puede alegrarse con las imágenes que no comprende ya que, de entenderlas, vería que en realidad representan el dolor, la destrucción y la violencia. Bartsch (1998: 338) sugiere al respecto una visión diferente. Cuando muestra el friso a través de los ojos de Eneas, es decir, exhibiendo las imágenes no en el orden que han sido dispuestas por el artista cartaginés, sino según la secuencia seguida al mirarlas, y consigna que el héroe es confortado por esta visión, pese a que esta esperanza derive de *pictura inani*, Virgilio

---

345 Cf. Fowler 1991: 33, Weiden Boyd 1995: 76, Zetzel 1997: 201, Putnam 1998: 23 y Bartsch 1998: 338.

346 Cf. Otis 1964: 238, Johnson 1968: 102-105, Weiden Boyd 1995: 76-78, Putnam 1998: 24-25, Syed 2005: 67.

nos invita, como lectores, a realizar una lectura positiva del arte en general y de la *Eneida* en particular.

Sin entrar en consideraciones particulares sobre las lecturas "optimistas" o "pesimistas" del poema, la propuesta de Bartsch nos parece novedosa y productiva para la interpretación del pasaje del escudo porque trasciende la oposición *gaudet* vs. *ignarus* que hemos señalado más arriba. La recepción del escudo genera en Eneas una respuesta subjetiva: el sentimiento de gozo que deriva de la contemplación de una obra de arte bella.

El pasaje de las puertas forjadas por Dédalo en el templo de Apolo (6.14-39) se diferencia tanto del episodio del escudo como del templo cartaginés por un rasgo fundamental. Aquí el lector no contempla la obra de arte al mismo tiempo que Eneas ni a través de sus ojos. Por el contrario, el narrador nos otorga un lugar privilegiado al permitirnos visualizar la descripción completa de las puertas, no como los troyanos, que se ven interrumpidos por la Sibila (6.33-38):

> quin protinus omnia
> *perlegerent oculis, ni iam praemissus Achates*
> *adforet atque una Phoebi Triviaeque sacerdos,*
> *Deiphobe Glauci, fatur quae talia regi:*
> *«non hoc ista sibi tempus spectacula poscit;*
> *nunc grege de intacto septem mactare iuvencos*
> *praestiterit, totidem lectas ex more bidentis.»*

Ciertamente todo esto habrían recorrido con sus ojos si Acates, enviado previamente, no se hubiera acercado ya y junto con él la sacerdotisa de Febo y Hécate, Deífobe hija de Glauco, quien dijo al rey tales palabras: "La ocasión no pide esos espectáculos, ahora sería preferible sacrificar según la costumbre siete novillos de un rebaño intacto y otras tantas ovejas escogidas".

El empleo del pretérito imperfecto del subjuntivo (*perlegerent*, 6.34) para la expresión de la irrealidad indica que los troyanos no llegaron a contemplar las puertas en su totalidad. En efecto, no sabemos qué paneles pudieron ver y cuáles no, o simplemente si vieron alguno. Lo que sí es claro es que la Sibila no encuentra apropiado detenerse en la contemplación de estos *spectacula*, puesto que es imprescindible realizar los sacrificios correspondientes para invocar a Apolo e ingresar en el submundo. Ahora bien: ¿la observación de las imágenes es riesgosa porque implica una pérdida de tiempo y una dilación de los rituales? ¿O existe un peligro que surge de las imágenes mismas? Según Syed (2005: 80), no es conveniente que Eneas mire porque en ellas no hay una sola que transmita sentimientos de heroísmo como para estimular al protagonista, sino sólo escenas de muerte y pasión desenfrenada.

Por último, hay que considerar qué implica para Eneas el escudo en este momento del desarrollo de los acontecimientos. El libro 8 comienza con el estallido de la guerra, cuando Turno hace flamear sus estandartes en el alcázar de Laurento, suenan las trompetas y crece el tumulto de los jóvenes guerreros; continúa con el pacto celebrado con Evandro a fin de obtener aliados para el enfrentamiento. La batalla es inminente y Eneas recibe, en los últimos versos del libro, las armas que utilizará para triunfar, que contribuyen a forjar su identidad de héroe fundador.[347] En este aspecto, la contemplación del escudo se aleja de las otras dos écfrasis mencionadas en la sección precedente. Aquí, el soporte de las imágenes es un objeto útil para la empresa bélica, es una herramienta. Como Aquiles en *Ilíada* XVIII,[348] Eneas recibe las armas forjadas por el dios del fuego de manos de su madre divina y, al vestirlas, comenzará su *aristeía* como guerrero que culminará con la victoria sobre Turno.[349]

La consideración de lo que sabe Eneas al momento de recibir el escudo y de las respuestas frente a los artefactos contemplados en los libros previos contribuye a entender la actitud de Eneas de admirar el escudo, alegrarse y cargarlo como una reacción

---

347 Acerca de la importancia de las armas como elementos que definen la identidad de los héroes de *Eneida*, cf. Sisul 2018: 61ss.

348 Es tradicional la comparación entre ambos pasajes y la observación de las diferencias entre ambos: en Homero, el escudo se describe durante el proceso de su elaboración, mientras que en Virgilio se lo muestra cuando es recibido por el héroe; en el escudo de Aquiles se representa el cosmos (la tierra, el cielo, el mar) y en el de Eneas la historia de Roma, que puede entenderse como historia universal; mientras que el escudo de Aquiles responde a una necesidad concreta (Patroclo ha perdido su armadura y ahora no tiene instrumentos para luchar), el de Eneas posee una carga mayormente simbólica por su carácter profético y su representación de los valores romanos. Cf. Kurman 1974: 1-2, Hardie 1986: 337-339, Williams 1990: 24, Putnam 1998: 167-180 y Clausen 2002: 175-181.

349 Se produce aquí, pues, un paralelismo Eneas-Aquiles con su contraparte en el dúo Turno-Héctor. Esta forma de vincular los personajes de *Eneida* con los de la épica homérica no es lineal y se reconfigura permanentemente a lo largo del poema. Sobre esta cuestión, véanse especialmente Anderson 1957, MacKay 1957, van Nortwick 1980, Gransden 1984, Smith 1999 y La Penna 2005: 148.

emocional no directamente vinculada a su conocimiento sobre el destino. Eneas puede intuir que las imágenes representan la gloria futura de su estirpe; no obstante, nada indica que haya comprendido que las viñetas del escudo constituyen un texto profético. Si regresamos al momento de la entrega de las armas, observamos que Eneas tiene la misma reacción (admiración y alegría) ante los demás objetos, aun cuando no contengan ninguna imagen (8.617-622):

> *ille deae donis et tanto <u>laetus</u> honore*
> *expleri nequit atque oculos per singula voluit,*
> *<u>miratur</u> que interque manus et bracchia versat*
> *terribilem cristis galeam flammasque vomentem,*
> *fatiferumque ensem, loricam ex aere rigentem,*
> *sanguineam, ingentem...*

Él [= Eneas], <u>feliz</u> por los regalos de la diosa y por semejante honor, no puede satisfacerse y hace girar sus ojos por cada uno de ellos. <u>Admira</u> y da vuelta entre sus manos y brazos el yelmo que vomita llamas terribles por sus crestas, la espada portadora de la muerte, la rígida loriga de bronce, sanguinaria, enorme....

El gozo de Eneas proviene de la belleza de las imágenes que contempla pero se debe ante todo al hecho de haber recibido de Venus, su madre divina, un regalo que utilizará para consagrarse como guerrero.

— 4 —
Conclusiones del capítulo 3

El análisis del escudo supone la consideración de dos cuestiones fundamentales. Por un lado, su carácter de texto profético que trasmite un saber acerca del futuro romano lo asimila a los demás anuncios del poema, especialmente a los de Júpiter en 1 y Anquises en 6. Por otro lado, el hecho de que el escudo aparezca mediante el procedimiento de la écfrasis adscribe este pasaje al mismo grupo que el friso del templo de Juno en Cartago y las puertas esculpidas por Dédalo.

Ambas cuestiones nos colocan frente a la problemática de la interpretación, tanto a nivel intra como extradiegético, para dilucidar qué significa el escudo para Eneas y para el lector, y cómo entender las imágenes que lo forman. El estudio de O'Hara (1990) ha planteado que las profecías acerca de Roma colocan al lector en una posición similar a la de los personajes del poema. Con frecuencia los anuncios optimistas y positivos sobre la gloria futura se caracterizan por su imprecisión e incluso ocultamiento de aquellos elementos que remiten al dolor y a la pérdida. Feldherr (2001: 11-12) señala que esto es especialmente cierto en la descripción del escudo, en cuyo cierre aparece el río Araxes con un puente encima.[350] Puesto que este hecho ocurrió más tarde, la audiencia de *Eneida*, como Eneas, se enfrenta a algo que sucederá en el futuro.[351]

El lector contempla el escudo, como Eneas, a través de la écfrasis. Hemos señalado cómo conviven la linearidad de la descripción con la circularidad del objeto descripto: la viñeta de Accio recibe la mayor preponderancia por constituir la culminación del texto y el centro visual del escudo. En ambos casos, esta imagen se presenta como síntesis de las anteriores y el lector del poema observará allí una interpretación de la historia romana y del lugar otorgado a Augusto en ella. Comparte con Vulcano la característica de *haud ignarus*: como el dios plasma el futuro, el lector puede reconocer en el escudo su pasado histórico.[352] Eneas, en cambio, *rerum ignarus*, no es capaz de identificar lo que se representa. En esto hallamos un punto de diferencia fundamental con respecto a los anuncios

---

350 Quint (2018: 143) señala que el cierre con el río Araxes establece un quiasmo con respecto al inicio del libro 8, en cuya apertura hallábamos el encuentro entre Eneas y Tiberino: *"The framing of Book 8 by rivers, the Tiber at its opening, the foreign rivers at the end, takes on the familiar Virgilian structure of chiasmus and symbolic reversal. Where the Tiber spontaneously welcomes its new Trojan inhabitants and calms its waters, the Euphrates has been compelled by Roman arms to flow more gently, while the last river of the shield's description, the Araxes, is indignant at the bridge— "pontem indignatus Araxes" (8.728)— that Augustus builds across it"*.

351 Feldherr 2011: 12: *"Roman forces had not yet reached the Araxes, much less bridged it. From simply revealing what to the poem's contemporary audience is the Roman past, the shield now reaches the moment at which it is read and incorporates the contemporary spectator within its design as an actor, who must translate past history to present accomplishment by bridging the stream. If one function of rivers on a shield is to indicate the limits of the image, then the bridge suggests that the final point in the ekphrasis is the place where the boundary of the representational is crossed, where the image becomes reality"*.

352 Acerca del paralelismo entre Vulcano como *artifex* y el poeta, véase La Fico Guzzo 2005: 256-260 y Fratantuono 2015.

 Segunda parte: Las profecías en el relato del narrador

previos dirigidos a Eneas.[353] Si bien nunca eran comprendidos en su totalidad, puesto que la ambigüedad es una característica inherente al discurso profético, Eneas siempre es consciente de que se trata de vaticinios sobre su futuro. En este caso, por el contrario, puede imaginar o suponer que el escudo se refiere a la historia de sus descendientes, pero esto no le es manifestado explícitamente ni a través del objeto ni por medio de Venus, en el momento de entrega de las armas. Que el escudo es un texto profético se manifiesta, pues, sólo en el nivel extradiegético.

La reacción de Eneas, *imagine gaudet*, se vincula, a nuestro entender, con una respuesta emocional ante el objeto, aun cuando no se comprenda el significado de su contenido. Fundamos nuestra interpretación en otros episodios en que Eneas se enfrenta a una obra de arte. En el caso del friso del templo de Juno, se emociona y se alegra aun cuando no advierta sus resonancias oscuras; en el episodio de las puertas forjadas por Dédalo, la Sibila teme por las emociones que puedan suscitar *ista spectacula*. Por otra parte, el escudo es un artefacto pero también una herramienta. La respuesta emocional de Eneas se fundamenta también en la utilidad práctica de las armas. La escena final del libro, en donde el héroe carga el escudo,[354] se presenta como síntesis del poema de Virgilio, cuyo tema es *arma virumque*.[355]

La representación de la batalla de Accio en el escudo ha sido criticada por su carácter demasiado esquemático en la presentación binaria de la oposición entre occidente y oriente, que no da lugar a ambigüedades como otros pasajes del poema.[356] Entendido

---

353 Nos referimos a las profecías de Héctor (2.268-297), Creúsa (2.771-794), Apolo (3.84-120), Penates (3.147-179), Celeno (3.192-269), Héleno (3.356-471), Sibila (6.1-263) y Tíber (8.18-85).

354 Observa Galimberti Biffino (2010: 142) que aquí se invierte la imagen tradicional: lo que se coloca a la espalda no es el pasado sino el futuro.

355 Agradezco a la Dra. Lía Galán esta observación.

356 Cf. O'Hara 1990: 174 ("*The shield is propaganda, presenting the distorting, victor's version of the struggle between Antony and Octavian. The rest of the Aeneid does not depict right and wrong so simplistically*") y Quint 1993: 23 ("*At Virgil's Actium the sides are sharply drawn between the forces of Augustus and those of Antony, although the historical battle was, in fact, the climax of a civil war, Roman against Roman, where distinctionsbetween the contendingfactions were liable to collapse. [...] The Actium passage defines this otherness through a series of binary oppositions that range from concrete details of the historical and political situation to abstractions of a mythic, psychosexual, and philosophical nature*").

así, el escudo es una mera propaganda, una manifestación de una ideología política única –lo cual resultaría excepcional en un texto que ha recibido las lecturas más divergentes–. Consideramos, por el contrario, que el hecho de que la representación el escudo sea tan clara e inconfundible sirve a otro propósito: reflexionar acerca de la dificultad de interpretación de toda obra de arte. El lector observa que el mensaje del escudo no es comprendido por Eneas, a pesar de exhibir, en el nivel extradiegético, una representación inequívoca de Accio y la historia romana. Observa también que la capacidad de comprender una obra de arte no es directamente proporcional al gozo que de ella se deriva, puesto que Eneas, de todos modos, *imagine gaudet*. Acaso Virgilio nos invita aquí a gozar de su *Eneida*, brillante como el escudo de Vulcano aun cuando no siempre nos revele todos sus secretos.

Conclusiones de la segunda parte

En esta segunda parte se han analizado las instancias de comunicación del *fatum* ubicadas en el nivel extradiegético de *Eneida*. Pertenece a este conjunto la gran mayoría de anuncios del poema, pero quedan excluidos los que se encuentran en los libros 2 y 3, dentro del relato de Eneas, que serán objeto de la tercera parte.

Se han tratado las profecías separadamente según el tipo de destinatario al que estaban dirigidas: las que se emitían ante personajes divinos fueron tratadas en el capítulo 1, mientras que las destinadas a personajes humanos se estudiaron en el capítulo 2. Se ha dedicado un capítulo aparte al escudo de Vulcano en el libro 8, ya que desde nuestro punto de vista su combinación de écfrasis y discurso profético requería un tratamiento específico.

La clasificación según el tipo de destinatario encuentra fundamento en el diferente proceso semiótico que se produce en cada caso. Cuando la transmisión del *fatum* tiene emisores y receptores divinos, se establece un proceso comunicativo entre participantes que comparten el mismo código. En efecto, Júpiter es el dios que goza de un saber mayor y por eso los demás dioses pueden adquirir conocimiento sobre el destino a partir de sus palabras. Como administrador del *fatum*, además, tiene la capacidad de incidir sobre los detalles de su cumplimiento. Así, puede pronunciarse imparcial, dejando que el orden de las cosas se desarrolle según las acciones de los hombres o negociar con Juno los alcances de la cultura troyana en la configuración de la futura Roma. Esto es posible puesto que, como se ha señalado en la primera parte, no hay un solo hado irrevocable y definido sino distintos *fata* que pugnan por imponerse, como lo demuestra el duelo verbal entre Venus y Juno en 10.16-99.

Por compartir el mismo código, no existe el riesgo del malentendido que ocurre en el caso de los destinatarios humanos. En este segundo tipo de comunicación, el signo es en esencia ambiguo, no por el mensaje en sí sino por el hecho de que dioses y hombres no comparten el mismo código de lenguaje. Por ende, al realizar la operación de interpretación –con o sin otro personaje que oficie de intermediario–, la limitación propia del conocimiento humano hace imposible que el signo sea efectivamente comprendido. Sólo podemos sugerir que Eneas adquiere un saber sobre el futuro en el contacto con Anquises pero, como se ha visto, la salida por la puerta de marfil cancela toda posibilidad de recuerdo de ese aprendizaje. En las restantes instancias ocurre que no existe una interpretación adecuada: o bien los hombres son incapaces de atribuirles un significado a los mensajes divinos (por ejemplo, Eneas no entiende el carácter profético del escudo; Ascanio no repara en la presencia de Apolo), o bien les otorgan lecturas encontradas (como en el caso del anuncio de Fauno, que Latino y Amata comprenden de manera diversa), o bien entienden sólo en parte, no contemplando la totalidad de sus implicancias (Eneas cree que la Sibila no aporta información novedosa y que Cimodocea le augura un éxito total en el campo de batalla, sin saber que supondrá la muerte de Palante).

La ubicación en el nivel extradiegético permite evaluar cada una de estas profecías en relación con las intervenciones del narrador, quien formula consideraciones tanto acerca del sujeto enunciador como de las repercusiones del mensaje sobre los personajes humanos. En la tercera parte, en cambio, trataremos los vaticinios relatados por Eneas, contenidos en los libros 2 y 3 del poema: por pertenecer al nivel intradiegético, obtendremos los anuncios sobre el futuro mediatizados por la perspectiva de Eneas.

Tercera parte

Las profecías en el relato de Eneas

> *Las ciudades, como los sueños, están construidas de deseos y de miedos, aunque el hilo de su discurso sea secreto, sus reglas absurdas, sus perspectivas engañosas, y toda cosa esconda otra. [...] Las ciudades creen que son obra de la mente o del azar, pero ni la una ni el otro bastan para mantener en pie sus muros. De una ciudad no disfrutas las siete o las setenta y siete maravillas, sino la respuesta que da a una pregunta tuya.*
>
> Ítalo Calvino, *Las ciudades invisibles* (1972)

En esta tercera parte se estudiarán las profecías en el relato de Eneas, que comprende los libros 2 y 3 de *Eneida*. Nos encontramos, pues, en el nivel metadiegético, lo cual nos obliga a considerar las circunstancias del acto narrativo en el que se ubican los anuncios analizados.

Como primera observación, cabe señalar que la narración de Eneas no se origina en una iniciativa del héroe sino como respuesta al pedido formulado por Dido en 1.753-755:

> *«immo age et a prima dic, hospes, origine nobis*
> *insidias» inquit «Danaum casusque tuorum*
> *erroresque tuos.*
>
> Vamos, huésped –dijo–, y cuéntanos desde su primer origen las amenazas de los dánaos, las desgracias de los tuyos y tus vagabundeos.

Eneas al principio manifiesta su renuencia a contar la historia: *infandum, regina, iubes renovare dolorem* (2.3).[357] La memoria de la caída de Troya y de los vagabundeos por tierra y mar implican para Eneas el resurgimiento del dolor pasado, como lo demuestra la acumulación de términos asociados al padecimiento en sólo seis versos: *dolorem* (2.3), *lamentabile* (2.4), *miserrima* (2.5), *lacrimis* (2.8). Claramente, la solicitud de Dido no es agradable para Eneas y, a la

---

357   Sobre la "indecibilidad" del dolor de Eneas, cf. de Jong 2017: 144.

explicación acerca del sufrimiento que semejante relato le causaría, el héroe añade un nuevo motivo para no narrar su historia: ya es de noche y es demasiado tarde, sería más conveniente retirarse a descansar.[358] Evidentemente, Dido responde a estas palabras con un gesto de descontento o desilusión, o quizás el mismo Eneas se da cuenta de que no puede negar el favor que le pide su anfitriona, ya que a continuación dice (2.10-13):

> *sed si tantus amor casus cognoscere nostros*
> *et breviter Troiae supremum audire laborem,*
> *quamquam animus meminisse horret luctuque refugit,*
> *incipiam.*

Pero si es tan grande tu deseo de conocer nuestras desgracias y de escuchar brevemente la última gran labor de Troya, a pesar de que mi espíritu tenga miedo de recordar y quiera escapar del dolor, comenzaré.

Aun cuando el protagonista finalmente acepta la tarea de recordar y narrar sus aventuras, señala, una vez más, que no se trata de una tarea grata. Contar implica rememorar y por ende revivir el dolor, el miedo y la muerte.[359]

Hemos considerado estos pocos versos que abren el libro 2 para señalar las circunstancias en las que se da comienzo al relato y para subrayar que la narración es producto de la memoria del personaje Eneas. Esta observación parece ser pasada por alto por los estudiosos que han criticado las "inconsistencias" e "incoherencias" entre los libros 2 y 3 debidas a la aludida falta de pulimento de la obra[360] y por quienes han juzgado negativamente al libro 3, considerándolo monótono y por ende no acorde al *páthos* de los libros 2 y 4.[361] Ahora bien, ¿no pueden analizarse esas supuestas contradicciones teniendo en cuenta que media la memoria de Eneas en la construcción y el ordenamiento del relato? No es el

---

358 En. 2.8-9: *et iam nox umida caelo / praecipitat suadentque cadentia sidera somnos* ("y ya se precipita la húmeda noche desde el cielo y los astros que caen recomiendan el sueño").

359 La Fico Guzzo (2005: 63) señala un paralelismo entre el narrador Eneas, que acude a sus recuerdos sobre Troya para elaborar su relato ante Dido, y Virgilio, que realiza una operación de memoria poética para incorporar a su poema el modelo homérico.

360 Para un listado de estudios pertenecientes a esta corriente y de las inconsistencias alegadas, cf. Saunders 1925: 85, n. 3 y Akbar Kahn 2001: 906-907.

361 Por ejemplo Otis 1964: 251 y Horsfall 1995: 119.

narrador extradiegético el que narra aquí, sino un personaje: no encontramos solamente una enumeración de sucesos, sino también la perspectiva de un personaje que, a la vez que presenta los hechos vividos, se presenta a sí mismo.[362]

En segundo lugar, formularemos una consideración vinculada al conocimiento que Eneas adquiere sobre los designios divinos a través de las profecías analizadas. Tal como observan W. R. Johnson (1999: 57-58), M. L. La Fico Guzzo (2005: 77), A. Powell (2011), I. de Jong (2017) y D. Quint (2018: 30-36), concurren en el relato dos Eneas, el "yo narrador" de Cartago y el "yo narrado" de Troya, que poseen diferente grado de comprensión acerca del *fatum*, los dioses y la misión a cumplir: en términos de De Jong (2014: 65), se trata de la coincidencia entre dos tipos de focalización, a los que denomina *"experiencing focalization"* y *"narrating focalization"*.[363]

---

362 Powell 2011: 188: *"The narrative put in Aeneas' mouth is not just a recital of facts, but also (I would argue) a persuasive apologia"*. De Jong (2017: 142) señala como una novedad virgiliana el hecho de colocar la narración de la caída de Troya en boca de Eneas: *"Se passiamo a considerare dal punto di vista narratologico le versioni letterarie precedenti a Virgilio, è facile osservare che la caduta di Troia è in genere raccontata o da un narratore esterno oppure da narratori interni di sesso femminile, cioè le donne troiane, cui non poteva essere riservato altro ruolo che quello, passivo, della vittima. E stata una novità di Virgilio quella di far raccontare la vicenda a un narratore interno di sesso maschile – uno tra i molti guerrieri che presero parte alla battaglia durante l'ultima notte di Troia, ma uno tra i pochissimi importanti capi troiani che ne uscì vivo e poté quindi raccontarne"*.

363 de Jong 2014: 65: *"In the case of internal narration, that is, when a narrator tells about events he himself has experienced, it is customary to distinguish between the narrator's experiencing focalization ('erlebendes Ich') and narrating focalization ('erzählendes Ich'). Experiencing focalization means that the narratorfocalizer recounts events exactly as he saw and (mis)understood them at the time of experiencing them, while narrating focalization means that he draws on the understanding possessed at the moment of narration, which is often that of a wiser but sadder person"*. A propósito del libro 2 de *Eneida*, señala (de Jong 2017: 149): *"Durante l'intera sezione (31-2.49) Enea utilizza la focalizzazione dell'esperiente, per raccontare appunto come lui e tutti gli altri Troiani vivessero gli eventi senza possederne una comprensione adeguata: «ignari di tanti inganni e dell'astuzia greca» (106); «ma noi smarriti, ciechi, impazziti, insistiamo» (2.44). Al contempo, però, Enea dà anche sfogo, a più riprese, alla propria dolorosa focalizzazione del narrante, in particolare quando insiste sulla scaltrezza dei Greci: «preparato ugualmente a combinare l'inganno o ad affrontare una morte certa» (61-62.); «ascolta adesso le insidie dei Greci, e da un solo delitto conoscili tutti» (65-66); «lui, timoroso, così torna a parlare, fingendo» (107); «istruito negli inganni e nell'astuzia greca» (152.); «la macchina fatale» (2.37); «il mostro ominoso» (2.45). Particolarmente notevoli sono i momenti in cui le due prospettive temporali si mescolano: «e se non fossero stati contrari i fati*

El Eneas que narra en Cartago sabe un poco más, puesto que, después de partir de Troya, ha recibido distintos signos y anuncios a lo largo de sus viajes que han reiterado y confirmado su misión fundacional en Italia, tal como lo cuenta en el libro 3. Johnson (1999: 57) señala que Eneas podría haber mitigado la angustia del relato de los sucesos de Troya sobre la base de la ratificación posterior, pero no lo hace, y esto no obedece a una búsqueda de exactitud mimética, es decir, al intento de describirse tal y como era mientras estaba en Troya, sino al hecho de que, a pesar de que ha cambiado, persiste en él cierta desconfianza respecto de los dioses y los hombres y sabe que, así como el Eneas héroe ignoraba los males que le esperaban durante el viaje, el Eneas narrador de Cartago no sabe qué nuevos peligros lo aguardan. Según Johnson, pues, Eneas incluye en su narración la angustia y la incertidumbre de cada uno de los sucesos vividos porque continúa en él cierta actitud de sospecha para con los mensajes y acciones de los dioses, a pesar de haber recibido signos confirmatorios.

En este sentido, es fundamental tomar en consideración las intervenciones de la diosa Venus previas a este relato. Se recordará que, luego del anuncio de Héctor, Eneas recibe su visita. Se trata del primer encuentro entre Venus y Eneas en el orden cronológico de la historia[364] y se encuentra inmediatamente después del discutido episodio de Helena.[365] Dado que el héroe, al descubrir a la causante de la guerra, se ve enceguecido por los deseos de matarla, la diosa interviene para disuadirlo. Se trata de una verdadera epifanía puesto que la madre divina se manifiesta en todo su esplendor, con la apariencia que luce ante las demás divinidades.[366] Venus permite que Eneas contemple a los dioses en pleno proceso de destrucción de Troya para que vea que son los

---

divini e la mente, ci avrebbe spinto a violare col ferro i nascondigli dei Greci, e Troia sarebbe ancora in piedi, e tu, rocca alta di Priamo, dureresti» (54-56); «così grazie a questi inganni, e all'arte dello spergiuro Sinone, la cosa fu creduta» (195- 196); «ma un altro fatto più grave per gli sventurati e assai più terribile viene a turbare le menti cieche» (199-2.00); e ancora: «noi infelici, che viviamo l'ultimo giorno, addobbiamo i templi per la città con fronde festive» (2.48-2.49)".

364 Los siguientes se ubican en Cartago (1.314-417) y en Italia (8.608-616, 12.411-431 y 12.780-790).

365 Sobre la cuestión de la autenticidad del pasaje, véase especialmente Austin 1964: 217-219.

366 Cf. 2.590-592.

responsables de la caída de la ciudad.[367] La diosa concede a Eneas, por un momento, una capacidad superior a la humana (2.604-606):

namque omnem, quae nunc obducta tuenti
mortalis hebetat uisus tibi et umida circum
caligat, nubem eripiam.

Pues borraré toda la nube que ahora te empaña la visión mortal y que la oscurece, húmeda, en derredor.

Consideramos que la *nubem* que Venus disipa es la incapacidad humana de percibir la presencia divina. En este sentido, nos apartamos de Fenik 1959: 7 y de Putnam 1965: 29, quienes sostienen que se trata del *furor* y de la *ira* contra Helena que "ciegan" al héroe.

Si bien esta revelación le otorga a Eneas un conocimiento privilegiado, mayor que el del resto de los mortales, al mismo tiempo le enseña, por un lado, que los dioses son crueles y que pueden actuar guiados por sus pasiones y caprichos; por otro lado, que para comprender acabadamente la realidad es necesario participar de la percepción divina puesto que la humana es limitada y nunca alcanza esa dimensión.

Como se ha visto en el apartado 2.1 de la segunda parte, Venus se aparece ante Eneas en Cartago para relatarle la historia de Dido. En esta oportunidad no se ha revelado como en Troya, sino que lo ha hecho transfigurada como una doncella cazadora y sólo cuando parte se revela su identidad (1.314-417). Eneas le ha reprochado a la diosa el engaño (1.405-410), acusándola de cruel (*crudelis*, 1.407) y cuestionando la imposibilidad de comunicarse de manera directa (1.408-409: *cur dextrae iungere dextram / non datur ac veras audire et reddere voces?*).[368]

En suma, para Eneas, referir a los cartagineses los anuncios de Troya, así como la revelación de Venus y las demás profecías del libro 3, resulta ambivalente. Por un lado, supone demostrar que los troyanos poseen el privilegio de comunicarse con los dioses y que ellos les han indicado el objetivo de fundar una nueva ciudad en Italia. Pero, al mismo tiempo, implica reconocer que los mensajes divinos son difíciles de comprender. A continuación, se

---

367 Cf. 2.604-618.

368 Es significativo que, ante la corte de Dido, Eneas no relate este episodio, en el que se siente burlado por Venus.

examinarán las profecías relatadas por Eneas. En el primer capítulo trataremos las que ocurren en Troya, mientras que en el segundo nos ocuparemos de las que son transmitidas a lo largo del viaje de los troyanos.

　　TERCERA PARTE: Las profecías en el relato de Eneas

Capítulo 1

Las profecías en Troya[369]

Dos de las profecías se ubican en el escenario de Troya: la del fantasma de Héctor y la de la sombra de Creúsa.[370] Se presenta, pues, un tipo especial de encuentro adivinatorio, la necromancia, definida como el contacto entre vivos y muertos que se produce tanto cuando los vivos evocan a los espíritus y los hacen ascender de las tinieblas, como cuando descienden a los infiernos para hablar con ellos.[371] El encuentro ocurre en un espacio a medio camino entre la vida y la muerte, que a veces son entendidas como lugares concretos y otras veces como condiciones de realidad. Lo que fundamenta este tipo de adivinación es la creencia en que los muertos poseen cierto conocimiento o sabiduría especial. Aunque –como se ha visto a propósito del alma de Anquises en el apartado 2.1.1. de la parte 2– las hipótesis acerca de las causas de este saber divino son variadas, el consenso es que los espíritus alcanzan una capacidad que no poseían durante su vida terrena. Tal es el caso de Héctor y de Creúsa, que no gozaban de poderes adivinatorios mientras estaban vivos. Es la muerte lo

---

369 Una primera versión de este capítulo fue presentada como comunicación en el "I Congreso Internacional de Estudios sobre la Épica", realizado la Universidad Nacional de Cuyo, Mendoza, en agosto de 2011.

370 No serán objeto de análisis específico el encuentro de Venus (2.588-623) puesto que se trata de una teofanía que no incluye discurso profético; tampoco el signo del fuego en la cabeza de Ascanio (2.679-704) ya que se trata de un *omen* que no está acompañado de ningún anuncio verbal.

371 Encontramos ejemplos de ambos casos en los encuentros entre Eneas y Anquises: en el libro 5, el alma de Anquises se presenta en los sueños de Eneas, es decir, aparece en el plano humano; en el 6, por el contrario, Eneas desciende al mundo de los muertos. Sobre la necromancia, véanse Ogden 2001: 251 y Bouché-Leclercq 2003: 247-255.

que les confiere un saber especial acerca de lo que está sucediendo en Troya que ambos desean comunicar a Eneas.

— 1 —
El fantasma de Héctor (2.268-297)

La aparición del fantasma de Héctor ocurre durante la noche, mientras todos duermen. Su figura se aparece a Eneas en sueños (2.268-271):

> *Tempus erat quo prima quies mortalibus aegris*
> *incipit et dono divum gratissima serpit.*
> *in somnis, ecce, ante oculos maestissimus Hector*
> *visus adesse mihi...*

> Era la hora en que comienza el primer reposo para los mortales exhaustos y, muy grato, serpea como regalo de los dioses. He aquí que en sueños el muy desgraciado Héctor pareció presentarse ante mis ojos...

Nos encontramos aquí, entonces, con una combinación entre elementos de la necromancia y de otro tipo adivinatorio, la oniromancia o adivinación a través de los sueños, una de las clases de adivinación natural. Los seres humanos "comunes", a diferencia de los vates, sólo pueden vislumbrar el porvenir cuando duermen, y a partir del cumplimiento de ciertos requisitos.[372] Uno de ellos se refiere al momento de la noche: al respecto, Horsfall (1998: 238) señala que la frase *in somnis* es empleada por Virgilio en este pasaje para referirse al sueño ligero en el que suceden las visiones oníricas. Asimismo, el *OLD* define a la palabra *quies* como "el estado en que ocurren los sueños" (1b).

Eneas, en el momento en que recibe la visita del espíritu de Héctor, quizás no distingue acabadamente que se trata de un sueño,[373] pero sí comprende que se encuentra ante el alma del héroe. En este aspecto no coincidimos con R. G. Austin (1965:

---

372 Cf. Bouché-Leclercq 2003: 213-222.

373 Recordemos que quien define el momento de la aparición como *in somnis* es el Eneas narrador que, en Cartago, relata el episodio. Quizás desde el presente de la narración Eneas sí distingue, retrospectivamente, que se trató de una visión onírica (debido a que cuenta que luego se despertó), pero no es claro si en el momento mismo de la aparición Eneas percibe con claridad su carácter.

   Tercera parte: Las profecías en el relato de Eneas

133) cuando afirma que las preguntas de Eneas *'quibus ab oris venis?'* (2.282-283) y *'cur haec volnera cerno?'* (2.286) implican que Eneas ha olvidado la muerte de Héctor y piensa que el héroe ha regresado. A nuestro entender, Eneas sabe perfectamente que Héctor ha muerto y es improbable que lo haya olvidado, no sólo por lo reciente del suceso sino también por el carácter público de su muerte. En efecto, en el final del canto XXIV de *Ilíada* se describen los espléndidos funerales que el héroe ha recibido en palacio y se insiste en señalar que todos los troyanos asistieron a la ceremonia, lo que permite inferir que Eneas también participó de ella (*Il.* XXIV.707-709):

<u>οὐδέ τις</u> αὐτόθ᾽ἐνὶ πτόλεϊ λίπετ᾽<u>ἀνὴρ</u>
<u>οὐδὲ γυνή:</u> <u>πάντας</u> γὰρ ἀάσχετον ἵκετο πένθος·
ἀγχοῦ δὲ ξύμβληντο πυλάων νεκρὸν ἄγοντι.

<u>Ningún varón ni mujer</u> se quedó allí, en la ciudad: pues a <u>todos</u> les sobrevino una pena irresistible y se reunieron con quien conducía el cadáver cerca de las puertas.

Existe asimismo una referencia intratextual que confirma que Eneas conocía la muerte de Héctor y su motivo: en 1.99 exclama que desea haber muerto en Troya, *ubi Aeacidae telo iacet Hector* ("donde yace Héctor a causa del dardo del descendiente de Eaco").

Desde nuestro punto de vista, lo que Eneas no conoce –y de allí sus preguntas– es en qué consiste el más allá, en qué espacio está ubicado, por qué continúan en el fantasma de Héctor las heridas infligidas a su cuerpo.

La sombra prefiere no demorarse en contestar estas preguntas y pasar directamente a la indicación de escapar con los penates[374] y al anuncio de que Eneas fundará grandes murallas para los dioses de Troya, confirmando al mismo tiempo la continuidad

---

374 Bell (2008: 15) señala que en esta indicación de llevar los Penates los romanos de la época de Virgilio seguramente entendían una mención a los dioses prehelénicos: *"before the gods of the Greeks were absorbed into their own religion, the Romans believed in spirits of nature or the environment. Similar deities also existed in the home, including Vesta, the goddess of the hearth, and di Penates, gods of the cup-board. [...] That Hector commands Aeneas to transport the household gods out of Troy and found for them a city places more importance on them than on any other aspect of Trojan culture"*.

entre Ilión y la ciudad futura y la legitimidad del papel de Eneas como capitán de la expedición (2.289-295)[375]:

> *«heu fuge, nate dea, teque his» ait «eripe flammis.*
> *hostis habet muros; ruit alto a culmine Troia.*
> *sat patriae Priamoque datum: si Pergama dextra*
> *defendi possent, etiam hac defensa fuissent.*
> *sacra suosque tibi commendat Troia penatis;*
> *hos cape fatorum comites, his moenia quaere*
> *magna pererrato statues quae denique ponto.»*

Ay, huye, hijo de la diosa –dice–, y sálvate de estas llamas. El enemigo tiene los muros, Troya se derrumba desde su alta cima. Suficiente se ha dado a la patria y a Príamo: si Pérgamo pudiera ser defendida con tu diestra, también con esta habría sido defendida. Troya te encomienda sus objetos sagrados y sus penates: tómalos como compañeros de los hados, para ellos busca las murallas que construirás, grandes, luego de recorrer finalmente el ponto.

Eneas, al recordar en Cartago las palabras de Héctor, se define a sí mismo como *quaerentem vana* (2.287), "el que preguntaba cosas vanas" y se da cuenta de que también Héctor entendió así su interpelación. Ahora bien, ¿por qué eran vanas las preguntas de Eneas? Creemos que son superficiales en dos sentidos. Por una parte, Héctor debe dar una orden cuya urgencia impide perder el tiempo en hablar de cualquier otro tema. El Eneas narrador de Cartago comprende –porque durante el viaje ha recibido esta indicación una y otra vez– que obedecerla suponía el comienzo de su objetivo fundacional.[376] Por otra parte, las preguntas eran *vana* en virtud de su objeto: intentar conocer el más allá y tratar de comprender el porqué del aspecto de un fantasma resulta una empresa inútil para un mortal; su entendimiento no puede alcanzar ese saber. Sólo en el libro 6, ante el pedido de Anquises y gracias a la guía de la Sibila y a la ofrenda de la rama dorada, podrá Eneas acceder a los secretos sobre el funcionamiento del inframundo, aunque la salida por la puerta de marfil impida que este saber persista.

---

375 Cf. Ford Wiltshire 1989: 70.

376 En palabras de Block (1984: 212): *"Aeneas' later knowledge tells him why Hector spoke as he did, but in the presence of the vision he could not know his questions were useless. Thus, Aeneas reveals his past and present emotions as he tells about his dream"*.

   Tercera parte: Las profecías en el relato de Eneas

La sombra de Creúsa (2.771-794)

El segundo anuncio que analizamos en este apartado tiene lugar en el final del libro 2. Una vez decidida la partida, Eneas y su familia se marchan de Troya, pero Creúsa se pierde[377] y Eneas regresa a buscarla. No se trata, pues, como en el caso anterior, de una visión onírica, ya que la aparición sucede mientras Eneas está despierto. Más debatida es la cuestión acerca de si este encuentro es o no un caso de necromancia, ya que algunos críticos sostienen que Creúsa no está muerta, sino que posee un tipo de existencia superior, semejante a la de una divinidad. Así lo considera, por ejemplo, R. Heinze, para quien la frase *me magna deum genetrix his detinet oris* (2.788) significa que Creúsa no está muerta, sino que ha adquirido cierta forma de inmortalidad gracias a la intervención de Cibeles.[378] A este juicio adhieren N. Horsfall (1998: 533)[379] y G. Nugent (en Perkell 1999: 265); esta última define a la esposa de Eneas como *no longer living and yet not dead*, es decir, la ubica en una dimensión intermedia entre el mundo de los vivos y el de los muertos.

Sin embargo, a nuestro entender, existen elementos que permiten concebir la aparición de Creúsa como un episodio de necromancia.[380] En primer lugar, podemos aducir una consideración de orden léxico. La visión es definida por Eneas con tres palabras distintas –*simulacrum* (2.772), *umbra* (2.772) e *imago* (2.773)– que, aunque diferentes en sus primeras acepciones, comparten la posi-

---

377 No nos ocuparemos aquí de la cuestión referida al modo en que Creúsa queda atrás y a la responsabilidad de Eneas en el suceso. Sobre este tema, véanse principalmente Perkell 1981; Nugent 1999 y Grillo 2010.

378 Heinze, 1903: 58: "*Aeneas erfährt nur, daß sie die Mater his detinet oris; das läßt darauf schließen, daß sie nicht gestorben ist —obwohl die Ausdrücke simulacrum, umbra und imago im Grunde nur für die Erscheinungen Verstorbener, deren eigentliches Selbst zu Grunde gegangen ist, passend und geläufig sind—, sondern zu höherem, unsterblichem Dasein entrückt ist*".

379 Horsfall (1998: 533) considera que Creúsa no ha muerto, y que Virgilio lo manifiesta con el verbo *deseruit* (2.791); no obstante, tiene una existencia sobrenatural que la hace acreedora de una *umbra*.

380 En este aspecto seguimos, entre otros, a Austin 1964: 278; Otis 1964: 241; Hunt 1973: 37-38; Harrison 1990: 55; Lyne 1987: 169; Keith 2004: 18; Grillo 2010: 62-63 y Powell 2011: 199.

bilidad de ser empleadas para designar a un fantasma o espíritu.[381] En segundo lugar, se describe a la sombra de Creúsa con una serie de características –la levedad, la semejanza con los sueños, el desvanecimiento en el aire que impide que Eneas logre abrazarla– que comparten otras visiones del poema claramente definidas como fantasmas: tal es el caso, por ejemplo, del encuentro de Eneas con Anquises en el submundo, que culmina con los mismos versos que el pasaje de Creúsa (2.792-794 = 6.700-702)[382]:

> *ter conatus ibi collo dare bracchia circum;*
> *ter frustra comprensa manus effugit imago,*
> *par levibus ventis volucrique simillima somno.*

Tres veces intenté / intentó[383] allí colocar los brazos en torno a su cuello; las tres veces rehuyó las manos la imagen abrazada en vano, semejante a los leves vientos y muy similar a un sueño alado.[384]

Como en el caso de Héctor, la pertenencia al mundo de los muertos le otorga a Creúsa el acceso a un saber superior. En virtud de esta nueva forma de existencia, Creúsa comprende que no estaba destinada a viajar con Eneas y que, gracias a la muerte, se ha salvado de convertirse en esclava, manteniendo así su carácter de *univira* y su estatus de privilegio como miembro de la familia fundadora de Troya y como nuera de la diosa Venus (*Dardanis et divae Veneris nurus*, 2.787). Conoce también el futuro de Eneas: sabe que le esperan largos viajes hasta llegar al destino final, Hesperia, donde hallará la felicidad, el poder y una nueva esposa, hija de

---

381 Cf. *OLD*. La acepción 4b de *simulacrum-i* es "*a ghost, phantom*". La séptima acepción de *umbra-ae* dice que designa "*the disembodied form of a dead person, ghost, shade*" y que en plural este sustantivo suele usarse para hablar de "*the world of the dead, the underworld*". Finalmente, *imago, -inis* es, en su quinta acepción, "*an illusory apparition, ghost, phantom*". *Imago* y *umbra* son empleadas repetidamente en el libro 6 de *Eneida* para hablar de los espíritus que habitan en los infiernos (*imago*: 6.480, 695 y 701; *umbra*: 6.264, 390, 404, 452, 461 y 490).

382 Cf. Hunt 1973: 38.

383 El participio *conatus* no está acompañado del verbo auxiliar, que sería *sum* en el caso de Creúsa (narración en primera persona de Eneas) y *est* en el pasaje de Anquises (relato en tercera persona del narrador extra y heterodiegético).

384 Esta descripción recuerda, asimismo, al intento vano de Odiseo por abrazar al fantasma de su madre Anticlea en *Od.* 11.206-208: τρὶς μὲν ἐφωρμήθην, ἑλέειν τέ με θυμὸς ἀνώγει, / τρὶς δέ μοι ἐκ χειρῶν σκιῇ εἴκελον ἢ καὶ ὀνείρῳ / ἔπτατ' ("tres veces me lancé a ella, y mi corazón me ordenaba abrazarla, pero las tres veces de mis manos se voló similar a un alma o un sueño").

reyes (2.780-784).[385] Pero, por sobre todas las cosas, sabe que existe una voluntad de los dioses que ordena los sucesos: *non haec sine numine divom / eveniunt* (2.777-778).

En este sentido, las palabras de Creúsa constituyen una confirmación de lo que Venus le ha comunicado a Eneas poco antes, en la teofanía de 2.604-618.[386] Allí la diosa había permitido que su hijo, aun siendo mortal, pudiera ver a los dioses en pleno proceso de destrucción de la ciudad; ahora Creúsa reitera que es el numen de los dioses la causa de los acontecimientos. El paralelismo con el pasaje de Venus se fundamenta en otro aspecto: ambas intentan que Eneas abandone una emoción desmedida (el furor en el primer caso, el dolor en el segundo) para ser capaz de cumplir con las obligaciones de la *pietas* familiar.[387] Venus le reprocha que la ira causada por la visión de Helena ha causado el descuido de Anquises, Creúsa y Ascanio, a quienes ella misma ha tenido que resguardar (2.594-600); Creúsa señala que un dolor desmesurado es inútil contra la voluntad de los dioses y que, en cambio, Eneas debe ocuparse de su hijo (2.789).

Si bien después de la intervención de Venus Eneas había cambiado el rumbo de sus acciones, deponiendo la ira para organizar la huida de su familia, aquí nuevamente es presa de una emoción que le impide ver con claridad. Creúsa muestra, en términos de Brooks Otis (1964: 250), que *"Aeneas has not yet exorcized his old nature and his furor"*. Eneas debe transformar su *furor* en *pietas* para poder desempeñar su nuevo papel de padre y guía de los troyanos exiliados.

---

385 Acerca del adjetivo *laetae* de 2.783, Austin (1964: 283) señala que constituye la primera sugerencia de la felicidad futura de Eneas, mientras que Horsfall (1998: 539) precisa: *"the adj. typically used by V. (260, 395, 687) of cheerful, positive, encouraging turns in events (not to mention the more specialised agric. sense, 306, not to be excluded entirely here)"*. Con respecto a *parta tibi* (2.784), Austin indica que sugiere la idea de algo cumplido, como también sucede en la profecía de la Sibila en 6.89: *alius Latio iam partus Achilles*.

386 Sobre las similitudes entre este pasaje y los encuentros con la sombra de Héctor y con Venus, cf. Grillo 2010: 61-63.

387 Cf. Otis 1964: 241.

— 3 —

Conclusiones del capítulo 1

Tanto el fantasma de Héctor como el de Creúsa se aparecen a Eneas para revelarle su misión fundacional y para indicar la urgencia de la partida en el contexto de sendos episodios de necromancia, como se ha visto a propósito del alma de Anquises en la segunda parte. Si unimos estos encuentros a la epifanía de Venus, comprobamos que son personajes afectivamente unidos a Eneas quienes lo alientan a partir. Mientras que Héctor "libera" a Eneas de la carga cívica o pública, ordenándole que deje de luchar por Troya en ruinas y parta para fundar una nueva ciudad, Creúsa lo releva de la privada, anunciándole su nuevo matrimonio en Italia.[388]

En el comienzo del libro 3, Eneas marca la transición temática entre lo que ha relatado hasta el momento, la caída de Troya, y lo que contará a continuación (3.1-5):

> *Postquam res Asiae Priamique evertere gentem*
> *immeritam visum superis, ceciditque superbum*
> *Ilium et omnis humo fumat Neptunia Troia,*
> *diversa exsilia et desertas quaerere terras*
> *auguriis agimur divum.*

> Después de que a los dioses les pareció bien derrumbar el reino de Asia y el pueblo de Príamo y de que cayó la soberbia Ilión y humeara la entera Troya de Neptuno, somos arrastrados por los augurios de los dioses a buscar distintos exilios y tierras desiertas.

El contenido del libro 3 será, pues, la historia de los vagabundeos entre Troya y el espacio actual de la narración, Cartago. Se destaca en esta especie de proemio de Eneas la afirmación de que todo lo sucedido se debe a la decisión de los dioses (*visum superis*, 3.2) y de que el viaje realizado por los troyanos fue determinado por los signos y mensajes enviados por las divinidades (*auguriis divum*, 3.5). El Eneas narrador exhibe aquí cierto aprendizaje acerca de la presencia de los dioses en la empresa de los troyanos.

---

388   Ford Wiltshire 1989: 72-73.

   Tercera parte: Las profecías en el relato de Eneas

Capítulo 2
Las profecías en el viaje[389]

Como ya se señalado, el libro 3 ha recibido tradicionalmente una valoración negativa. Se lo ha considerado desprovisto del ritmo y la intensidad de los libros 2 y 4 y se han señalado "incoherencias" con respecto a otros libros como fruto de la falta de revisión del texto. Una serie de estudios de la primera mitad del siglo xx se dedicó a rebatir tal postura, adoptando una nueva perspectiva: la de evaluar si esas supuestas contradicciones podían explicarse por motivos argumentales e intratextuales. Desde este enfoque, C. Saunders (1925) ofrece propuestas de interpretación para ciertos aspectos considerados problemáticos: el contraste entre la indicación de Creúsa del destino del viaje en 2 y la ignorancia de Eneas en 3;[390] el papel de Venus y Apolo como guías de los troyanos; el rol de Juno como oponente; el anuncio progresivo de los portentos; la información que brindará la Sibila, según la profecía de Héleno; la cronología del viaje. G. E. Duckworth (1931) también se ocupa de las discrepancias señaladas y analiza la demora de los personajes en comprender el lugar donde asentar la ciudad en términos de creación del suspenso. Por su parte, R. Lloyd se dedica al estudio del libro en tres artículos (1954, 1957a y 1957b) que abarcan distintos aspectos: la descripción geográfica, el uso del material legendario sobre los viajes de Eneas, la invención de episodios por parte de Virgilio y la vinculación del

---

389 Este capítulo fue publicado como artículo en *Auster. Revista del Centro de Estudios Latinos* 14, 2009. Aquí se han introducido algunas variaciones.

390 Como señala Akbar Kahn (2001: 907) que Eneas sepa gracias a Creúsa el destino del viaje no implica necesariamente que conozca su ubicación. Sólo sabe el nombre del lugar; ignora su referente.

libro con el poema en general. D. Quint (1982) realiza una lectura del libro como progresiva liberación del pasado troyano con el fin de fundar una nueva ciudad: el viaje supone un desplazamiento espacial hacia el futuro hogar en Italia pero al mismo tiempo un proceso de olvido de un pasado traumático.

Las profecías son una constante y cada una de ellas pertenece a un escenario diferente. El avance en el conocimiento de Italia como lugar de destino se corresponde con el acercamiento geográfico hacia él. En Delos (3.60-120) Apolo les informa que deben dirigirse a la *antiquam matrem*; la interpretación incorrecta de que se trata de Creta es corregida por los Penates, que aclaran que el lugar referido es Italia (3.135-188). En las islas Estrofadas se añade un nuevo dato en boca de la arpía Celeno (3.209-267): el destino será reconocido por medio del signo de las mesas. El carácter negativo de este *omen* se desvanece en la profecía de Héleno (3.294-462), que además aporta información sobre los obstáculos del viaje entre Butroto e Italia.

— 1 —
Apolo en Delos (3.84-120)

La primera profecía sucede en Delos, sitio especialmente adecuado para la adivinación por su estrecha vinculación con el dios Apolo. Según el mito,[391] Leto no hallaba un sitio en donde dar a luz a sus mellizos nacidos de Zeus –Artemisa y Apolo– a causa de los celos de Hera; el dios fija a Delos, hasta entonces una isla flotante que erraba por el mar, para dar asilo a su amante. En agradecimiento, Leto promete a la isla que en el futuro los hombres acudirán a ella para ofrecer sus hecatombes.[392]

En los versos iniciales del episodio de la escala en Delos hallamos tres referencias al dios: es *pius arquitenens* (3.75), la ciudad es *Apollinis urbem* (3.79) y su gobernante, el rey Anio, es al mismo tiempo *Phoebi… sacerdos* (3.80).Los troyanos son recibidos hospitalariamente por él; en el templo, Eneas eleva una plegaria al

---

391   Cf. Grimal 2001: 315, Bouché-Leclercq 2003: 557.

392   Cf. *Himno Homérico a Apolo*, vv. 56-60 y 87-8.

 Tercera parte: Las profecías en el relato de Eneas

dios. Las preguntas acerca del destino (3.88) están enmarcadas por pedidos (3.85-87 y 89):

Templa dei saxo venerabar structa vetusto:
«da propriam, Thymbraee, domum; da moenia fessis
et genus et mansuram urbem; serva altera Troiae
Pergama, reliquias Danaum atque immitis Achilli.
quem sequimur? quove ire iubes? ubi ponere sedes?
da, pater, augurium atque animis inlabere nostris.»

Yo honraba los templos dispuestos para el dios en la antigua roca: "Da, oh Timbreo, una morada propia, da a los exhaustos murallas, una estirpe y una ciudad digna de permanecer; conserva para Troya una segunda Pérgamo, reliquias de los dánaos y del cruel Aquiles. ¿A quién seguimos? ¿A dónde ordenas ir, en dónde colocar nuestras sedes? Da, oh padre, un augurio y deslízate en nuestros espíritus".

La solicitud del héroe no tarda en ser contestada. Todos los elementos del templo comienzan a temblar (3.90-92) y surge de pronto una voz que emite la profecía (3.93-98):

vox fertur ad auris:
«Dardanidae duri, quae vos a stirpe parentum
prima tulit tellus, eadem vos ubere laeto
accipiet reduces. antiquam exquirite matrem.
hic domus Aeneae cunctis dominabitur oris
et nati natorum et qui nascentur ab illis.»

Una voz llega a nuestros oídos: "oh fuertes descendientes de Dárdano, la misma tierra que, primera, os crió desde la estirpe de vuestros padres, os recibirá en su pecho fecundo cuando regreséis. Buscad a vuestra antigua madre. Allí la casa de Eneas, los hijos de sus hijos y todos los que de allí nazcan gobernarán sobre todas las costas".

La *vox* que escuchan los troyanos es la voz del dios (*haec Phoebus*, 3.99). No hay sacerdotes que oficien como intermediarios, ni siquiera el propio Anio, que no reaparece luego de la bienvenida. Resulta problemático clasificar esta profecía en una sola de las clases adivinatorias del mundo romano, ya que contiene elementos de distintas categorías: el augurio, el oráculo y el vaticinio.

Comenzaremos con el término *augurium*, puesto que es la palabra con la que Eneas define la respuesta que espera del dios (3.86). En su comentario, Servio apunta que el término está empleado en sentido amplio, como sinónimo de *oraculum* (en su primera acepción), ya que en sentido estricto un augurio es *exquirita deorum voluntas per consultationem avium aut signorum* ("la voluntad de los dioses requerida mediante la consulta de aves o de signos"). R. D. Williams comparte esta opinión, interpretando *augurium* como indicación de la voluntad de las divinidades,[393] lo cual se confirma si se observa la lista de los cinco tipos de augurios considerados en la teología augural: 1. *caelestia auspicia* (fenómenos meteorológicos, rayos, truenos), 2. *signa ex avibus* (vuelo y canto de las aves), 3. *auspicia ex tripudiis* (alimento de los pollos sagrados), 4. *pedestria auspicia* (movimientos de cuadrúpedos y reptiles) y 5. *signa ex diris* (incidentes fortuitos).[394] La profecía de Apolo no ingresa, pues, en ninguna de estas categorías.

Ahora bien, los comentaristas se afanan por aclarar qué es en realidad un *augurium* y por justificar de algún modo el empleo que hace Eneas del término, olvidando que tal empleo aparece en el pedido del héroe. La disquisición entre las diferentes acepciones de la palabra *augurium* se torna ociosa si acudimos a una solución más simple. Un augurio es lo que Eneas espera de parte de Apolo, pero no necesariamente lo que el dios le brinda como contestación. El héroe formula el pedido de un signo que indique hacia dónde continuar el viaje; la palabra *augurium* señala que Eneas espera la aparición de un rayo, el vuelo de un ave, etc. que revele cuál es el rumbo a seguir. La respuesta de Febo no se limita al envío de un signo, sino que se realiza verbalmente, distinguiendo al héroe de manera especial (Stahl 1998: 47).

Esto nos lleva a la consideración de los oráculos y de los vaticinios. La palabra *oraculum* designa, al mismo tiempo, la respuesta divina en sí y el sitio en donde tiene asiento el servicio de consulta profética.[395] Puesto que en la primera acepción el término puede referirse al contenido de cualquier tipo de contestación de parte de los dioses, nos ocuparemos de la segunda, más específica. Un oráculo está constituido, idealmente, por tres elementos: 1) un lugar privilegiado, en donde se realizan las consultas; 2) una divinidad protectora que da a conocer el futuro y 3) una corporación

---

393 Williams 1962: 74: "*an indication of the divine will*".

394 *DAGR* I.1, pp. 550-560 ("*augures*"), *RE*, "*augures*" y Linderski 1986: 2269. La clasificación se recoge en Festo.

395 *DAGR*, "*oraculum*"; Bouché-Leclercq 2003: 430.

     TERCERA PARTE: Las profecías en el relato de Eneas

sacerdotal colectiva.[396] En este pasaje de *Eneida* hallamos los dos primeros –la renombrada isla de Delos y, dentro de ella, el templo; la protección legendaria de Apolo, confidente de Zeus[397]– pero no el tercero, ya que Anio, si bien es *sacerdos*, no participa en el acto de transmisión de la respuesta oracular. Por otra parte, interviene como intérprete una vez que la profecía ha sido ya pronunciada, pero no como su vehículo, al modo de la Pitia o la Sibila.

Este tipo de revelación directa, en donde la divinidad emite palabras sin que haga falta un ser humano como *médium*, remite al vaticinio al modo itálico. Observamos, entonces, cómo se sintetizan en la profecía de 3.93-98 elementos del oráculo y del vaticinio. Por un lado, el espacio del templo de Delos, sede del oráculo de Apolo como fuente de revelación; por otro lado, la comunicación directa entre la divinidad y el hombre, sin intermediarios, propia de la tradición itálica.

El anuncio resulta oscuro para los enéadas, que no pueden otorgarle un significado adecuado[398] (3.100-101):

> *cuncti quae sint ea moenia quaerunt,*
> *quo Phoebus vocet errantis iubeatque reverti.*

Todos se preguntan cuáles son esas murallas, hacia dónde llama Febo a los vagabundos y les ordena regresar.

Se hace necesaria entonces la intervención de un intérprete que realice el proceso de comprensión y lo transmita a los demás miembros de la comunidad. Anquises es un individuo apto para hacerlo, no sólo por su función de *pater* y sacerdote, sino también porque recuerda los *veterum… monumenta virorum* (3.102). Su memoria es una herramienta que contribuye a la interpretación de los signos divinos.[399] La explicación que Anquises realiza es la siguiente (3.104-115):

> *Creta Iovis magni medio iacet insula ponto,*
> *mons Idaeus ubi et gentis cunabula nostrae.*
> *centum urbes habitant magnas, uberrima regna,*

---

396 Bouché-Leclercq 2003: 437.

397 "*Apollon était essentiellement un dieu prophète, l'unique confident de Zeus, le révélateur par excellence*" (Bouché-Leclercq 2003: 432).

398 Se trata del primer tipo de error interpretativo enunciado por Manetti (1087: 42). Sobre esta profecía y la interpretación de Anquises, cf. Nakata 2012: 336-339.

399 Acerca del rol sacerdotal de Anquises, véase Lloyd 1957c: 48-49.

maximus unde pater, si rite audita recordor,
Teucrus Rhoeteas primum est advectus in oras,
optavitque locum regno. [...]
ergo agite et divum ducunt qua iussa sequamur:
placemus ventos et Cnosia regna petamus.

En el medio del mar se encuentra Creta, la isla del gran Júpiter, en donde está el monte Ideo y la cuna de nuestra estirpe. Un centenar habita las enormes ciudades, muy prósperos son los reinos de donde, si recuerdo lo que oí según el rito, nuestro máximo padre Teucro fue llevado primero hacia las orillas troyanas y eligió un sitio para su reino. [...] Por lo tanto, vamos y sigamos por donde nos conducen los mandatos de los dioses: aplaquemos a los vientos y busquemos los reinos de Cnosos.

Sin embargo, se equivoca al entender que el antepasado referido en la profecía es Teucro, el ancestro de los reyes troyanos oriundo de Creta, lugar al que cree referido como *prima tellus* y *antiquam matrem*. En realidad, la profecía se refiere a Dárdano, yerno de Teucro llegado de Italia, puesto que en rigor él fue el primero en haber reinado en las laderas del Ida. El vocativo *Dardanidae* que emplea el dios para designar a los troyanos constituía un indicio que Anquises no supo aprovechar.[400]

El episodio culmina con la ofrenda sacrificial, que combina el tipo propiciatorio en pos de una navegación exitosa con la acción de gracias a Apolo por la profecía recibida.[401] Se mencionan en detalle las víctimas elegidas: dos toros, uno para Neptuno y otro para Apolo; dos ovejas, la negra para la borrasca (*Hiemi*) y la blanca para los céfiros (*Zephyris*).

Los tipos de animales escogidos son los que tradicionalmente eran destinados a la inmolación.[402] En cuanto a los colores, se relacionaban, en general, con el tipo de divinidad a la que se ofrecía el sacrificio. Para las celestiales se utilizaban víctimas blancas; para las infernales, negras.[403] Servio dice que esta regla obedece a un principio de similitud, y por dicha razón aquí se dedica la

---

400 Cf. Williams 1962: 77 y Nakata 2012: 337.

401 Toutain (en *DAGR*, "*sacrificium*") señala cuatro tipos de sacrificios: el propiciatorio, el de acción de gracias, el purificatorio o *lustratio* y el expiatorio o *piaculum*.

402 Cf. Toutain *ibidem*; Turcan 2000: 8; Warrior 2006: 21.

403 *DAGR, ibidem*.

   Tercera parte: Las profecías en el relato de Eneas

oveja negra al mal tiempo y la blanca a los vientos propicios.[404]
C. Bailey[405] y R. D. Williams[406] apuntan que el animal negro se
brinda a la divinidad potencialmente hostil, mientras que el blanco
se dedica a la considerada propicia.

— 2 —
Los Penates en Creta (3.147-179)

Guiados por la interpretación de Anquises, los troyanos na-
vegan hacia Creta. Al llegar fundan una ciudad, a la que llaman
Pergamea, con la convicción de que se trata de la sede definitiva.
El establecimiento abarca todos los aspectos, desde la construcción (*muros optatae molior urbis*, 3.132; *arcem… attollere tectis*; 3.134)
hasta la sanción de normas (*iura dabam*, 3.137), la celebración de
matrimonios (*conubiis*, 3.136) y la preparación de los campos para
el sustento (*arvis… novis*, 3.136).[407]

Sin embargo, pronto se desencadenan una peste y una fuerte
sequía (3.137-142), signos de que, evidentemente, no se trata de la
ciudad anunciada. Así lo entiende Anquises, quien sugiere solicitar nuevas indicaciones al oráculo de Apolo (3.143-146):

> *rursus ad oraclum Ortygiae Phoebumque remenso*
> *hortatur pater ire mari veniamque precari,*
> *quam fessis finem rebus ferat, unde laborum*
> *temptare auxilium iubeat, quo vertere cursus.*

Mi padre aconseja regresar hacia el oráculo de Ortigia y hacia Febo,
una vez recorrido nuevamente el mar, y rogarle un favor: pregun-
tarle qué fin da a angustiosos acontecimientos, desde dónde ordena
intentar un auxilio, hacia dónde dirigir el curso.

Las palabras *rursus* y *remenso* colocan el énfasis en la repetición:
lo que Anquises aconseja es prácticamente reiterar el episodio an-

---

404 *ad Aen* 3.118: *aut certe ad similitudinem, ut inferis nigras pecudes, superis albas*
     immolent, item tempestati atras, candidas serenitati.

405 Bailey 1935: 44.

406 Williams 1962: 79.

407 Henry (1989: 51) señala la similitud entre estos versos y la afirmación de Júpiter
     moresque viris et moenia ponet (1.264). La profecía parecería estar cumpliéndose
     en esta instancia.

terior para comprender con mayor claridad las mismas respuestas que solicitaron en Delos. De hecho, las preguntas de 3.145-146 son una paráfrasis de 3.88.

En este estado de cosas, se hace de noche y todos duermen. Aquí tiene lugar la profecía de los penates, que se aparecen a Eneas en sueños (3.148-151):

> *effigies sacrae divum Phrygiique penates,*
> *quos mecum a Troia mediisque ex ignibus urbis*
> *extuleram, visi ante oculos astare iacentis*
> *in somnis…*

Las efigies sagradas de los dioses y penates frigios, que había sacado conmigo de Troya y del medio del fuego de la ciudad, parecieron acercarse en sueños ante los ojos del que yacía…

Los penates no revelan directamente como Apolo en Delos, sino que emiten su anuncio dentro de los sueños de Eneas. Servio (*ad Aen* 3.151) señala que algunos prefieren leer *insomnis* ('insomne', 'despierto') en vez de *in somnis* ('en sueños'), e interpretar el pasaje como una aparición de los penates durante la vigilia (como la de Creúsa, por ejemplo), en vez de onírica. Nosotros optamos por la segunda lectura debido a dos motivos. En primer lugar, el mismo Eneas realiza una aclaración cuando termina el relato del anuncio: *nec sopor illud erat* (3.173). Como aclaran Ernout y Meillet (1979: 634-5), *sopor* es *"force qui endort, fait d'endormir"* o *"sommeil"*, es decir, el sueño como necesidad física producida por el cansancio o como acto de dormir (como en el inglés *sleep*); *somnius*, en cambio, es *"songe"*, el sueño en tanto sucesos o imágenes que se representan en la mente de quien sueña (como en el inglés *dream*). Se trata, pues, de conceptos vinculados entre sí, pero con referentes bien diferenciados: si Eneas aclara que no se hallaba en estado de *sopor*, es decir, que la visión de los penates no era una ensoñación, es pertinente leer *in somnis*. La segunda razón para sostener esta elección radica en la aparición de *in somnis* en un contexto similar: la narración de Eneas de la aparición del fantasma de Héctor (2.268-97). Allí Eneas dice *que in somnis ecce ante oculos maestissimus Hector visus adesse mihi*; cuando la imagen de Héctor se retira, Eneas dice que se despierta (*excutior somno*, 2.302).

La profecía puede dividirse en tres secciones: presentación (3.154-159), indicación del verdadero destino del viaje (3.159-168), orden de comunicar la noticia a Anquises (3.169-171).

En la presentación es interesante observar que los penates, antes de identificarse (3.156-157), explican a Eneas el porqué de su aparición (3.154-155):

quod tibi delato Ortygiam dicturus Apollo est,
hic canit et tua nos en ultro ad limina mittit.

Aquello que Apolo ha de decirte, cuando hayas regresado a Ortigia, lo canta aquí y nos envía a nosotros a tus umbrales espontáneamente.

Esta aclaración da cuenta, en primer lugar, de la omnipresencia de Apolo como guía de los enéadas (que también se manifiesta, como hemos visto, en la cercanía con Ascanio en 9 y a su presencia como divinidad protectora de Augusto en la representación de la batalla de Accio en el escudo). En segundo lugar, exhibe la jerarquía divina según la cual los penates obedecen al mandato de Febo y ofician como transmisores de sus profecías, jerarquía que obedece a una diferencia en los niveles de conocimiento sobre el *fatum*. Finalmente, la aparición de los Penates expresa un 'reconocimiento'[408] de la *pietas* de los troyanos por parte de Apolo, ya que no espera a que regresen a su sitio oracular para comunicarles su revelación. Dicho reconocimiento se pone de manifiesto ni más ni menos que a través de los Penates, los *comites fatorum* anunciados por Héctor, a los que Barchiesi (2006: 18) señala como "*una sorte di versione 'compatta' e trasportabile della tradizione*" de los troyanos.

La indicación del verdadero destino del viaje contrasta con el episodio anterior por su minuciosa claridad. Frente al enigmático *antiquam exquirite matrem*, hallamos aquí tres elementos que contribuyen a la precisión. En primer lugar, se confirma que no es Creta el destino señalado (3.161-162):

Mutandae sedes; non haec tibi litora suasit
Delius aut Cretae iussit considere Apollo.

Deben cambiarse las sedes; Apolo delio no te convenció ni te ordenó asentarte en estas costas de Creta.

En segundo lugar, se consigna el nombre de la tierra a donde se dirigen, llamada 'Hesperia' por los griegos e 'Italia' por sus actuales habitantes (3.163-167):

---

408 El término es de Otis (1964: 257): "*they are about to return to Delos for another oracle, when Apollo himself comes to them and speaks through the Penates [...]. At least* pietas *gains from fate the recognition it deserves*".

Est locus, Hesperiam Grai cognomine dicunt,
terra antiqua, potens armis atque ubere glaebae;
Oenotri coluere viri; nunc fama minores
Italiam dixisse ducis de nomine gentem.
hae nobis propriae sedes.

Existe un lugar, los griegos lo denominan "Hesperia", tierra antigua, poderosa por sus armas y la abundancia de sus campos. La habitaron los varones enotrios; ahora es fama que sus descendientes llaman a la estirpe "Italia" a partir del nombre de su capitán. Éstas son sedes adecuadas para nosotros.[409]

El tercer elemento que contribuye a la claridad del mensaje es la explicitación del motivo por el cual la "antigua madre" es Italia (3.167-168):

hinc Dardanus ortus
Iasiusque pater, genus a quo principe nostrum.

De aquí surgieron Dárdano y el padre Iasio, del cual viene nuestra estirpe.

Esta vez, el anuncio es absolutamente explícito; no deja lugar a dudas sino que resuelve las incógnitas de la anterior profecía de Apolo y las vincula con el mensaje del fantasma de Creúsa en el final del libro 2.

Como la ninfa Cimodocea en el libro 10, aquí la divinidad escoge abandonar el lenguaje enigmático que le es propio para expresarse de manera tal que los humanos la comprendan al interpretarla literalmente. No es un detalle menor que sean Apolo, protector de los troyanos, y los Penates, dioses para los cuales se buscan nuevas murallas, quienes efectúen esta excepción. La orden de transmitir a Anquises estas palabras y la reiteración del destino del viaje (*Corythum terrasque... Ausonias*) contribuyen a evitar que se formule una nueva interpretación equívoca. Ya no es necesario que Anquises desentrañe la profecía; aquí las referencias son claras y no es necesaria su labor como intérprete. Cuando Eneas le transmite el mensaje de los Penates,[410] entiende el porqué

---

409 Nótese el adjetivo *propriae*, "adecuadas", que Eneas había utilizado en su plegaria de 3.85-89 (*da propriam domum*).

410 3.179: *Anchisen facio certum remque ordine pando* ("hago conocedor a Anquises y le revelo las cosas en orden").

   Tercera parte: Las profecías en el relato de Eneas

de su error (3.180: *agnovit*) y reconoce cuál era el referente de la profecía original.[411]

Hemos señalado el paralelismo con el pasaje de Cimodocea en 10; sin embargo, allí la ninfa explicaba el significado del *omen* ocurrido en el libro 9. La novedad aquí es que la divinidad ofrece, en el mismo momento, el texto de la profecía, la explicación del proceso de interpretación (erróneo) realizado por los humanos y, finalmente, el significado correcto del mensaje de los dioses.

— 3 —
La arpía Celeno en la Estrofadas (3.192-269)[412]

La siguiente escala de los enéadas es en las islas Estrofadas, patria de las arpías, a donde arriban luego de una violenta tormenta (3.192-204). Antes de relatar el episodio en sí mismo, Eneas introduce una breve noticia sobre las arpías. Se trata de divinidades con un papel relevante en el mito del adivino Fineo, desarrollado extensamente en el libro II de las *Argonáuticas* de Apolonio de Rodas. Cuando Jasón y los argonautas arriban a Tinia, se encuentran con este adivino, que sufre un castigo terrible por haber revelado a los hombres el entero pensamiento de Zeus: no sólo es ciego, sino que además es acosado en forma permanente por las arpías, que se abalanzan sobre su comida, se la quitan, y dejan el ambiente infestado con su olor espantoso. Puesto que Fineo ha recibido la profecía de que los hijos de Bóreas lo librarían de este azote, les pide ayuda a los argonautas. En efecto, entre ellos se encuentran Zetes y Calais, hijos de esa divinidad, quienes persiguen a las arpías y logran desterrarlas de la patria de Fineo.[413] La descripción negativa que da Eneas de estas criaturas (3.214-218) se entronca en una tradición mítica que las presenta como seres monstruosos. Se trata de divinidades preolímpicas, hijas de Taumante y la océanide

---

411   Es fundamental, en 3.180-188, el lugar concedido a la memoria: *agnovit* (180), *memorat* (182), *nunc repeto* (184). Nakata (2012: 342-343) analiza la respuesta de los Penates en términos de un desplazamiento de Teucro y Creta como ancestro original y tierra nativa de los troyanos respectivamente.

412   Una versión preliminar de este apartado fue presentada en el Simposio Nacional de Estudios Clásicos realizado en Tucumán en septiembre de 2012.

413   Acerca del personaje de Fineo en *Argonáuticas*, cf. Feeney 1991: 60.

Electra según Hesíodo (*Teog.* 265-269), cuyo aspecto combina un cuerpo femenino con plumaje y garras de ave.

La estadía en las islas comienza con la matanza del ganado del lugar, en un episodio con claras alusiones a *Odisea* 12.260-402, puesto que también aquí los compañeros del héroe sacrifican los animales pertenecientes a una divinidad. Luego de la matanza, los enéadas realizan un banquete (3.219-24) pero la comida queda trunca por la intervención de las arpías, que aparecen repentinamente, desgarran los alimentos y los contaminan con su hedor (3.225-8). Se establece entonces una diferencia fundamental entre el episodio de las arpías en *Argonáuticas* y éste de *Eneida*.[414] Mientras que en el texto de Apolonio las arpías arrebatan la comida de Fineo, lo que aquí arrancan es su propio alimento, el ganado de sus islas que los troyanos han matado con violencia. En el primer caso, actuaban como ejecutoras de una pena que Zeus había señalado sobre el adivino –pena que, por otra parte, se debía a la excesiva filantropía de Fineo, quien había compartido con los hombres su saber acerca de los designios divinos–. Aquí, en cambio, las arpías se abalanzan sobre los troyanos para castigar su extralimitación, que los ha llevado a matar el ganado de las Estrofadas sin ningún tipo de escrúpulos.

La secuencia comida de los troyanos-castigo se repite. Nuevamente se prepara el festín (3.229-231) y las arpías lo echan a perder (3.232-234). Frente a esta doble interrupción, Eneas ordena a sus compañeros tomar las armas para combatir a las arpías (3.234-241). Las criaturas, sin embargo, rehúyen las agresiones y escapan (3.242-244); sólo Celeno se detiene sobre una roca para revelar a Eneas su futuro.

El discurso de Celeno se divide en tres secciones. En la primera (3.247-249), la arpía amonesta a los troyanos –designados como *Laomedontiadae,* es decir, como descendientes del mítico engañador de los dioses– por haber introducido la guerra en una tierra pacífica. Celeno designa a su pueblo como inocente, en oposición a los enéadas que traen la guerra y la sangre (3.247-249)[415]:

---

414 Cf. Putnam 1995: 54.

415 Esta amonestación prefigura el rol de los enéadas en la segunda mitad de *Eneida*, en donde se desata la guerra en el pacífico Lacio. Tal es la hipótesis central de W. R. Nethercut (1968: 85): "*[...] on several occasions, the Trojans in the later books of the Aeneid are equated with the Greeks at Troy as Virgil himself portrayed them in*

     Tercera parte: Las profecías en el relato de Eneas

bellum etiam pro caede boum stratisque iuvencis,
Laomedontiadae, bellumne inferre paratis
et patrio Harpyias insontis pellere regno?

¿Acaso preparáis también traer la guerra, oh descendientes de Laomedonte, la guerra a cambio de la sangre de los bueyes y de los novillos abatidos, y expulsar a las inocentes arpías de su reino patrio?

En la segunda sección, tal como hicieron los penates, Celeno explica la razón de su anuncio (3.250-252):

accipite ergo animis atque haec mea figite dicta,
quae Phoebo pater omnipotens, mihi Phoebus Apollo
praedixit, vobis Furiarum ego maxima pando.

Por lo tanto, recibid y fijad en vuestros espíritus estas palabras mías que el padre omnipotente predijo a Febo y Febo Apolo a mí, y yo, la más importante de las Furias, las revelo para vosotros.

Una vez más aparece en el libro la jerarquía divina según la cual Júpiter revela el conocimiento del futuro a Apolo, y éste lo da a conocer de manera directa (como en Delos) o a través de un intermediario (los penates, las arpías).

En la tercera y última sección (3.253-257) hallamos la profecía propiamente dicha:

Italiam cursu petitis ventisque vocatis:
ibitis Italiam portusque intrare licebit.
sed non ante datam cingetis moenibus urbem
quam vos dira fames nostraeque iniuria caedis
ambesas subigat malis absumere mensas.

Buscáis a Italia en vuestro recorrido y la llamáis con los vientos: iréis a Italia y será lícito que entréis en su puerto, pero no ceñiréis con murallas la ciudad concedida antes de que un hambre terrible y la injuria de nuestra sangre os obligue a devorar las mesas roídas con las mandíbulas.

Si bien Celeno asegura el tan anhelado desembarco en Italia, los enéadas reciben estas palabras con gran temor. No se alegran

---

Book ii". Con respecto al episodio de las arpías, señala (1968: 90): "*Unprepossessing as the Harpies are, there is truth in their charge: Aeneas and his followers are on the point of seeking war against a people who had done really nothing to them, and (which is more important) were about to drive this people from a land which belonged to them by heritage*".

por la confirmación de que llegarán a Italia, sino que escuchan aterrorizados lo referido a la *dira fames* y por ello todos elevan preces a los dioses solicitando que las desgracias predichas por Celeno no lleguen a su cumplimiento (3.259-266):

> *at sociis subita gelidus formidine sanguis*
> *deriguit: cecidere animi, nec iam amplius armis,*
> *sed votis precibusque iubent exposcere pacem,*
> *sive deae seu sint dirae obscenaeque volucres.*
> *et pater Anchises passis de litore palmis*
> *numina magna vocat meritosque indicit honores:*
> *«di, prohibete minas; di, talem avertite casum*
> *et placidi servate pios.»*

Pero a mis compañeros se les inmovilizó, helada, la sangre por el repentino terror: decayeron los ánimos y ya no me ordenan más exigir la paz con armas, sino con votos y oraciones, sean diosas o sean monstruos las aves siniestras. Y el padre Anquises, con las palmas tendidas desde la costa, invoca a los grandes númenes y anuncia los honores correspondientes: "Oh, dioses, alejad las amenazas; oh dioses, ¡cambiad tal suerte y, benéficos, conservad a los piadosos!"

La frase *sive deae seu sint dirae* (3.262), que da cuenta de la naturaleza ambigua de estas criaturas, ofrece el punto de partida para la clasificación de esta profecía dentro de un tipo adivinatorio. Si las arpías son consideradas *deae*, el anuncio puede catalogarse como un vaticinio al modo itálico, es decir, una revelación directa de la divinidad a los hombres, como en el caso del discurso de Apolo que hemos visto en primer lugar. Si se trata de *dirae*, debemos remitirnos a la disciplina de los augures, que incluía entre sus clases los *signa ex diris*. Se trataba de signos fortuitos, no previstos, que rompían el orden esperado tanto en el curso del ritual como durante el desempeño de las funciones públicas de los augures (Bouché-Leclercq 2003: 947). Su carácter funesto se revelaba en la supuesta derivación de *dei irae*.[416] Servio observa, por otra parte, que el hecho de que estas criaturas sean, en parte, aves autoriza

---

416 *DAGR*, t. I, 556. Es necesario aclarar que estamos considerando esta palabra como sustantivo común. Como sustantivo propio, *Dirae* es sinónimo de *Furiae*: esta lectura es posible puesto que Celeno se define como Furia en 3.252. En tal caso, la oposición *sive deae seu sint dirae* aludiría a un contraste entre las diosas celestes y las de carácter infernal; a los fines de la clasificación, en ambos casos se trataría de un vaticinio.

   Tercera parte: Las profecías en el relato de Eneas

la interpretación de su anuncio como un auspicio *ex avibus*[417]: las arpías serían tanto *oscines*, es decir, aves que presagian a través de su canto, como *alites*, las que anuncian por medio del vuelo.[418]

El temor provocado por el anuncio de Celeno será manifestado por Eneas más adelante cuando, ya en Butroto, pide a Héleno su consejo (3.363-367):

> *cuncti suaserunt numine divi*
> *Italiam petere et terras temptare repostas;*
> *sola novum dictuque nefas Harpyia Celaeno*
> *prodigium canit et tristis denuntiat iras*
> *obscenamque famem...*

Todos los dioses me convencieron con su numen de buscar Italia e intentar tierras apartadas; la arpía Celeno, sola, canta un prodigio nuevo y horrible de decir, y anuncia tristes iras y un hambre siniestra.

A partir de estas palabras podemos observar que, desde el punto de vista de Eneas, existe una oposición entre la profecía de Celeno, por un lado, y los restantes anuncios, por el otro. De la predicción de la arpía, Eneas sólo recuerda los dichos relativos al hambre, interpreta su mensaje en términos de amenaza y, por consiguiente, la excluye de entre las divinidades que aseguran la llegada a Italia.[419]

El vaticinio halla su cumplimiento en el libro 7. Una vez llegados al Lacio, los enéadas disponen un banquete en el que emplean tortas de harina para apoyar los alimentos. Tan grandes son sus deseos de comer que ingieren, incluso, las tortas usadas como soporte: éstas son las mesas señaladas por Celeno (7.112-118):

> *consumptis hic forte aliis, ut vertere morsus*
> *exiguam in Cererem penuria adegit edendi,*
> *et violare manu malisque audacibus orbem*
> *fatalis crusti patulis nec parcere quadris:*
> *«heus, etiam mensas consumimus?» inquit Iulus,*
> *nec plura, adludens. ea vox audita laborum*
> *prima tulit finem.*

---

417 Serv. *A.* 3.246.

418 Acerca de la adivinación a través de las aves, cf. *DAGR*, t. II, 295; Flacelière 1993: 14-5.

419 Véase O'Hara 1990: 100, n. 22.

Una vez consumidos por casualidad estos alimentos, cuando el deseo de comer los empujó a morder a la escasa Ceres y a violar con sus manos y dientes audaces el círculo de la corteza señalada por el hado y a no perdonar los extensos cuadrados, Iulo dijo riéndose "ay, ¿hasta las mesas nos comemos?", y nada más. Esa palabra escuchada primera trajo el fin de los trabajos.

Al comprobar que el hambre pronosticada por la arpía se refería al hecho de comer las tortas de trigo, el carácter ominoso del anuncio se desvanece por completo. En palabras de James O'Hara (1990: 25), es una profecía falsamente pesimista.

Ahora bien, cuando advierte la concreción de la profecía, Eneas se la atribuye a Anquises (7.122-123):

> *genitor mihi talia namque*
> *(nunc repeto) Anchises fatorum arcana reliquit.*

Pues tales arcanos de los hados –ahora recuerdo– me los reveló mi padre Anquises.

Edmunds considera que hay que analizar esto no en términos de incoherencia, sino como producto de la combinación de distintas tradiciones míticas. Existen huellas de la versión según la cual Anquises es la fuente de la profecía en *Origo Gentis Romanae* 11.1. De acuerdo con ese relato, el padre de Eneas aún no había muerto al llegar a Italia y reconoce en el hecho de devorar las mesas un anuncio emitido por Venus para indicar el objetivo del viaje.[420]

— 4 —
Héleno en Butroto (3.356-471)

Luego de abandonar la tierra de las arpías, y tras una escala en Accio, los troyanos desembarcan en Butroto. Aquí tiene lugar el episodio central del libro (3.294-505): la visita a la nueva Troya que Andrómaca y Héleno han recreado a imagen de la primera.[421] De este extenso episodio, nos interesa tratar aquí de modo especial

---

420 Edmunds 2005: 41-42: "*In the perspective of synchronic variation, it appears that Virgil has left his innovation (Celaeno) awkwardly juxtaposed with current tradition (Anchises)*".

421 Sobre la ciudad de Héleno y Andrómaca como "doble" de la Troya original, véase especialmente Bettini 1997.

     Tercera parte: Las profecías en el relato de Eneas

la profecía que Eneas recibe de Héleno (3.356-471), que Ganiban et al. (2013: 297) señalan como ejemplo típico del discurso oracular, por ser admonitoria, enfática, didáctica, aliterativa y repetitiva.

El anuncio comienza con una declaración acerca de los límites de su revelación[422]: declarará lo que sabe acerca del destino, pero su conocimiento no es total, por decisión de las Parcas, ni tampoco puede decir todo lo que sabe, a causa de la prohibición de Juno (3.376-80):

> *prohibent nam cetera Parcae*
> *scire Helenum farique uetat Saturnia Iuno.*

Pues las Parcas prohíben que Héleno sepa más cosas y Juno, hija de Saturno, le impide hablar.

Los aspectos del futuro que Héleno comunica son los siguientes:

a. la confirmación de que Eneas llegará a Italia finalmente, pero luego de un largo camino lleno de dificultades, al que denomina de *longa via invia* (3.383) puesto que, antes de llegar a destino, Eneas deberá pasar por Sicilia (3.384: *Trinacria in unda*), por el submundo y por la isla de Circe (3.386: *infernique lacus Aeaeaeque insula Circae*).

b. el detalle de las señales (3.388: *signa tibi dicam*) que identificarán la tierra de destino: por un lado, describe el signo de la cerda blanca rodeada de sus treinta crías (3.390-392: *sus /triginta capitum fetus enixa iacebit, / alba solo recubans, albi circum ubera nati*); por otro lado, aclara que las mesas anunciadas por Celeno no son de temer (3.394: *nec tu mensarum morsus horresce futuros*).

c. las dificultades a encontrar durante la navegación (las costas con colonias griegas, los monstruos Escila y Caribdis) y el modo de superarlas (3.396-402 y 410-432).

d. la indicación de honrar a los dioses con votos (3.403-409) y especialmente a Juno (3.433-440):

> *Iunonis magnae primum prece numen adora,*
> *Iunoni cane vota libens dominamque potentem*
> *supplicibus supera donis: sic denique victor*
> *Trinacria finis Italos mittere relicta.*

---

422 Cf. O'Hara 1990: 26.

Adora ante todo el numen de la gran Juno con una plegaria, a Juno canta gustoso los votos y doblega a la poderosa señora con dones suplicantes; así serás enviado como vencedor a los límites itálicos luego de abandonar Trinacia.

e. las instrucciones para encontrar a la Sibila a las puertas del submundo (3.441-442: *ubi delatus Cumaeam accesseris urbem / divinosque lacus et Averna sonantia silvis*) y el modo en que debe pedirle sus respuestas, de manera que las pronuncie oralmente, evitando el riesgo de que se mezclen las profecías escritas en hojas (3.441-460).

Como puede observarse, todos los elementos que Héleno incluye son los que aseguran el éxito del periplo, *i. e.*, llegar a Italia y, finalmente, conocer de boca de la Sibila lo que ha de suceder en tierra itálica. Si bien señala los obstáculos de la empresa, indica también el modo de superarlos. Por el contrario, los eventos que suponen un riesgo cierto para la consecución del objetivo no son anunciados[423]: la muerte de Anquises, el naufragio, el amor de Dido y la estancia en Cartago que retrasan el viaje, la sublevación de las mujeres y posterior incendio de la flota, la pérdida del piloto Palinuro. Este silencio sobre los aspectos más problemáticos se debe, a nuestro entender, a la ya mencionada interdicción de Juno para no revelar absolutamente todo el futuro. Si Eneas conociera en esta instancia todos los impedimentos que la diosa colocará ante él, bien podría planear el modo de salvarlos.[424]

La profecía de Héleno no es fácilmente clasificable. Se trata de un personaje que aúna el saber de varias clases de ritos adivinatorios. En su invocación, Eneas así lo define (3.359-361):

Troiugena, interpres divum, qui numina Phoebi,
qui tripodas Clarii et laurus, qui sidera sentis
et volucrum linguas et praepetis omina pennae…

---

423 Cf. Otis 1964: 260.

424 En el final del libro 3, cuando muere Anquises, dice Eneas: *nec vates Helenus, cum multa horrenda moneret, / hos mihi praedixit luctus* (3.712-3). O'Hara (1990: 27) hace notar que, según Héleno, la Sibila dará las instrucciones relativas a las luchas en Italia pero que, finalmente, la sacerdotisa no se extiende sobre este tema y que es Anquises quien las transmite. Para el crítico se trata de una contradicción deliberada; Héleno no menciona el encuentro con Anquises para no decir que morirá.

   Tercera parte: Las profecías en el relato de Eneas

Oh descendiente del linaje troyano, intérprete de los dioses, que conoces los númenes de Febo, los trípodes, los laureles de Claro, las estrellas, las lenguas de las aves y los signos de la pluma que vuela...

Se observa en esta descripción la confluencia de elementos pertenecientes a diversos tipos de adivinación: en primer lugar, aparecen los atributos de los oráculos griegos de Apolo (los trípodes, los laureles), con la mención específica de Claro;[425] en segundo lugar, se menciona la astrología, asociada a Oriente;[426] finalmente, el arte augural romano que descifra el canto y el vuelo de los pájaros. Héleno, pues es una especie de "adivino total", conocedor de múltiples modos de contacto con la divinidad. Es a la vez *vates* (3.358, 3.463), *interpres* (3.359) y *sacerdos* (3.373).

<h2 style="text-align:center">— 5 —
Conclusiones del capítulo 2</h2>

El examen de los anuncios proféticos del libro 3 evidencia la variedad de modalidades de comunicación entre dioses y hombres. Se encuentran en ellos elementos pertenecientes a las diferentes prácticas del ámbito de la *divinatio*: adivinación natural o intuitiva (sueños proféticos, anuncios de sacerdotes inspirados) y adivinación artificial o inductiva (toma de auspicios, interpretación de signos); adivinación solicitada por el destinatario de la profecía o *impetrativa* (plegaria a Apolo, vaticinio de Héleno) y adivinación brindada por la divinidad sin ser requerida u *oblativa* (sueño de los penates, anuncio de Celeno, signo de los caballos);[427] adivinación sin intermediarios (voz de Apolo, sueño de los penates, profecía de Celeno) y con intermediarios (vaticinio de Héleno). Esta diversidad requiere, de parte del receptor –sea éste el oyente romano contemporáneo de Virgilio o el lector moderno–, un conocimiento performativo de los distintos procedimientos de la mántica[428] para poder apreciar cómo se combinan elementos de

---

425 Cf. Servio *ad. Aen.* 3.360: *Clarium oppidum est in finibus Colophoniorum, ubi Apollo colitur.*

426 Véase Williams 1962 *ad loc.* y Flacelière 1993: 24.

427 Para la clasificación entre *impetrativa y oblativa*, cf. Bailey 1935: 19.

428 *"Knowledge about religion in Rome is not simply a matter of information [...]. Literature about religion is another form of religious knowledge: it is another set of*

prácticas religiosas griegas (oniromancia, adivinación oracular), romanas (toma de auspicios, vaticinio, interpretación de signos) y orientales (astrología) en la configuración de las vías de comunicación entre los enéadas y los dioses.

Se observa, pues, que varían los canales y los modos de los procesos comunicativos pero que existe siempre la necesidad de otorgar un significado al signo emitido por los dioses. La única excepción al respecto es la revelación de los penates, puesto que los dioses eligen el lenguaje humano para evitar todo posible error de comprensión.

Los anuncios del libro 3 confirman la organización jerárquica divina del poema. El poseedor del conocimiento total es Júpiter, que permite a Apolo acceder a sus designios. Apolo, a su vez, dios profético por excelencia, manifiesta el *fatum* ya directamente (como en Delos), ya a través de divinidades de menor categoría que ofician de intermediarias (como los penates y las arpías), ya a través de sacerdotes inspirados (como Héleno). Sin embargo, otras divinidades pueden interferir para permitir o prohibir la comunicación de ciertos aspectos del futuro, tal como explica Héleno a Eneas a propósito de Juno.

La representación de distintos ritos adivinatorios no constituye una trasposición directa de las prácticas oficiales romanas a la narrativa, sino que constituye un mecanismo más complejo. Se combinan elementos de diversos cultos: como consecuencia, las categorías de *omen*, auspicio, oráculo, vaticinio resultan insuficientes para definir unívocamente los ritos del libro. Como observa Barchiesi (2006), el poema no sólo da cuenta del mundo religioso existente sino también del proceso dinámico de transmisión de la cultura ritual, lo cual da como resultado una imagen dinámica de las prácticas religiosas, que no es la reproducción de una estructura históricamente determinada. Virgilio crea en *Eneida* un sistema de adivinación que mitologiza y narrativamente prefigura el sistema religioso romano.

---

possibilities, another distinctive series of interventions into the huge terrain of what could be thought and said and done about religion in the Roman world" (Feeney 1998: 137).

　　　　Tercera parte: Las profecías en el relato de Eneas

Conclusiones de la tercera parte

A lo largo de esta tercera parte del trabajo, se han revisado los anuncios divinos que tienen lugar en los libros 2 y 3 de *Eneida*. Se trata de las primeras instancias de comunicación entre hombres y dioses según la cronología de la historia,[429] ya que se ubican en el marco de la caída de Troya y el periplo recorrido por los enéadas antes de llegar a Cartago, espacio del presente de la narración.

Se ha de recordar que estos anuncios proféticos están incluidos en el discurso del personaje de Eneas, que narra su viaje ante Dido y la audiencia cartaginesa. La enumeración de las variadas vías que los dioses eligen para revelar el futuro a los troyanos constituye una forma de autorrepresentación como estirpe elegida por el hado.[430] Se subraya que los dioses una y otra vez insisten en la especificación del destino del viaje, a fin de que los enéadas lleguen a buen puerto.[431] El foco está colocado, además, en los múltiples sacrificios que Eneas y los suyos ofrecen a los dioses para solicitar su favor o para agradecer su ayuda: se presentan, pues, como *pii* ante sus interlocutores.

---

429   Cf. Genette 1980: 27, Genette 1998: 12, Schmitz 2002: 56 y Herman y Vervaeck 2005: 41-42.

430   Más allá de que la voz del narrador así lo afirme desde el comienzo del poema, es interesante observar que Eneas es consciente de ello y que elige subrayarlo frente a Dido y sus comensales.

431   Cf. de Jong 2017: 146: "*Rimane aperta la questione se Didone abbia compreso l'implicito messaggio, cioè che quella a Cartagine rappresenta un'importante tappa nel viaggio di Enea ma non il suo obiettivo finale*".

Como afirma Cicerón en *De divinatione* I.82-83, la propia existencia de los dioses está intrínsecamente unida a la comunicación del saber sobre el futuro a los hombres:

Si sunt di neque ante declarant hominibus, quae futura sint, aut non diligunt homines aut, quid eventurum sit, ignorant aut existumant nihil interesse hominum scire, quid sit futurum, aut non censent esse suae maiestatis praesignificare hominibus, quae sunt futura, aut ea ne ipsi quidem di significare possunt; at neque non diligunt nos (sunt enim benefici generique hominum amici) neque ignorant ea, quae ab ipsis constituta et designata sunt, neque nostra nihil interest scire ea, quae eventura sunt, (erimus enim cautiores, si sciemus) neque hoc alienum ducunt maiestate sua (nihil est enim beneficentia praestantius) neque non possunt futura praenoscere; non igitur sunt di nec significant futura; sunt autem di; significant ergo.

Si los dioses existen y no revelan a los hombres cuáles son las cosas futuras, o bien no aman a los hombres, o bien ignoran qué ha de suceder, o bien estiman que en nada beneficia a los hombres saber qué ha de suceder, o bien no consideran que sea digno de su majestad dar a conocer a los hombres cuáles son las cosas futuras, o bien los mismos dioses ciertamente no pueden conocerlas. Pero es falso que no nos aman (pues son benefactores y amigos del género humano), que ignoran las cosas que han sido formadas y diseñadas por ellos mismos, que no nos interesa saber qué nos sucederá (puesto que seremos más cautos si las sabemos), que consideran esto alejado de su majestad (pues nada es mejor que hacer el bien) y que no pueden prever las cosas futuras. En consecuencia, los dioses no existen y no revelan las cosas futuras, pero sí existen los dioses, por consiguiente, las revelan.

En la existencia de la divinidad, pues, están inscriptos tanto su saber sobre el porvenir como su amistad con los hombres. Ambos rasgos confluyen en la voluntad de transmitir el conocimiento sobre el *fatum*. El verbo empleado por Cicerón para dar cuenta de esta comunicación es *significare*: indicar por signos, producir un signo, transmitir un mensaje por un canal oral o escrito.[432] Se observa que esta acción supone la existencia de un destinatario,

---

432 En el *OLD*: *1 (of persons, etc.) to indicate by physical signs. b (of physical objects, event", etc.) to indicate; 2 (intr.) to make signs; 3 to show, demonstrate, be an indication of (a quality); 4 To indicate (by means of speech or writing). make known, intimate. b to make known by implication, suggest. c to mention, refer to; 5 (of circumstanccs, actions, etc.) to signify, show, indicate; 6 to convey (a certain sense), mean, signify. b (of words) to signify, denote, express. c (of symbols, etc.) to denote; 7 to indicate, signify (a future occurrence).*

quien deberá, mediante procedimientos adivinatorios, realizar la interpretación necesaria para acceder al significado del mensaje.

Los anuncios del nivel extradiegético que se han tratado en la segunda parte del trabajo funcionan como respaldo de verosimilitud de los aquí referidos por Eneas. Si las visiones oníricas, las epifanías, los diálogos con las sombras de los muertos aparecieran sólo en su discurso, podría postularse que el héroe finge estos sucesos y los incorpora a su relato con el fin de crear la imagen de una estirpe privilegiada por su contacto con los dioses. El hecho de que estas instancias de comunicación se encuentren también en el nivel extradiegético confirma que efectivamente los dioses desean comunicarse con los troyanos y hacerlos partícipes de su saber sobre el *fatum*.

Conclusiones finales

Virgilio. De los poetas de la tierra no hay uno solo que haya sido escuchado con tanto amor. Más allá de Augusto, de Roma y de aquel imperio que a través de otras naciones y de otras lenguas, es todavía el Imperio. Virgilio es nuestro amigo. Cuando Dante Alighieri hace de Virgilio su guía y el personaje más constante de la Comedia, da perdurable forma estética a lo que sentimos y agradecemos todos los hombres.

Jorge Luis Borges, "Publio Virgilio Marón. La Eneida", en *Biblioteca Personal* (1988)

De acuerdo con los objetivos prefijados, hemos presentado un estudio integral de las profecías de *Eneida* como formas de transmisión del *fatum* entre dioses y hombres en las variadas instancias en que se cumple.

El modelo semiótico de G. Manetti ha resultado útil para dar cuenta de la transmisión del destino en el poema atendiendo a los diferentes tipos de emisores y receptores. Su esquema comunicativo se fundamenta en la práctica antigua de la adivinación, entendida como forma de transmisión de un mensaje de dioses (sujetos enunciadores) a hombres (destinatarios). Postula que la oscuridad o ambigüedad intrínseca de las profecías se debe al diferente código utilizado por cada uno de ellos: los dioses utilizan el lenguaje figurado, mientras que los hombres emplean el literal. De allí que, como resultado, se multipliquen los malentendidos cuando los personajes humanos intentan atribuir un referente al discurso divino durante el siempre necesario proceso de interpretación que deben realizar para dotar de significado a los signos de los dioses.

La consideración del hado como temática u objeto de los mensajes divinos ha requerido la realización de un trabajo previo de análisis de las ocurrencias de dicho término en el poema, plasmado en la primera parte del trabajo. Se ha comprobado que en el discurso del narrador extradiegético –a quien se atribuye la autoridad sobre el texto, que se plantea como fruto de la inspiración de las Musas– predomina este empleo del sustantivo *fatum* con función semántica de paciente: el hado es, fundamentalmente, un texto, un mensaje de carácter verbal. Como tal, posee un ordenamiento basado en relaciones de causa y consecuencia entre los hechos, y exhibe la cualidad de poder ser memorizado, aprendido y transmitido.

En el nivel intradiegético del poema, es decir, en los discursos de los personajes, es mayoritaria, por el contrario, la aparición del término *fatum* con función semántica agentiva. Tanto los dioses como los hombres hablan del hado como una entidad con voluntad y poder de decisión. Puesto que los personajes son partes interesadas en el decurso de la acción, les atribuyen a las decisiones del hado la responsabilidad de todos aquellos obstáculos que se interponen en la concreción de sus objetivos. Por lo demás, es necesario recordar que en general el sustantivo *fatum* recibe adjetivos con connotación negativa.

Estos resultados constituyen una novedad si se tiene en cuenta que la bibliografía crítica ha desatendido la categoría de nivel narrativo como factor a considerar al definir el concepto de *fatum*. La consecuencia ha sido que esta noción aparezca como algo desdibujado, inexacto, que significa una cosa en un verso de *Eneida* y otra muy diferente en otro. La decisión de tomar los aportes de la narratología para considerar en qué nivel se encuentra cada una de las apariciones del término ha demostrado que las distintas acepciones se corresponden con diferentes enunciadores según los distintos niveles de conocimiento del hado que poseen.

Se ha visto en el desarrollo del estudio que el *fatum* es un discurso cuyo cumplimiento es custodiado por las Parcas, divinidades citadas en cada oportunidad en que se menciona el hado como algo inexorable, como una serie de eventos que ha de cumplirse inevitablemente. Las Parcas, diosas ancestrales, son las responsables de ese diseño general del porvenir que dicta que Troya caerá, que Eneas será el encargado de custodiar los Penates y de trasladarlos a Italia, que la estirpe surgida de troyanos e itálicos dará a luz a la futura Roma. Este entramado alberga distintas posibilidades en cuanto al modo de su cumplimiento, de allí la pluralidad de *fata* en competencia (*fata Iovis, Iunonis, Troiae* etc.).

Es Júpiter, dios máximo, quien decide y define el modo de su implementación: en esto radica su *sententia*. Se ha fundamentado esta lectura en varios elementos. En primer lugar, se ha señalado que el dios habla del *fatum* como de una entidad exterior a él y con capacidad agentiva, es decir, como otro que no depende de él. Asimismo, en el diálogo final del libro 12, Juno establece una clara diferencia entre lo que Júpiter es capaz de decidir y lo que está establecido por el hado (12.819). En consecuencia, Júpiter es quien mejor conoce el hado y quien tiene el poder de administrarlo, pero no queda claro si es o no el responsable absoluto de su autoría. Esta falta de definición es lo que permite, a nuestro entender, la lectura de Ovidio en la que Júpiter transmite lo que lee en los registros de las Parcas.

Como encargado de disponer su cumplimiento, Júpiter interviene en el plano terrenal para acelerar su decurso, como cuando participa de la destrucción de Troya en el libro 2. En otras ocasiones, en cambio, no impide que las demás divinidades se interpongan. Consiente, pues, que se retrase su concreción, como cuando deja que Juno se entrometa en la acción, hasta que finalmente le prohíbe *ulterius temptare*.

Este lugar de preeminencia de Júpiter no sólo consiste en su poder para administrar el destino, sino también en su saber absoluto sobre él. El dios se coloca en la cima de la escala de conocimiento del *fatum*, en una progresión que continúa con los demás dioses (Venus, Juno, Apolo, Vulcano), las divinidades menores (los penates, Iris, Mercurio, las ninfas, las arpías), los adivinos y sacerdotes (Héleno, la Sibilia), los espíritus de los muertos (Anquises, Héctor, Creúsa) y los hombres. Esta gradación se pone de manifiesto, por ejemplo, en las palabras de Celeno en 3.250-252 o de los penates en 3.154-155, quienes demuestran que el saber sobre el *fatum* está organizado jerárquicamente y que ha sido transmitido por los dioses con mayor conocimiento a los que lo desconocen.

En este *continuum* se debe trazar, no obstante, una frontera fundamental entre dioses, sacerdotes y muertos, por un lado, y hombres, por otro. Al primer grupo pertenecen los personajes que poseen un nivel de conocimiento divino, sea porque son dioses, sea porque –como los adivinos y los fantasmas– adquieren esa prerrogativa mediante la *divinatio* o la muerte. En el segundo grupo ubicamos a los personajes humanos, caracterizados por su ignorancia de los designios divinos (de allí la repetición de adjetivos como *ignarus, inscius* o similares para calificarlos). El *fatum* puede transmitirse entre eslabón y eslabón de esta cadena de conocimiento, pero la adquisición de saber por parte de los hombres se enfrenta a un obstáculo fundamental: la oscuridad típica de los anuncios y profecías, que empaña la posibilidad de comprensión.

Las partes 2 y 3 del trabajo se ocupan del análisis específico de los pasajes proféticos de *Eneida* clasificados según su nivel narrativo. En la segunda parte se han tratado los que se ubican en el nivel extradiegético mientras que se han reservado para la tercera los que aparecen en el relato del personaje Eneas durante la noche de Cartago.

Se han establecido diferencias en las profecías de acuerdo con el tipo de receptor. En el capítulo 1 de la segunda parte han sido objeto de análisis las profecías con destinatarios divinos. Su característica fundamental es la inexistencia del equívoco. Un dios con mayor saber sobre el *fatum* instruye a otro con menor conocimiento, pero el destinatario del anuncio puede comprenderlo a la perfección. Se ha visto aquí que Venus, destinataria de los dos anuncios analizados, solicita información a Júpiter y a Neptuno acerca de los detalles de la concreción del *fatum*. Como *genetrix* de Eneas y favorecedora de sus descendientes, la diosa desea saber cómo y cuándo se cumplirá finalmente el destino de su estirpe; en ambos casos, demuestra que conoce los lineamientos generales del *fatum* y por ello exige de parte de los dioses una confirmación de su ejecución. Asimismo, existe en las intervenciones de Venus una preocupación por el lugar del elemento troyano en la fundación de la futura ciudad, del mismo modo que Juno, en el diálogo con Júpiter del libro 12, aboga por la centralidad del aporte itálico en la conformación de la *gens Romana*. Así, el antagonismo de las diosas no sólo se pone de manifiesto en lo que respecta a las acciones de Eneas sino también en lo referente a la creación de la futura identidad romana. En las palabras de Júpiter en 12.834-840 se destaca la insistencia en la mezcla de culturas (*commixti, mixtum*) como mecanismo de configuración de la identidad romana.

Tanto en el capítulo 2 de la segunda parte como en la tercera parte se han estudiado las instancias del poema en que los personajes humanos son destinatarios de las profecías. Se han observado los diferentes tipos de equívoco resultantes que, según Manetti, ocurren en razón del diferente lenguaje utilizado por hombres y dioses. La dificultad de la comprensión de los mensajes divinos es materia de las reflexiones y apreciaciones de los personajes acerca de los procesos de interpretación. Héleno aconseja a Eneas que solicite de parte de la Sibila la emisión oral de los anuncios, para evitar que se desordenen; la indicación de Apolo de buscar la *antiquam matrem* resulta en la interpretación errónea de Anquises y la posterior aclaración de los penates para corregir el rumbo;

Venus, Tiberino y Cimodocea le explican a Eneas el significado de los *omina* de los cisnes, la cerda y las naves respectivamente; la profecía de Fauno resulta en lecturas diversas por parte de Latino y Amata; en el pasaje del escudo de Vulcano se pone de relieve la incapacidad de Eneas para advertir el sentido de las imágenes. Se observa, pues, que el problema de la interpretación aparece siempre en primer plano.

La perspectiva semiótica de Manetti que se ha adoptado como marco teórico contribuye a colocar en el centro del problema el proceso de interpretación realizado por el destinatario. La claridad u oscuridad de los mensajes divinos no se fundamenta sólo en lo que los dioses deciden incluir o excluir, revelar u ocultar, sino en la mayor o menor habilidad de los receptores humanos de dilucidar el significado del mensaje. De allí la centralidad de las prácticas vinculadas a la *divinatio*: en torno a cada profecía encontramos plegarias, votos, *omina* confirmatorios y procedimientos rituales específicos.

Este enfoque se ha revelado especialmente productivo para tratar cada uno de los pasajes proféticos en su dimensión comunicativa: quién desea comunicar el *fatum*, qué medios utiliza para hacerlo, qué aprende el receptor de cada profecía y qué implica ese nuevo saber en la instancia del poema en que se ubica el pasaje.

En la compulsa de la bibliografía crítica es observable que, en general, se ha privilegiado el análisis de los grandes anuncios acerca de Roma (libros 1, 6 y 8) en pos de una lectura optimista o pesimista que revelara la postura política del poeta en la época de Augusto. Sólo el trabajo de J. O'Hara *Death and the Optimistic Prophecy* realiza un análisis integral de las profecías del poema, con la hipótesis de que todos y cada uno de los anuncios de los dioses ocultan, deliberadamente, las referencias a la muerte; no obstante, como se ha visto, existen en el poema instancias en que los dioses abandonan el lenguaje intrincado de las profecías para asegurarse de que los hombres comprendan sus signos y mensajes. Nos referimos a la aclaración del destino del viaje que realizan los penates en el libro 3, la descripción del significado del *omen* de la cerda blanca que realiza Tiberino en 8 y la explicación del signo de las naves ofrecida por Cimodocea en 10. Si los dioses buscan siempre engañar a los hombres entusiasmándolos con vanas esperanzas, ¿cómo explicar estas intervenciones en pos de la claridad del mensaje?[433] El planteo de O'Hara se ubica en la corriente de lecturas pesimistas de *Eneida*; de allí que su hipótesis fundamental descanse sobre el supuesto de que los dioses son deceptivos y mentirosos, y que ocultan la verdad del destino al género humano. A nuestro entender, los procedimientos adivinatorios que acompañan o enmarcan las profecías dan cuenta de la existencia de un conjunto de prácticas religiosas que, como explicaba Cicerón, se fundamenta en la creencia opuesta: la de que los dioses desean comunicar el porvenir a los hombres.

Asimismo, desde nuestra perspectiva, el lector del poema no se encuentra en el mismo lugar de los personajes que reciben profecías deceptivas. Para O'Hara, tanto el lector como los personajes deben tener en cuenta que bajo la superficie optimista pueden esconderse elementos oscuros.[434] En este trabajo se ha considerado que este tipo de enfoques perpetúa el binarismo de las lecturas políticas de la obra reseñadas en el estado de la cuestión del trabajo. Se establece una oposición según la cual quien ve en *Eneida* una alabanza del orden imperial romano ha sido engañado puesto que sólo ha considerado la superficie gloriosa del poema, sin advertir sus verdaderos tonos negativos. Esta operación, en lugar de enriquecer la lectura y dar cuenta de las tensiones como rasgo intrínseco de la obra –como postulaba Conte– acaba por sustituir una lectura parcial del poema por otra igualmente incompleta.

Asimismo, parangonar la lectura de *Eneida* a la interpretación de las profecías dentro del poema supone negarle al lector la capacidad de advertir las ambigüedades y tensiones del poema. A diferencia de los personajes, cuya capacidad limitada les impide comprender acabadamente los mensajes divinos, el lector competente puede reparar en las distintas posibilidades de interpretación

---

433 Debe recordarse que O'Hara resalta de la profecía de Cimodocea solamente el anuncio de un día exitoso en la batalla que oculta la muerte de Palante, sin referirse a la explicación del signo de las naves. Incluso lo primero puede discutirse, ya que Eneas sí comprende que debe regresar al campo de batalla para ayudar a Ascanio y a los suyos. La repetición de *ingentis Rutulorum [...] acervos* en ocasión de la muerte de Palante da como resultado una ironía que detecta el lector, pero ello no implica que Eneas haya entendido incorrectamente el anuncio.

434 O'Hara 1990: 3: "*[the reader] must struggle with the possibility that the surface optimism of the poem or prophecy is undercut by darker material partially suppressed*". Conte (2007) se opone a esta visión según la cual lo oscuro y pesimista es la "realidad" del texto de Virgilio, oculta bajo una apariencia de optimismo.

de las profecías en particular y de la obra en general. Existen incluso en el poema, como se ha visto, ciertos pasajes –en particular, los que incluyen una écfrasis– que involucran al receptor en la reflexión sobre los propios procesos de lectura.

Un análisis de las profecías de *Eneida* que estudie sólo las menciones a Augusto y a la Roma contemporánea de Virgilio acaba por resultar limitado. La bibliografía crítica enseña que este tipo de trabajos interpreta los anuncios de los dioses o bien como una legitimación ciega del gobierno de Augusto –puesto que el triunfo de Accio se encuentra en el centro del escudo y Júpiter en 1 afirma *imperium sine fine dedi*– o bien como el ideario romano que finalmente no se concreta, puesto que la historia de Roma no es un ejemplo del triunfo de los dioses y la ley sobre el *Furor* como quería Júpiter ni una muestra del *parcere subiectis* indicado por Anquises. Se centran, pues, en las resonancias políticas del contenido de la profecía para definir la representación de la historia de Roma como augustea o antiaugustea, dejando de lado el contexto narrativo de su emisión. Estudiarlas en su dimensión comunicativa implica analizar, además del mensaje en sí, las características de los sujetos enunciadores y de los destinatarios, el canal utilizado, los rituales que las acompañan y el proceso de interpretación llevado a cabo para dilucidarlas. Supone, en definitiva, enmarcar la cuestión de las profecías en el contexto más amplio de las relaciones entre dioses y hombres en *Eneida* y de la *divinatio* como disciplina romana encargada de regularlas.

Postular que Virgilio traslada a su poema los rituales de la religión romana o que incluye en las profecías un "reflejo" de los acontecimientos históricos implica desconocer las especificidades del discurso poético. Como recuerda D. Feeney en *Literature and Religion at Rome. Cultures, contexts, and beliefs*, tanto "literatura" como "religión" no son categorías naturales sino prácticas culturales que se definen mutuamente: no existe la "religión" como algo dado que luego la literatura "reproduce tal como es".[435] *Eneida* no "refleja" los rituales ni la historia de Roma ni la realidad de

---

435 Feeney 1997: 1-2: "*in no society is there an isolated sphere, called 'Religion', set over against another, called 'Literature'. 'Literature' is not a category in nature, and nor is 'Religion' a given, which literature then addresses or reflects. [...] In Rome there are many literary models and there are many religious discourses, each with its own distinctive associations and semiotic features. Rather than asking how religion*

sus contemporáneos, sino que, por el contrario, contribuye a su configuración. Ya se ha visto de qué manera Galinsky demuestra que la exaltación de la *pietas* como rasgo central de Eneas y la combinación de elementos troyanos e itálicos para la creación de una leyenda fundacional son los principales aportes del poema a la identidad romana.[436] A propósito de la profecía contenida en el escudo de Vulcano, por su parte, Gurval (1995: 246) señala que este pasaje no representa lo que significaba la batalla de Accio en tiempos de Virgilio; por el contrario, aportó en aquel momento una definición de la importancia de este episodio en el nivel simbólico, ya que redefinió el papel de dicha victoria en la configuración de la cultura política augustea.[437] El poema, pues, participa activamente de la conformación de la identidad romana en ese período gracias a su circulación inmediata y a su prolongada celebridad.[438]

Las profecías desempeñan dentro de *Eneida* un papel de relevancia en la construcción de dicha identidad. En primer lugar, constituyen el modo en que se manifiesta el diseño general del *fatum*, el orden universal en el cual se inscribe la historia de Roma. Así, colocan en boca de los personajes divinos la promesa de una ciudad ilustre, sin *metas rerum nec tempora* y dedicada a *paci imponere morem*. Definen, pues, una identidad romana que descansa principalmente en las ideas de expansión, poder y pacificación.

En segundo lugar, el hecho de que las profecías aparezcan en *Eneida* enmarcadas en procedimientos adivinatorios caracteriza a

---

is transmuted into literature, then, we should instead be thinking in terms of a range of cultural practices, interacting, competing, and defining each other in the process".

436 Galinsky 1969. Véase también Raaflaub 2005: 67-68.

437 *"The symbolic framework of Vergil's Aeneid did not so much reflect a public image of Actium as it created or redefined the role of this victory in Augustan political culture. Vergil gave Augustus and his regime what Actium had previously lacked, not simply poetic expression and epic grandeur [...] but political interpretation, meaning, and import".* En términos similares a los de Gurval se refiere Jenkyns (1985: 62): *"Virgil not only reflected Augustan ideology but was an important force in shaping it. In some ways Virgil was an Augustan before Augustus himself was".*

438 Cf. Tarrant 1997: 56: *"The celebrity of Virgil's works in the Roman world was immediate and lasting. The Aeneid enjoyed the rare distinction of being hailed as a canonical poem while it was still being written. [...] Virgil's first appearance as a school author also dates from the 20s, when his published work still comprised only the Eclogues and Georgics. [...] What makes the reception of Virgil unique among Roman poets is the pervasive quality of his influence, which is visible both at the level of popular culture and of official ideology".*

     Conclusiones finales

Eneas y los suyos en virtud de su diálogo constante y su cercanía con las divinidades. Como afirma Cicerón en el comienzo de *De divinatione*, gracias a los rituales adivinatorios *proxime ad deorum vim natura mortalis possit accedere* ("la naturaleza mortal puede comprender mejor el poder de los dioses"). En consecuencia, la realización de dichas prácticas contribuye a una particular definición de los enéadas como antecesores de la *gens* romana. En el relato del mito fundacional, la *Romanitas* queda definida, ante todo, por el contacto directo de los hombres con la palabra divina, aun cuando este contacto sea siempre esquivo y huidizo.

Cuando Dido, ya cautiva de la pasión por Eneas, realiza un sacrificio a los dioses, la voz del poeta lamenta *heu, vatum ignarae mentes!* (4.65), puesto que los votos y los santuarios no ayudan a la reina, cegada de amor. Esta exclamación, con su intrínseca ambigüedad –¿las mentes de los hombres ignoran a los vates? ¿o incluso las mentes de los vates son incapaces de conocer los designios divinos?– resulta, pues, una síntesis de la característica fundamental de las profecías en *Eneida*: la tensión entre la posibilidad de vislumbrar, al menos en parte, los decretos de los dioses y la inevitable oscuridad de estos mensajes. Una tensión que es también la de la propia *Eneida*: un texto complejo, por momentos ambiguo, por momentos casi indescifrable, pero que sin embargo transmite con claridad una belleza exquisita y una profunda reflexión sobre el ser humano; un texto que nos anima a buscar y encontrar siempre nuevos sentidos en cada lectura.

Bibliografía

Ediciones y comentarios de textos

Austin, R. G., *P. Vergili Maronis Aeneidos Liber Quartus*, Oxford, 1963.

Austin, R. G., *P. Vergili Maronis Aeneidos Liber Secundus*, Oxford, 1964.

Austin, R. G., *P. Vergili Maronis Aeneidos Liber Primus*, Oxford, 1971.

Austin, R. G., *P. Vergili Maronis Aeneidos Liber Sextus*, Oxford, 1977.

Barchiesi, M., *Nevio Epico*, Padova, 1962.

Borges, J. L., *Biblioteca personal*, Buenos Aires, 1998 (primera edición: 1988).

Borges, J. L., *La moneda de hierro*, Buenos Aires, 2005 (primera edición: 1976).

Burnet, J., *Platonis Opera*, Oxford, 1903 [edición en línea en Perseus Digital Library].

Butler, H. E., *Quintilian. Institutio Oratoria Book 7*, Londres, 1922.

Calvino, I., *Las ciudades invisibles*, Madrid, 2011 (primera edición: 1972).

Conte, G. B., *P. Vergilius Maro. Aeneis*, Berlín, 2009.

Dingel, J., *Kommentar zum 9. Buch der Aeneis Vergils*, Heidelberg, 1997.

Durán, M. A y Lisi, F., *Platón. Diálogos VI*, Madrid, 1997.

Eden, P. T., *A Commentary on Virgil: Aeneid VIII*, Mnemosyne Bibliotheca Classica Batava, Leiden, 1975.

Ehwald, R., *Ovidii Nasonis Metamorphoses*, Berlín, 1903 [edición digital en Bibliotheca Augustana].

Evelyn-White, H. G., *Hesiod. The Homeric Hymns and Homerica. Theogony*, Cambridge, 1914 [edición en línea en Perseus Digital Library].

Falconer, W. A., *Cicero De Senectute. De Amicitia. De Divinatione*, Londres, 1992 (primera edición: 1923)

Fletcher, F., *Virgil Aeneid VI*, Oxford, 1962.

Fordyce, C.J., *P. Vergili Maronis Aeneidos Libri VII-VIII*, Oxford, 1977.

Fratantuono, L. M. y Alden Smith, R., *Virgil, Aeneid 5. Text, Translation and Commentary*, Leiden, 2015.

Fuentes, H., *Virgilio. Eneida. Libro VIII*, Madrid, 1945.

Galán, L. et al., *El carmen 64 de Catulo*, La Plata, 2003.

Ganiban, R. T., *Vergil Aeneid 1*, Newburyport, 2009.

Gelormini, N., *Augusto. Hechos*, Buenos Aires, 2010.

Gransden, K. W., *Virgil Aeneid Book VIII*, New York, 2003 (primera edición: 1976).

Hardie, P., *Virgil Aeneid IX*, Cambridge, 2000.

Heyworth, S. J. y Morwood, J. (eds.), *A Commentary on Vergil, Aeneid 3*, Oxford, 2017.

Horsfall, N., *Virgil, Aeneid 2. A Commentary*, Leiden-Boston, 1998.

Horsfall, N., *Virgil, Aeneid 7. A Commentary*, Leiden-Boston, 1999.

Horsfall, N., *Virgil, Aeneid 3. A Commentary*, Leiden-Boston, 2006.

Johnston, P. A., *Vergil Aeneid Book 6*, Newburyplace, 2012.

Kent, R. G., *Varro. On the Latin Language*, Cambridge (Mass.), 1938.

Klingner, F., *Virgil. Bucolica. Georgica. Aeneis*, Zürich-Stuttgart, 1967.

Mayor, J. y Swainson, J., *Cicero, De Natura Deorum Libri Tres. Vol. 2*, Cambridge, 2010 (primera edición: 1880).

Merrill, E. T., *Catullus*, Cambridge, 1893 (edición en línea de Perseus Digital Library).

Murray, A. T., *Homer. The Odyssey with an English Translation*, Cambridge-Londres, 1919 (edición en línea de Perseus Digital Library).

Mynors, R., *Vergili Maronis Opera*, Oxford, 1969.

Norden, E., *P. Vergilius Maro Aeneis Buch VI*, Leipzig, 1903.

Paratore, E., *Eneide. Volume III (Libri V-VI)*, 1995 (primera edición: 1979).

Pease, A. S., *M. Tulli Ciceronis De Divinatione Libri Duo*, Darmstadt, 1963 (primera edición: 1920-3).

Pease, A. S., *M. Tulli Ciceronis De Natura Deorum Libri Tres*, Leiden, 1958.

Peiper, A. y Richter, G., *L. Anneus Seneca. Tragoediae*, Leipzig, 1921 (edición en línea de Perseus Digital Library).

Rolfe, J. C., *The Attic Nights of Aulus Gellius*, Londres, 1927 (edición en línea de Perseus Digital Library).

Ruaeus, C., *P. Virgilii Maronis Opera. Tomus Secundus*, Venecia, 1776.

Sabbadini, R., *P. Vergili Maronis Opera. Vol. II: Aeneis*, Roma, 1937.

Seaton, R. C., *Apollonius Rhodius The Argonautica*, Londres, 1912.

Thilo, G. y Hagen, H., *Servii Grammatici qui feruntur in Vergilii Carmina Commentarii*, Hildesheim, 1961.

Wardle, D., *Cicero On Divination Book 1*, Oxford, 2006.

Williams, R. D., *P. Vergili Maronis Aeneidos Liber Quintus*, Oxford, 1960.

Williams, R. D., *P. Vergili Maronis Aeneidos Liber Tertius*, Oxford, 1962.

Diccionarios y gramáticas del latín

Autenrieth, G., *Homeric Dictionary*, Londres, 1984.

Baños Baños, J. M. (coord.), *Sintaxis del latín clásico*, Madrid, 2009.

Bassols de Climent, M., *Sintaxis latina*, Madrid, 1976.

Blánquez Fraile, A., *Diccionario latino-español*, Barcelona, 1975.

Daremberg, C. et Saglio, E., *Dictionnaire des Antiquités Grecques et Romaines*, París, 1877-1919 (edición en línea de la Université de Toulouse II-Le Mirail).

Ernout, A., *Morphologie historique du Latin*, París, 1953.

Ernout, A. y Meillet, A., *Dictionnaire étimologique de la langue latine. Histoire des mots*, París, 1959.

Ernout, A. y Thomas, F., *Syntaxe latine*, París, 1953.

François, G., *Grammaire latine*, Lieja, 1976.

Gaffiot, F., *Dictionnaire illustré latin-français*, París, 1934.

Glare, P., *Oxford Latin Dictionary*, Oxford, 1968.

Grimal, P., *Diccionario de mitología griega y romana*, Buenos Aires, 2001 (primera edición: 1951).

Lewis, C. T. y Short, C., *A Latin Dictionary*, Oxford, 1879 (edición en línea de Perseus Digital Library)

Liddell & Scott, *An Intermediate Greek-English Lexicon*, Oxford, 2003.

Paulys Real-Encyclopädie der Classischen Altertumswissenschaft, Stuttgart, 1896.

Pinkster, H., *Sintaxis y semántica del latín*, Madrid, 1995.

Pinkster, H., *The Oxford Latin Syntax*, Oxford, 2015.

Rubio, L., *Introducción a la sintaxis estructural del latín*, Barcelona, 1982.

Woodcock, E.C., *A New Latin Syntax*, Londres, 1966 (primera edición: 1959).

Bibliografía teórica y crítica[*]

Adler, E., *Vergil's Empire. Political Thought in the Aeneid*, Lanham, 2003.

Akbar Kahn, H., "Exile and the Kingdom: Creusa's Revelations and Aeneas' Departure from Troy", *Latomus* 60, 2001; pp. 906-915.

Albrecht, M., *Vergil. Bucolica, Georgica, Aeneid. Eine Einführung*, Heidelberg, 2006.

Amerasinghe, C. W., "*Saturnia Iuno*: its Significance in the *Aeneid*", *G&R* 22.65, 1953; pp. 61-69.

---

[*] Los nombres de las publicaciones periódicas se expresan mediante las abreviaturas consignadas en *L'Année philologique*.

Anderson, W. B., "*Sum Pius Aeneas*", *CR* 44.1, 1930; pp. 3-4.

Anderson, W. D., "Venus and Aeneas. The Difficulties of Filial *Pietas*", *CJ* 50.5, 1955; pp. 233-238.

Anderson, W. S., "Vergil's Second *Iliad*", *TAPhA* 88, 1957; pp. 17-30.

Anderson, W. S., "*Pastor Aeneas*: On Pastoral Themes in the *Aeneid*", *TA-PhA* 99, 1968; pp. 1-17.

Ando, C., "Vergil's Italy: Ethnography and Politics in First-Century Rome", en Levene, D. S. y Nelis, D. P., *Clio and the Poets. Augustan Poetry and the Traditions of Ancient Historiography*, Leiden-Boston-Colonia, 2002; pp. 123-142.

Arno, C., *How Romans Became "Roman": Creating Identity in an Expanding World*, tesis doctoral, Ann Arbor, 2012.

Assmann, J., *Das kulturelle Gedächtnis. Schrift, Erinnerung und politische Identität in frühen Hochkulturen*, Múnich, 2000 (edición en español: *Historia y mito en el mundo antiguo. Los orígenes de la cultura en Egipto, Israel y Grecia*, Madrid, 2011).

Bailey, C., *Religion in Virgil*, Oxford, 1935.

Baldo, G., *Dall'Eneide alle Metamorfosi. Il codice épico di Ovidio*, Padua, 1995.

Barchiesi, A., "Virgilian Narrative: Ecphrasis", en Martindale, C. (comp.), *The Cambridge Companion to Virgil*, Cambridge, 1997; pp. 271-81.

Barchiesi, A., "Mobilità e religione nell'*Eneide* : Diaspora, culto, spazio, identità locali", en Elm von der Osten, D., Rüpke, J. y Waldner, K., *Texte als Medium und Reflexion von Religion im römischen Reich*, Stuttgart, 2006; pp. 13-30.

Bartsch, S., "*Ars* and the Man: The Politics of Art in Virgil's *Aeneid*", *CPh* 93, 1998; pp. 322-342.

Basson, W. P., *Pivotal Catalogues in the Aeneid*, Amsterdam, 1975.

Bayet, J., *La religión romana. Historia política y psicológica*, Madrid, 1984.

Beard, M., "Cicero and Divination: The Formation of a Latin Discourse", *JRS* 76, 1986; pp. 33-46.

Beard, M., North, J. y Price, S., *Religions of Rome*, Cambridge, 1998.

Beck, D., "Ecphrasis, Interpretation, and Audience in *Aeneid* 1 and *Odyssey* 8", *AJPh* 128, 2007; pp. 533-549.

Bell, K., "*Translatio* and the Constructs of a Roman Nation in Virgil's *Aeneid*", *Rocky Mountain Review* 62, 2008; pp. 11-24.

Benario, H. W., "The Tenth Book of the *Aeneid*", *TAPhA* 98, 1967; pp. 23-36.

Berlin, N., "War and Remembrance: *Aeneid* 12.554-60 and Aeneas' Memory of Troy", *AJPh* 119, 1998; pp. 11-41.

Bettini, M., "Ghosts of Exile: Doubles and Nostalgia in Vergil's *parva Troia* (*Aeneid* 3.294ff.)", *Cl. Ant.* 16.1, 1997; pp. 8-33.

Bettini, M., "Un'identità 'troppo compiuta'. Troiani, Latini, Romani e Iulii nell'*Eneide*", *MD* 55, 2005; pp. 77-102.

Bettini, M., "Weighty Words, Suspect Speech: *Fari* in Roman Culture", *Arethusa* 41.2, 2008; pp. 313-375.

Bevens, E., *A Sacred People. Roman Identity in the Age of Augustus*, tesis doctoral, Atlanta, 2010.

Bickerman, E. J., "*Origenes gentium*", *CPh* 47, 1952; pp. 65-81.

Block, E., *The Effects of Divine Manifestation on the Reader's Perspective in Vergil's Aeneid*, Salem, 1984.

Bouché-Leclercq, A., *Histoire de l'adivination dans l'Antiquité*, París, 2003 (primera edición: 1879-82).

Bourdin, S., "Le peuplement de l'Italie dans l'*Énéide* de Virgile: situation historique ou reconstruction érudite?", *MEFRA* 129.1, 2017; publicado en línea el 27/09/2017, consultado el 29/01/2018.

Bowie, A., "Aeneas Narrator", *PVS* 26, 2008; pp. 41-51.

Bowra, C. M., "Aeneas and the Stoic Ideal", *G&R* 3.7, 1933; pp. 8-21.

Boyancé, P., *La religion de Virgile*, París, 1963.

Boyle, A. J., *The Chaonian Dove. Studies in the Eclogues, Georgics, and Aeneid of Virgil*, Leiden, 1986.

Boyle, A. J., "Aeneid 8: Images of Rome", en Perkell, C. (ed.), *Reading Vergil's Aeneid. An Interpretive Guide*, Norman, 1999; pp. 148-161.

Brenk, F. E., "*Avorum Spes et Purpurei Flores:* the Eulogy for Marcellus in *Aeneid* VI", *AJPh* 107.2, 1986; pp. 218-228.

Brooks, R. A., "*Discolor Aura*. Reflections on the Golden Bough", *AJPh*, 74.3, 1953; pp. 260-280.

Callen King, K., *Ancient Epic*, Oxford, 2009.

Cairns, F., *Virgil's Augustan Epic*, Cambridge, 1989.

Cairo, M. E., "Signos y profecías en el libro III de *Eneida*", *Auster* 14, 2009; pp. 63-83.

Cairo, M. E., "El escudo de Vulcano: écfrasis y profecía en *Eneida* 8", *Myrtia* 28, 2013a; pp. 105-128.

Cairo, M. E., "El diálogo entre Júpiter y Venus en *Met.* 15.807-842: una lectura del fatum virgiliano", en *Minerva* 26, 2013b; pp. 163-180.

Cairo, M. E., "La profecía de Fauno en *Eneida* 7.81-101: ambigüedad e interpretación", en Galán, L. y Buisel, M. D., *La adivinación en Roma. Oráculos, vaticinios, revelaciones y presagios en la literatura romana*, La Plata, 2013c; pp. 127-144.

Cairo, M. E., "Las puertas del sueño: muerte, conocimiento y revelación en el libro 6 de *Eneida*", en *Nova Tellus* 31.1, 2013d; pp. 121-144.

Cairo, M. E., "Memoria troyana e identidad romana en *Eneida*. Una lectura de los diálogos entre Júpiter y Venus (1.223-204) y entre Júpiter y Juno (12.791-842)", en *Auster* 21, 2016; pp. 95-110.

Cairo, M. E., "Los personajes femeninos en *Eneida*. Acerca de la singular configuración de Hécuba en *En.* 2.506-525", en *Revista de Estudios Clásicos* 47, 2019; pp. 11-24.

Camps, W., *An Introduction to Virgil's Aeneid*, Oxford, 1969.

Cancik, H., "Ein Volk gründen. Ein myth-historisches Modell in Vergils Aeneis", en Bierl, A., Schmitt, A. y Willi, A. (eds.), *Antike Literatur in neuer Deutung*, Leipizig, 2004; pp. 307-323.

Casali, S., "The Making of the Shield: Inspiration and Repression in the *Aeneid*", *G&R* 53.2, 2006; pp. 185-204.

Casali, S., "The Theophany of Apollo in Aeneid 9: Augustanism and Self-Reflexivity", en Athanassaki, L., Martin, R. P. y Miller, J. F. (eds.), *Apolline Politics and Poetics: International Symposium*, Atenas, 2009; pp. 299-328.

Clausen, W., "An Interpretation of the *Aeneid*", en *HSPh* 68, Cambridge, 1964; pp. 139-147.

Clausen, W., *Virgil's Aeneid. Decorum, Allusion and Ideology*, Múnich-Leipzig, 2002.

Coleman, R., "The Gods in the *Aeneid*", *G&R*, 29.2, 1982; pp. 143-168.

Colish, M. L., "The Epic Poets", en *The Stoic Tradition from Antiquity to the Early Middle Ages: Stoicism in Antiquity*, Leiden, 1990; pp. 225-289.

Conte, G. B., *The Rhetoric of Imitation: Genre and Poetic Memory in Virgil and Other Latin Poets*, Ithaca, 1986.

Conte, G. B., *The Poetry of Pathos. Studies in Virgilian Epic*, Oxford, 2007.

De Santis, G. y Ames, C., "La memoria histórica de la diversidad étnica italiana en la *Eneida* de Virgilio", *Circe* 15, 2011; pp. 41-54.

Della Corte, F., "Giunone, como personaggio e come dea, in Virgilio", *A&R* 28, 1983; pp. 21-30.

Dench, E., *Romulus' Asylum. Roman Identities from the Age of Alexander to the Age of Hadrian*, Oxford, 2005.

Díaz Andreu, M. et al., *Archaeology of Identity: Approaches to Gender, Age, Status, Ethnicity and Religion*, Londres, 2005.

Douglas, E. M., "Iuno Sospita of Lanuvium", *JRS* 3, 1913; 61-72.

Duckworth, G. E., "Suspense in Ancient Epic. An Explanation of *Aeneid* III", *TAPhA*, 62, 1931; pp. 124-140.

Duckworth, G. E., "The Architecture of the *Aeneid*", *AJPh*, 75.1, 1954; pp. 1-15.

Edmunds, L., "Epic and Myth", en Foley, J. M., *A Companion to Ancient Epic*, Oxford, 2005.

Edwards, M. W., "The Expression of Stoic Ideas in the *Aeneid*", *Phoenix* 14.3, 1960; pp. 151-165.

Edwards, C. y Woolf, G., *Rome the Cosmopolis*, Cambridge, 2003.

Everett, W., "Upon Virgil, Aeneid VI, 893-898", *CR* 14.3, 1900; pp. 153-4.

Fantham, E., "*Nymphas... e navibus esse*: Decorum and Poetic Fiction in «Aeneid» 9.77-122 and 10.215-59", *CPh* 85.2, 1990; pp. 102-119.

Feeney, D. C., "The Reconciliations of Juno", *CQ* 34, 1984; pp. 179-194.

Feeney, D. C., *The Gods in Epic. Poets and Critics of the Classical Tradition*, Oxford, 1991.

Feeney, D. C., *Literature and Religion at Rome: Cultures, Contexts and Beliefs*, Cambridge, 1998.

Feeney, D. C., "The History of Roman Religion in Roman Historiography and Epic", en Rüpke, J. (ed.), *A Companion to Roman Religion*, Oxford, 2007.

Feldherr, A., *Playing Gods. Ovid's Metamorphoses and the Politics of Fiction*, Princeton, 2010.

Feldherr, A., "Points of Light: Reflections on Myth and History in the Shield of

Aeneas", version 1, *Princeton / Stanford Working Papers in Classics*, 2011.

Feldman, L. H., "The Character of Ascanius in Virgil's Aeneid", *CJ* 48, 1953; pp. 303-313.

Fenik, B., "Parallelism of theme and imagery in *Aeneid* II and IV", *AJPh* 80.1, 1959; pp. 1-24.

Filoramo, G., 'Aspetti dell'identità religiosa', *Ann. storia esegesi* 20.1, 2003; pp. 9-23.

Flacelière, R., *Adivinos y oráculos griegos*, Buenos Aires, 1993 (primera edición: 1961).

Fletcher, K. F. B., "*Amphrysia Vates* (*Aeneid* 6.398)", *CQ* 62.2, 2012; pp. 863-865.

Fletcher, K. F. B., *Finding Italy. Travel, Nation, and Colonization in Vergil's Aeneid*, Ann Arbor, 2014.

Foley, J. M., *A Companion to Ancient Epic*, Oxford, 2005.

Ford Wiltshire, S., *Public and Private in Vergil's Aeneid*, Amherst, 1989.

Formicola, C., "Parola profetica e parola poetica, sigilli della storia (Verg. *Aen.* I 257ss)", *Paideia* 68, 2013; pp. 1-17.

Fowler, D., "Narrate and Describe: the Problem of Ekphrasis", *JRS* 81, 1991; pp. 25-35.

Fowler, D., "Virgilian Narrative. Story-telling", en Martindale, C. (comp.), *The Cambridge Companion to Virgil*, Cambridge, 1997; pp. 259-270.

Fraenkel, E., "Some Aspects of the Structure of *Aeneid* VII", *JRS* 35, 1945; pp. 1-14.

Franke, W., "Virgil, History, and Prophecy", *Ph&Lit* 29.1, 2005; pp. 73-88.

Fratantuono, L., "A Brief Reflection on the Gates of Sleep", *Latomus* 66.3, 2007; pp. 628-635.

Fratantuono, L., "*Aeterno devinctus amore*: Vulcan in Virgil", *Paideia* 70, 2015; pp. 1-18.

Fratantuono, L., "*Unde Pater Tiberinus*: The River Tiber in Vergil's *Aeneid*", *Classica et Christiana* 11, 2016; pp. 95-122.

Fratantuono, L. M., "*Nymphaeque sorores*: Virgil's Sororities of Nymphs", *Myrtia* 34, 2019; pp. 57-89.

Frazer, J. G., *La rama dorada. Magia y religión*, México, 2006 (1ª ed.: 1890).

Frede, D., "Stoic Determinism", en Inwood, B. (ed.), *The Cambridge Companion to the Stoics*, Cambridge, 2003; pp. 179-205.

Fuqua, C., "Hector, Sychaeus, and Deiphobus: Three Mutilated Figures in *Aeneid* 1-6", *CPh* 77.3, 1982; pp. 235-240.

Galán, L., *Virgilio. Eneida. Una introducción crítica*, Buenos Aires, 2005.

Galimberti Biffino, G., "*Et te tua fata docebo* (Verg. *Aen.* VI 759): la storia del futuro nell'*Eneide*", *Aevum(ant)* 10, 2010; pp. 129-145.

Galinsky, K., *Aeneas, Sicily and Rome*, Princeton, 1969.

Galinsky, K., "Aeneas' Invocation of Sol (*Aeneid*, XII, 176)", *AJPh* 90, 1969; pp. 453-458.

Galinsky, K., "Ovid, Vergil, and Augustus", en *Ovid's Metamorphoses. An Introduction to the Basic Aspects*,

Oxford-Berkeley-Los Angeles, 1975; pp. 210-265.

Galinsky, K., *Augustan Culture. An Interpretive Introduction*, Princeton, 1996.

Galinsky, K. (ed.), *The Cambridge Companion to the Age of Augustus*, Cambridge, 2005.

Galinsky, K., "Continuity and Change: Religion in the Augustan Semi-Century", en Rüpke, J., *A Companion to Roman Religion*, 2007; pp. 71-82.

Garstang, J. B., "Aeneas and the Sibyls", *CJ* 59, 1963; pp. 97-101.

Genette, G., "Fronteras del relato", en Barthes, R. et al., *Análisis estructural del relato*, Buenos Aires, 1982.

Genette, G., *Narrative Discourse. An Essay in Method*, Ithaca, 1980 (primera edición: 1972).

Genette, G., *Nuevo discurso del relato*, Madrid, 1998 (primera edición: 1993).

Genovese, E. N., "Deaths in the *Aeneid*", *Pacific Coast Philology* 10, 1975; pp. 22-28.

Getty, R. J., "*Insomnia* in the Lexica", *AJPH* 54. 1, 1933; pp. 1-28.

Getty, R. J., "Romulus, Roma and Augustus in the Sixth Book of the *Aeneid*", *CPh* 45.1, 1950; pp. 1-12.

Giardina, A., "L'identità incompiuta dell'Italia romana", en *L'Italia romana. Storie di un'identità incompiuta*, Roma, 1997; pp. 3-116.

Goldhill, S., "What Is Ekphrasis For?", *CPh* 102, 2007; pp. 1-9

Goold, G. P., "The Voice of Virgil. The Pageant of Rome in *Aeneid 6*", en Woodman, T. y Powell, J. (eds.), *Author and Audience in Latin Literature*, Cambridge, 1992; pp. 110-123.

Gotoff, H. C., "The Difficulty of the Ascent from Avernus", *CPh* 80.1, 1985; pp. 35-40.

Gowing, A. M., *Empire and Memory. The Representation of the Roman Republic in Imperial Culture*, Cambridge, 2005.

Gransden, K. W., *Virgil's Iliad. An Essay on Epic Narrative*, Cambridge, 1984.

Gransden, K. W., "The Fall of Troy", *G&R* 32.1, 1985; pp. 60-72.

Green, S. J., "Malevolent Gods and Promethean Birds: Contesting Augury in Augustus' Rome", *TAPhA* 139.1, 2009; pp. 147-167.

Griffin, J., "Aeneas, *Pietas*, and the Gods", *PVS* 28, 2014; pp. 123-140.

Grillo, L., "Leaving Troy and Creusa: Reflections on Aeneas' Flight", *CJ* 106.1, 2010; pp. 43-68.

Grimm, R. E., "Aeneas and Andromache in *Aeneid III*", *AJPh* 88.2, 1967; pp. 151-162.

Gutting, E., "Marriage in the *Aeneid*: Venus, Vulcan, and Dido", *CPh* 101, 2006; pp. 263-279.

Gurval, R. A., "'No, Virgil, No': The Battle of Actium on the Shield of Aeneas", en *Actium and Augustus: The Politics and Emotions of Civil War*, Ann Arbor, 1995; pp. 209-247.

Habinek, T., "Grecian Wonders and Roman Woe: The Romantic Rejection of Rome and its Consequences for the Study of Latin Literature" en Galinsky, K. (ed.), *The Interpretation of Roman Poetry: Empiricism or Hermeneutics?*, *Studien zur klassischen Philologie 67*, Frankfurt am Main, 1992; pp. 227-242.

Haecker, T., *Virgilio, Padre de Occidente*, Madrid, 1945.

Hahn, E. A., "On an Alleged Inconsistency in the *Aeneid* (Between 2.781 and Book 3)", *CW* 13.27, 1920; pp. 209-212.

Hall, J. M., "Theory and Method in Studying Ethnicity", en *Hellenicity: Between Ethnicity and Culture*, Chicago-Londres, 2010; pp. 1-29.

Hardie, P., "*Imago Mundi:* Cosmological and Ideological Aspects of the Shield of Achilles", *JHS* 105, 1985; pp. 11-31.

Hardie, P., *Virgil's Aeneid. Cosmos and Imperium*, Oxford, 1986.

Hardie, P., *Virgil, Greece and Rome. New Surveys in the Classics* N° 28, Glasgow, 1998.

Hardie, P., *Virgil. Critical Assessments of Classical Authors*, Vol. III y IV, Londres, 1999.

Hardie, P., "Trojan Palimpsests. The Archaeology of Roman History in *Aeneid* 2", en Farrell, J. y Nelis, D. P. (eds.), *Augustan Poetry and the Roman Republic*, Oxford, 2013; pp. 107-132.

Harrison, E. L., "Why Did Venus Wear Boots? Some Reflections on *Aeneid* 1.314f", *PVS* 12, 1972-3; pp. 10-24.

Harrison, S. J. (ed.), *Oxford Readings in Virgil's Aeneid*, Oxford-Nueva York, 1990.

Harrison, S. J., "Some views of the *Aeneid* in the Twentieth Century", en Harrison, S. J. (ed.), *Oxford Readings in Vergil's Aeneid*", Oxford-Nueva York, 1990; pp. 1-20.

Harrison, S. J., "The Survival and Supremacy of Rome: the Unity of the Shield of Aeneas", *JRS* 87, 1997; pp. 70-6.

Heffernan, J. A. W., "Ekphrasis and Representation", *New Literary History* 22, 1991; pp. 297-316.

Heinze, R., *Virgils epische Technik*, Leipzig, 1903.

Henry, E., *The Vigour of Prophecy. A Study of Virgil's Aeneid*, Carbondale-Edwardsville, 1989.

Herman, L. y Vervaeck, B., *Handbook of Narrative Analysis*, Lincoln-Londres, 2005 (1ª ed.: 2001).

Hernando, A., *Arqueología de la identidad*, Madrid, 2002.

Herschel Moore, C., "Prophecy in the Ancient Epic", *HSPh* 32, 1921; pp. 99-175.

Highet, G., *The Speeches in Vergil's Aeneid*, Princeton, 1972.

Highet, G., "Speech and Narrative in the *Aeneid*", *HSPh* 78, 1974; pp. 189-229.

Holt, P., "Who Understands Vergil's Prophecies?", *CJ* 77, pp. 303-314.

Horsfall, N., "Dido in the Light of History", en Harrison, S. J. (ed.), *Oxford Readings in Virgil's Aeneid*, Oxford-Nueva York, 1990; pp. 127-144.

Horsfall, N., "Numanus Remulus: Ethnography and Propaganda in *Aeneid* 9.598ff", en Harrison, S. J. (ed.), *Oxford Readings in Virgil's Aeneid*, Oxford-Nueva York, 1990; pp. 305-315.

Horsfall, N., *A Companion to the Study of Virgil*, Leiden-New York-Köln, 1995 (*Mnemosyne Supplementum 151*).

Horsfall, N., *The Epic Distilled. Studies in the Composition of the Aeneid*, Oxford, 2016.

Hunt, W., *Forms of Glory. Structure and Sense in Virgil's* Aeneid, Carbondale, 1973.

Huskinson, J., *Experiencing Rome: Culture, Identity and Power in the Roman Empire*, Londres, 2000.

Jenkyns, R., "Pathos, Tragedy, and Hope in the *Aeneid*", *JRS* 75, 1985; pp. 60-77.

Johnson, W. R., *Darkness Visible: A Study of Virgil's* Aeneid, Berkeley-Los Angeles, 1976.

Johnson, W. R., "*Dis Aliter Visum*: Self-Telling and Theodicy in *Aeneid* 2", en Perkell, C. (ed.), *Reading Vergil's Aeneid. An Interpretive Guide*, Norman, 1999; pp. 50-63.

Johnston, P. A., *Vergil's Agricultural Golden Age. A Study of the Georgics*, Leiden, 1980.

Jones, S., *The Archaeology of Ethnicity. Constructing Identities in the Past and the Present*, Londres, 1997.

Jong, I. J. F. de, *Narratology & Classics. A Practical Guide*, Oxford, 2014.

Jong, I. J. F. de, "Narratologia e poesia epica. Virgilio, *Eneide* 2 (Enea rivive la caduta di Troia)", en *I classici e la narratologia. Guida alla lettura degli autori greci e latini*, Roma, 2017; pp. 139-166.

Keith, A. M., *Engendering Rome. Women in Latin Epic*, Cambridge, 2004.

Keith, A., "Women's Networks in Vergil's *Aeneid*", *Dictynna*, N° 3, 2006.

Kennedy, D., "Virgilian Epic", en Martindale, C. (comp.), *The Cambridge Companion to Virgil*, Cambridge, 1997; pp. 145-154.

Kennedy, D., "'Augustan' and 'Anti-Augustan': Reflections on Terms of Reference", en Powell, A. (ed.), *Roman Poetry and Propaganda in the Age of Augustus*, Londres, 1997; pp. 26-58.

Kirichenko, A., "Virgil's Augustan Temples: Image and Intertext in the *Aeneid*", *JRS* 103, 2013; pp. 65-87.

Kirsopp Michels, A., "The *insomnium* of Aeneas", *CQ* 31.1, 1981; pp. 140-146.

Knox, P., *A Companion to Ovid*, Oxford, 2009.

Kragelund, P., *Dream and Prediction in the Aeneid*, Copenhague, 1976.

Kurman, G., "Ecphrasis in Epic Poetry", *Comparative Literature*, 26.1, 1974; pp. 1-13.

La Fico Guzzo, M. L., "El espacio representado como símbolo del espacio literario en el libro 6 de la *Eneida*", *Faventia*, 25.2, 2003; pp. 99-108.

La Fico Guzzo, M. L., *Espacios simbólicos en la Eneida de Virgilio*, Bahía Blanca, 2005.

Lamacchia, R., "Ovidio interprete di Virgilio", *Maia* 12, 1960; pp. 310-330.

La Penna, A., "I volti di Venere nell' *Eneide*", en A.A.V.V., *Arma Virumque... Studi di poesia e storiografia in onore di Luca Canali*, Pisa-Roma, 2002; pp. 97-107.

La Penna, A., *L'impossibile giustificazione della storia. Un'interpretazione di Virgilio*, Roma, 2005.

Laurence, R. y Berry, J. (eds.), *Cultural Identity in the Roman Empire*, Londres, 1998.

Leach, E. W., "Venus, Thetis and the social construction of maternal behavior", *CJ* 92.4, 1997; pp. 347-371.

Lee, M. O., *Fathers and Sons in Virgil's Aeneid: Tum Genitor Natum*, Albany, 1979.

Linderski, J., "Cicero and Roman Divination", *PP* 37, 1982; pp. 12-38.

Lloyd, R., "On *Aeneid* III.270-80", *AJPh* 75-3, 1954; pp. 288-289.

Lloyd, R., "*Aeneid* III: A New Approach", *AJPh* 78.2, 1957a; pp. 133-151.

Lloyd, R., "*Aeneid* III and the Aeneas Legend", *AJPh* 78.4, 1957b; pp. 382-400.

Lloyd, R., "The Character of Anchises in the *Aeneid*", *TAPhA* 88, 1957c; pp. 44-55.

Lowen, D., "Tree-Worship, Sacred Groves and Roman Antiquities in the *Aeneid*", *PVS* 27, 2011; pp. 99-128.

Lyne, R. O. A. M., *Further Voices in Vergil's Aeneid*, Oxford, 1987.

MacInnes, J., "The Conception of *Fata* in the *Aeneid*", *CR* 24, 1910; pp. 169-174.

MacKay, L. A., "Three Levels of Meaning in *Aeneid* VI", *TAPhA* 86, 1955; pp. 180-189.

MacKay, L. A., "*Saturnia Iuno*", en *G&R*, Second Series 3.1, 1956; pp. 59-60.

MacKay, L. A., "Achilles as a Model for Aeneas", *TAPhA* 88, 1957; pp. 11-16.

MacKay, L. A., "Hero and Theme in the *Aeneid*", *TAPhA* 94, 1963; pp. 157-166.

Mackie, C. J., "Turnus and his ancestors", *CQ*, New Series, 41.1, 1991; pp. 261-265.

Manetti, G., *Le teorie del segno nell' antichità classica*, Milán, 1987.

Manetti, G., "Ancient semiotics", en Cobley, P. (ed.), *The Routledge Companion to Semiotics*, Nueva York, 2010; pp. 13-28.

Manfredi, D., *In somnis. Il sogni nell' Eneide di Virgilio*, tesis doctoral, Palermo, 2013.

Martindale, C. (ed.), *The Cambridge Companion to Virgil*, Cambridge, 1997.

Martindale, C. y Mac Góráin, F. (eds.), *The Cambridge Companion to Virgil. Second Edition*, Cambridge, 2019.

Martínez Astorino, P., *La apoteosis en las Metamorfosis de Ovidio. Diseño estructural, mitologización y 'lectura' en la representación de apoteosis y sus contextos*, Bahía Blanca, 2017.

Matthaei, L. E., "The Fates, the Gods, and the Freedom of Man's Will in the *Aeneid*", *CQ* 11, N° 1, 1917; pp. 11-26.

Maurach, G., "Der Pfeilschuss des Ascanius", *Gymnasium* 75, 1968; pp. 355-370.

Mayer, R., "The Ivory Gate Revisited", *PVS* 21, 1993; pp. 53-63.

Meyers, G. E., "The Divine River: Ancient Roman Identity and the Image of Tiberinus", en Kosso, C. y Scott, A. (eds.), *The Nature and Function of Water, Baths, Bathing and Hygiene from Antiquity through the Renaissance*, Leiden-Boston, 2009; pp. 233-248.

Minson, R. A., "A Century of Extremes: Debunking the Myth of Harvard School Pessimism (A Reinterpretation of Twentieth Century Criticism of Virgil's *Aeneid*)", *Iris. Journal of the Classical Association of Victoria*, N° 16-17, 2003-04; pp. 46-63.

Molyviati-Toptsis, U., *"Sed falsa ad caelum mittunt insomnia Manes (Aeneid 6.896)"*, *AJPh* 116, 1995; pp. 639-652.

Momigliano, A., "The Theological Efforts of the Roman Upper Classes in the First Century B. C.", *CPh* 79.3, 1984; pp. 199-211.

Moorton, R., "The genealogy of Latinus in Vergil's *Aeneid*", *TAPhA* 118, 1988; pp. 253-259.

Moorton, R., "The Innocence of Italy in Vergil's *Aeneid*", *AJPh*110, 1989; pp. 105-130.

Morton Braund, S., "Virgil and the cosmos: religious and philosophical ideas", en Martindale, C. (comp.), *The Cambridge Companion to Virgil*, Cambridge, 1997; pp. 204-221.

Most, G. W., "Memory and Forgetting in the *Aeneid*", *Vergilius* 47, 2001; pp. 148-170.

Moya del Baño, F., "La ambigüedad en Virgilio (*Aen*. IV.107-115). A propósito de *incerta feror si Iuppiter…velit*", *CFC* 24, 1990; pp. 99-109.

Nakata, S., *"Egredere o quicumque es:* Genealogical Opportunism and Trojan Identity in the *Aeneid*",*Phoenix* 66, 2012; pp. 335-363.

Pandei, N., "Reading Rome from the Farther Shore: *Aeneid* 6 in the Augustan Urban Landscape", *Vergilius* 60, 2014; pp. 85-116.

Nappa, C., *Reading after Actium. Vergil's Georgics, Octavian, and Rome*, Ann Arbor, 2005.

Nehrkorn, H., "A Homeric Episode in Vergil's *Aeneid*", en *AJPh* 92.4, 1971; pp. 566-584.

Nelsestuen, G., "Numanus Remulus, Ascanius, and Cato's *Origines*: the Rhetoric of Ethnicity in *Aeneid* 9", *Vergilius* 62, 2016; pp. 79-97.

Nethercut, W. R., "Invasion in the *Aeneid*", *G&R*, Second Series 15.1, 1968; pp. 82-95.

Newman, J. K., *The Concept of Vates in Augustan Poetry*, Bruselas, 1967.

Nugent, S., "The Women of the Aeneid: Vanishing Bodies, Lingering Voices", en Perkell, C. (ed.), *Reading Vergil's Aeneid. An Interpretive Guide*, Norman, 1999; pp. 251-270.

Ogden, D., *Greek and Roman Necromancy*, Princeton, 2001.

O'Hara, J., *Death and the Optimistic Prophecy in Vergil's Aeneid*, Princeton, 1990.

O'Hara, J., "Dido as 'Interpreting Character' at *Aeneid* 4.56-66", *Arethusa* 26, 1993; pp. 99-114.

Oliensis, E., "Sons and lovers: sexuality and gender in Vergil's poetry", en Martindale, C. (comp.), *The Cambridge Companion to Virgil*, Cambridge, 1997; pp. 294-311.

Orlin, E., *Foreign Cults in Rome. Creating a Roman Empire*, Oxford, 2010.

Otis, B., "Three Problems of *Aeneid* 6", *TAPhA* 90, 1959; pp. 165-179.

Otis, B., *Virgil: A Study in Civilized Poetry*, Oxford, 1964.

Panoussi, V., *Vergil's Aeneid and Greek Tragedy. Ritual, Empire, and Intertext*, Cambridge, 2009.

Parry, A., "The Two Voices in Vergil's *Aeneid*", *Arion* 2.4, 1963; pp. 66-80.

Penwill, J. L., "Reading Aeneas' Shield", *Iris* 18, 2005; pp. 37-43.

Perkell, C., "On Creusa, Dido, and the Quality of Victory in Virgil's *Aeneid*", en Foley, H. P. (ed.), *Reflections of Women in Antiquity*, Nueva York-Londres-París, 1981; pp. 355-377.

Perkell, C., "The Lament of Juturna. Pathos and Interpretation in the Aeneid", *TAPhA* 127, 1997; pp. 257-286.

Perkell, C. (ed.), *Reading Vergil's Aeneid. An Interpretive Guide*, Norman, 1999.

Pogorzelski, R. J., "The 'Reassurance of Fratricide' in the *Aeneid*", *AJP* 130, 2009; pp. 261-289.

Pöschl, V., *Die Dichtkunst Virgils. Bild und Symbol in der Äneis*, Berlín, 1977.

Potter, D., "Sibyls in the Greek and Roman World", *JRA* 3, 1990; pp. 471-483.

Powell, A. (ed.), *Roman Poetry and Propaganda in the Age of Augustus*, Londres, 1997.

Powell, J. G. F., "Aeneas the Spin-Doctor: Rhetorical Self-Presentation in *Aeneid* 2", *PVS* 27, 2011; pp. 184-202.

Putnam, M., *The Poetry of the Aeneid. Four Studies inImaginative Unity and Design*, Cambridge, 1965.

Putnam, M., "*Aeneid* VII and the Aeneid", *AJPh* 91.4, 1970; pp. 408-430.

Putnam, M., *Virgil's Aeneid. Interpretation and Influence*, Chapell Hill-Londres, 1995.

Putnam, M., *Virgil's Epic Designs. Ekphrasis in the Aeneid*, New Haven-Londres, 1998.

Quinn, K., *Virgil's* Aeneid: *A Critical Description*,Londres-Ann Arbor, 1968.

Quint, D., "Painful Memories: *Aeneid* 3 and the Problem of the Past", *CJ* 78.1, 1982; pp. 30-38.

Quint, D., *Epic and Empire. Politics and Generic Form from Virgil to Milton*, Princeton, 1993.

Quint, D., *Virgil's Double Cross. Design and Meaning in the Aeneid*, Princeton, 2018.

Ramminger, J., "Imitation and Allusion in the Achaemenides Scene (Vergil, *Aeneid* 3.588-691)", *AJPh* 112, 1991; pp. 53-71.

Ravenna, G., "Scudo de Enea", *Enciclopedia Virgiliana, IV*, Roma, 1988; pp. 739-742.

Reckford, K. J., "Latent Tragedy in *Aeneid* VII.1-285", *AJPh* 82.3, 1961; pp. 252-269.

Reed, N., "The Gates of Sleep in *Aeneid* 6", *CQ* New Series 23.2, 1973; pp. 311-315.

Reed, J. D., *Virgil's Gaze. Nation and Poetry in the Aeneid*, Princeton-Oxford, 2007.

Rogerson, A., *Virgil's Ascanius. Imagining the Future in the Aeneid*, Cambridge, 2017.

Rolland, L. F., "Pourquoi Énée sort-il des Enfers par la Porte d'Ivoire, la Porte des Songes Faux (Énéide, VI, 898) ?", *Comptes-rendus des séances de l'Académie des Inscriptions et Belles-Lettres*, 101e année, N. 2, 1957; pp. 185-188.

Rosati, G., "Narrative Techniques and Narrative Structures in the *Metamorphoses*", en Weiden Boyd, B (ed.), *Brill's Companion to Ovid*, Leiden-Boston-Colonia, 2002; pp. 271-304.

Rosenberg, V., "Republican *Nobiles*: Controlling the Res Publica", en Rüpke, J., *A Companion to Roman Religion*, 2007; pp. 292-303.

Rosenstein, N. y Morstein-Marx, R. (eds.), *A Companion to Roman Republic*, Oxford, 2006.

Rosivach, V. J., "Latinus' Genealogy and the Palace of Picus (*Aeneid* 7.45-9, 170-91)", *CQ*, New Series 30.1, 1980; pp. 140-152.

Ross, D., *Virgil's Aeneid. A Reader's Guide*, Oxford, 2007.

Rossi, A., "*Ab Urbe Condita*: Roman History on the Shield of Aeneas", en Breed, B. et al. (eds.), *Citizens of Discord. Rome and Its Civil Wars*, Oxford, 2010; pp. 145-156.

Rüpke, J., "Communicating with the Gods", en Rosenstein, N. y Morstein-Marx, R. (eds.), *A Companion to Roman Republic*, Oxford, 2006; pp. 215-235.

Rüpke, J. (ed.), *A Companion to Roman Religion*, Oxford, 2007.

Rüpke, J., "Roman Religion – Religions of Rome", en Rüpke, J. (ed.), *A Companion to Roman Religion*, Oxford, 2007; pp. 1-9.

Rüpke, J., *Religion in Republican Rome. Rationalization and Ritual Change*, Filadelfia, 2012.

Santangelo, F., *Divination, Prediction and the End of the Roman Republic*, Cambridge, 2013.

Saunders, C., "The Relation of *Aeneid* III to the Rest of the Poem", *CQ* 19.2, 1925; pp. 85-91.

Scheid, J., "Augustus and Roman Religion: Continuity, Conservatism, and Innovation", en Galinsky, K. (ed.), *The Cambridge Companion to the Age of Augustus*, Cambridge, 2005; pp. 175-196.

Schiesaro, A., "The Boundaries of Knowledge in Virgil's *Georgics*", en Habinek, T. y Schiesaro, A. (eds.), *The Roman Cultural Revolution*, Cambridge, 1997; pp. 63-89.

Schiesaro, A., "Soothing Subversions", *Literary Imagination* 8.3, 2006; pp. 497-511.

Schilling, R., *La religion romaine de Vénus depuis les origines jusqu'au temps d' Auguste*, París, 1982.

Schmidt, E. A., "The Meaning of Vergil's *Aeneid*: American and German Approaches", *CW* 94.2, 2001; pp. 145-171.

Schmitz, T. A., *Modern Literary Theory and Ancient Texts. An Introduction*, Malden-Oxford-Victoria, 2007.

Schofield, M., «Cicero for and against Divination», *JRS* 76, 1986; pp. 47-65.

Scott, K., "The Identification of Augustus with Romulus-Quirinus", *TAPhA* 56, 1925; pp. 82-105.

Setaioli, A., "Un influsso ciceroniano in Virgilio", *SIFC* 47, 1975; pp. 5-26.

Setaioli, A., "Le porte del Sonno nel VI libro dell'*Eneide*", *Aevum(ant)* 10, 2010; pp. 13-38.

Sisul, A. C., *La mors immatura en la Eneida*, Córdoba, 2018.

Slatkin, L. M., *The Power of Thetis. Allusion and Interpretation in the Iliad*, Berkely-Los Angeles-Londres, 1992.

Smith, S. C., "Remembering the Enemy: Narrative, Focalization, and Vergil's Portrait of Achilles", *TAPhA* 129, 1999; pp. 225-262.

Smith, R. A., *The Primacy of Vision in Virgil's Aeneid*, Austin, 2005.

Solmsen, F., "The World of the Dead in Book 6 of the *Aeneid*", *CPh* 67.1, 1972; pp. 31-41.

Stahl, H. P., "The Death of Turnus: Augustan Vergil and the Political Rival", en Raaflaub, K., y Toher, M., *Between Republic and Empire: Interpretations of Augustus and His Principate*, Berkeley-Los Angeles, 1993.

Stahl, H. P., "Political Stop-overs on a Mythological Travel Route: from Battling Harpies to the Battle of Actium (*Aeneid* 3.268-93)", en Stahl, H. P., *Vergil's Aeneid: Augustan Epic and Political Context*, Londres, 1998; pp. 37-84.

Stephens, W. C., "Cupid and Venus in Ovid's *Metamorphoses*", *TAPhA* 89, 1958; pp. 286-300.

Syed, Y., *Vergil's Aeneid and the Roman Self. Subject and Nation in the Literary Discours*, Michigan, 2005.

Tarrant, R. J., "Aeneas and the Gates of Sleep", *CPh* 77, 1982; pp. 51-55.

Tarrant, R. J., "Aspects of Virgil's reception in Antiquity", en Martindale, C. (comp.), *The Cambridge Companion to Virgil*, Cambridge, 1997; pp. 56-72.

Thomas, R., "Virgil's Ecphrastic Centerpieces", *HSPh* 87, 1983; pp. 175-84.

Thomas, R., "A Trope by Any Other Name: 'Polysemy', Ambiguity and *Significatio* in Virgil", *HSPh* 100, 2000; pp. 381-407.

Thomas, R., "Torn between Jupiter and Saturn: Ideology, Rhetoric and Culture Wars in the *Aeneid*", *CJ* 100.2, 2005; pp. 121-147.

Thomas, R. F., "Ovid's Reception of Virgil" en Knox, P. (ed.), *A Companion to Ovid*, Oxford, 2009; pp. 294-308.

Thornton, A., *The Living Universe. Gods and Men in Virgil's Aeneid*, Leiden, 1976.

Tissol, G., "The House of Fame: Roman History and Augustan Politics in *Metamorphoses* 11-15", en Weiden Boyd, B., *Brill's Companion to Ovid*, Leiden-Boston-Colonia, 2002; pp. 305-336.

Todd, F. A., "Virgil's Invocation of Erato", *CR* 45.6, 1931; pp. 216-218.

Toll, K., "Making Roman-ness and the *Aeneid*", *ClAnt* 16.1, 1997; pp. 34-56.

Tracy, H. L., "*Fata Deum* and the Action of the *Aeneid*", *G&R*, Second Series 11.2, 1964; pp. 188-195.

Turcan, R., *The Gods of Ancient Rome. Religion in Everyday Life from Archaic to Imperial Times*, New York, 2000.

van Nortwick, T., "Aeneas, Turnus, and Achilles", *TAPhA* 110, 1980; pp. 303-314.

Wallace-Hadrill, A., *Rome's Cutural Revolution*, Cambridge, 2008.

Warde Fowler, W., *The Death of Turnus*, Oxford, 1919.

Warren, A., *The Prophetic Legacy. Studies in Aeneas' Reactions to Prophecies*, Tesis doctoral, Georgia, 2008.

Warrior, V. M., *Roman Religion*, Cambridge, 2006.

Waszink, J. H., "Vergil and the Sibyl of Cumae", *Mnemosyne* 1, 1948, pp. 43-58.

Webb, N. C., "Direct contact between the hero and the supernatural in the *Aeneid*", *PVS* 17, 1980; pp. 39-49.

Weiden Boyd, B., "*Non enarrabile textum*: Ecphrastic Trespass and Narrative Ambiguity in the *Aeneid*", *Vergilius* 41, 1995; pp. 71-90.

Weiden Boyd, B. (ed.), *Brill's Companion to Ovid*, Leiden-Boston-Colonia, 2002.

West, D. A., "*Cernere erat*: The Shield of Aeneas" en Harrison, S. J. (ed.), *Oxford Readings in Virgil's Aeneid*, Oxford-Nueva York, 1990; pp. 295-304.

Wheeler, S., *A Discourse of Wonders. Audience and Performance in Ovid's Metamorphoses*, Filadelfia, 1999.

Wheeler, S., *Narrative Dynamics in Ovid's Metamorphoses*, Tübingen, 2000.

Williams, G., *Technique and Ideas in the Aeneid*, New Haven-Londres, 1983.

Williams, R. D., "The Sixth Book of the *Aeneid*", *Greece and Rome*, Second Series, 11.1, 1964; pp. 48-63.

Williams, R. D., "The Purpose of the *Aeneid*", en Harrison, S. J. (ed.), *Oxford Readings in Virgil's Aeneid*, Oxford-Nueva York, 1990; pp. 21-36.

Wilson, C. H., "Jupiter and the Fates in the *Aeneid*", *CQ*, New Series 29.2, 1979; pp. 361-371.

Wiseman, T. P., "Fauns, Prophets, and Ennius' *Annales*", *Arethusa* 39.3, 2006; pp. 513-529.

Wright, M. R., "*Ferox virtus*: Anger in Virgil's *Aeneid*", en Morton Braund, S. y Gill, C. (eds.), *The Passions in Roman Thought and Literature*, Cambridge, 1997; pp. 169-184.

Zanker, P., *The Power of Images in the Age of Augustus*, Ann Arbor, 1988.

Zetzel, J. E. G., "*Romane Memento*: Justice and Judgement in *Aeneid* 6", *TAPhA* 119, 1989; pp. 263-284.

Zetzel, J. E. G., "Rome and its traditions", en Martindale, C. (comp.), *The Cambridge Companion to Virgil*, Cambridge, 1997; pp. 188-203.